Anton Grabner-Haider

Die wichtigsten Philosophen

Anton Grabner-Haider

Die wichtigsten Philosophen

marixverlag

INHALT

II. Jüdische Kultur

Autorenverzeichnis/Beiträge

Esterbauer, Reinhold:
M. Heidegger; J.F. Lyotard; M. Buber.

Grabner-Haider, Anton:
Pythagoras; Sokrates; Plato; Aristoteles; Zenon von Kition; Plotin; Aurelius Augustinus; Thomas von Aquin; Nikolaus von Kues; Erasmus von Rotterdam; R. Descartes; G.W. Leibniz; J.J. Rousseau; I. Kant; J.G. Fichte; F.W. Schelling; G.W. Hegel; A. Comte; B. Russell; L. Wittgenstein; E. Bloch; M. Horkheimer; A. Smith; D. Hume; Philo von Alexandria; Salomo ibn Gabirol; Moses ben Maimon; Lewi ben Gerson; Moses Mendelssohn; F. Rosenzweig; H. Arendt; Th. Adorno; S. Kierkegaard; J.P. Sartre; E. Husserl; B. Pascal; G. Bruno; W. Dilthey; W. Benjamin; A. Camus; M. de Montaigne; Ch. L. de Montesquieu; E. Levinas; J. Derrida; J. Rawls; R. Rorty; J. Habermas.

Heimerl, Theresia:
Albertus Magnus; W. von Ockham.

Von der Hellen, Roswitha:
Benedikt de Spinoza; F. Voltaire.

Ruckenbauer, Walter:
J.St. Mill; F. Nietzsche.

Salamun, Kurt:
K. Marx; K. Jaspers; K.R. Popper; N. Machiavelli.

Weinke, Kurt:
Heraklit; Parmenides; Empedokles; Demokrit; Epikur; Th. Hobbes; J. Locke; F. Bacon; A. Schopenhauer; L. Feuerbach

EINLEITUNG

Philosophen haben als systematische Sucher nach Lebens-
weisheit und nach bewährtem Wissen in allen Regionen der
Erde wesentlich zur Kulturentwicklung und zu den kulturellen
Lernprozessen beigetragen, indem sie nach den Anfängen der
Welt, nach den Gesetzen der Natur, nach den Regeln des gelingenden Zusammenlebens, nach den Formen unserer Erkenntnis und nach den moralischen Werten fragten. So gelang es ihnen in kleinen Schritten, die mythische Weltdeutung durch eine
rationale Interpretation des Daseins abzulösen.

In diesem Buch werden die wichtigsten Philosophen der
europäischen und der jüdischen Kultur in kurzen Porträts dargestellt. Dabei wird versucht, ihre grundlegenden Ideen und
ihre Weisen der Weltdeutung umfassend in den Blick zu bekommen. Die Texte sind auf die wesentlichen Theorien und
Sichtweisen konzentriert und allgemein verständlich verfasst.
Sie wollen einem breiten Bildungspublikum die Grundideen
der philosophischen Weltdeutung zugänglich machen.

Einen Schwerpunkt bilden die Philosophen der griechischen
Antike, da es sich gezeigt hat, dass die Sophisten und die Sok-
ratischen Schulen (Stoiker, Kyniker, Epikuräer) zu den Vorden-
kern der allgemeinen Menschenpflichten und Menschenrechte
geworden sind. Im Gegensatz dazu konnten die aristokratischen Denker Plato und Aristoteles sich nicht darauf einigen,
dass aufgrund einer allgemeinen Menschennatur alle Menschen und soziale Schichten den gleichen Wert haben.

Weitere Schwerpunkte liegen bei den Denkern der europäischen Aufklärung, die den umfassendsten Lernprozess
der europäischen Kultur angestoßen und getragen haben. Im
modernen und postmodernen Denken werden die jüdischen
Philosophen in besonderer Weise berücksichtigt, denn sie be-
wältigten den Schock des Holocaust bzw. der Shoah auf mit-
fühlende und kreative Weise. Der jüdischen Kultur werden
diejenigen jüdischen Denker zugeordnet, welche in ihren Ideen

Bezug auf die jüdische Mythologie – auch in säkularisierter Form – genommen haben.

So haben sich die meisten Denker der postmodernen Kultur auf eine Vielfalt der philosophischen und wissenschaftlichen »Sprachspiele« eingestellt, ohne dabei die Frage nach der Wahrheit ganz aus dem Auge zu verlieren. Auch die Fragen nach Religion und Metaphysik bleiben weiterhin offen. Sie gewinnen in letzter Zeit stark an Aktualität, und vermutlich bewegen wir uns in der nächsten Zukunft immer deutlicher zwischen den naturalistischen und den religiösen Weltdeutungen (J. Habermas).

I.
EUROPÄISCHE KULTUR

1. Pythagoras (6. Jh. v. Chr.)

Er ist der erste Vordenker einer philosophischen Schule, die im 6. Jahrhundert in Unteritalien entstand. Geboren wurde er um 570 v. Chr. auf der Insel Samos, die wirtschaftliche und kulturelle Beziehungen zu Ägypten unterhielt. Er wanderte in die griechische Kolonie Kroton aus, wo er die Herrschaft des Landadels unterstützte. Dort wirkte er an der Gesetzgebung und Verfassung der Stadt mit, er schuf ein Münzsystem und entwarf die Prägung der Münzen. Von daher dürfte sein Interesse an der Ordnung der Zahlen kommen.

Seine Lehren wurden mündlich überliefert, denn er verfasste keine Schriften. Seine Schüler schlossen sich zu Bünden (heteriai) zusammen, die hierarchisch gegliedert waren. Sie standen vereinzelt auch Frauen offen, so wird seine Tochter Theano als Mitglied erwähnt. Die zentralen Lehrinhalte mussten geheim bleiben. Die Bünde bestanden aus zwei Gruppen: a) Die Akusmatiker folgten der neuen Lebensform, sie waren in politischen Fragen konservativ. b) Die Mathematiker kannten darüber hinaus die philosophischen Lehren und waren für Neues offen. Die Lehre bestand zum einen aus einem mathematisch-wissenschaftlichen Teil, zum anderen aus religiös-ethischen Inhalten.

Nach dieser Lehre wirkt in jedem Menschen eine unsichtbare Seelenkraft (psyche), die nach dem Tod des Körpers fortlebt. Sie kann sich im Traum und in der Ekstase vom Körper trennen und ist das wahre Wesen eines Menschen. Wie ein Hauch wird sie gesehen, gehört aber zum Bereich des Göttlichen. Sie wird in mehrere Körper hineingeboren und folgt damit einem Kreislauf der Geburten (kyklos tes genneseos), um zuletzt wieder in die Region des Göttlichen zurückzukehren. Ähnliches lehrten auch die Gemeinschaften der Orphiker.

Die Seelenkraft muss sich in jedem Leben von den Folgen böser Taten reinigen. Diese Reinigung erfolgt zum einen durch die asketische Lebensform, zum anderen durch die wissenschaftlichen Bemühungen. Askese bedeutet den zeitweiligen Verzicht auf lustvolle und lebensnotwendige Erfahrungen. Das Fleisch von Tieren darf nicht gegessen werden, denn es könnte die Seele eines Freundes darin wiedergeboren sein. Deswegen lebten die Mitglieder der Schule vegetarisch. Die Einzelseele gehört dem beseelten Universum an, somit ist alles Lebendige miteinander verwandt. Jede Seele kann sich durch Askese und Wissenschaft dem göttlichen Bereich nähern, aus dem sie kommt. Sie wandert aber durch mehrere Leben, um dieses Ziel zu erreichen.

Kosmos und Menschenwelt werden durch die göttliche Ordnung geprägt. Diese zeigt sich uns Menschen in der Ordnung der Musik (harmonia), der Mathematik, des Kosmos und des Staates. In der Theorie (theoria) schauen die Menschen die göttliche Ordnung, so wie in den Kulten die Mysten den sterbenden und auferstehenden Gott schauen. Wer die göttliche Ordnung erfasst, wird dem Göttlichen ähnlich. Diese Ordnung aber drückt sich in Zahlen aus, die unser ganzes Leben regeln, da sich in ihnen die Ordnung der gesamten Wirklichkeit verkörpert.

In der Musik lässt sich die Ordnung der Töne durch Zahlenverhältnisse ausdrücken, sie hängt von der Länge der schwingenden Saiten ab. Wie in der Musik, so lässt sich auch das Wesen der gesamten Wirklichkeit durch die Zahlenverhältnisse darstellen. Begrenztes und Unbegrenztes sind die Anfänge (archaia) aller Dinge. Damit gilt die Zahl als die Wesensform aller Dinge, die Mathematik wird zur primären Methode für die Erforschung der Wirklichkeit. Die natürlichen Zahlen werden in gerade und ungerade eingeteilt; allgemein werden Zahlen als Konfigurationen von Punkten innerhalb geometrischer Schemata aufgefasst. Die gesamte Wirklichkeit folgt den Strukturen der Vernunft, sie ist folglich durch die Zahlenverhältnisse darstellbar.

Nach der Lehre der Pythagoräer brennt im Mittelpunkt des Weltsystems ein Zentralfeuer (pyr meson), das nicht die Sonne ist. Die Erde hat die Gestalt einer Kugel und dieselbe Beschaffenheit wie der Mond. Die mathematische Ordnung ist das Wesen der Wirklichkeit, und die mathematischen Einheiten sind ihre Bausteine. Das Werden der Welt lässt sich als das Werden der Zahlen verstehen. Die mathematischen Einheiten kommen aus einer kosmischen Einheit. Alles Einzelne muss sich der universalen Ordnung der Wirklichkeit unterwerfen, dies gilt auch für das Leben der Menschen.

Die Harmonie der Ordnung muss folglich im menschlichen Handeln verwirklicht werden. Hinter der kosmischen Ordnung verbirgt sich ein göttlicher Wille bzw. eine göttliche Weltregierung. Überhaupt hat die universale Ordnung göttlichen Charakter, denn das Göttliche ist für uns Menschen immer das Größere, Stärkere und Lichtvolle. Die pythagoräischen Bünde waren gemäß einer hierarchischen Ordnung mit einer aristokratischen Verfassung organisiert. Das Verhalten der Mitglieder wurde streng kontrolliert, auf diese Weise musste »dem Recht beigestanden« und das Unrecht bekämpft werden.

Auch das Wesen der menschlichen Tugend ist durch Zahlen darstellbar, denn die Seele und der Verstand sind Eigenschaften von Zahlen, die einzelnen Teile der Seele stehen in harmonischem Verhältnis. Die Tugend wird dann gelebt, wenn sich die menschliche Seele in die Harmonie der Gesamtwirklichkeit einfügt. Die Seele nähert sich dem Göttlichen, wenn sie die Tugend verwirklicht und sich vom Bösen fernhält. Alles Lebendige ist miteinander verwandt. Die Gesundheit des Körpers wird von den Ärzten (z. B. Alkmaion) als Gleichberechtigung (isonomia) der gegensätzlichen Kräfte verstanden.

Als Organ des menschlichen Denkens wird das Gehirn angenommen. Die Sinnesorgane übertragen die Reize der Außenwelt zum Gehirn, dabei verändert sich der Druck auf die einzelnen Sinnesnerven. Es wird bereits zwischen dem Wahrnehmen (aisthanesthai) und dem Verstehen (xynienai) unterschieden. In dieser frühen Denkerschule entfalten sich die mathematische und die naturwissenschaftliche Forschung im Kontext einer großen religiösen und ethischen Lebensordnung. Der weise Mensch muss sich in die kosmische Ordnung einfügen.

So hat die Schule der Pythagoräer die antike Wissenschaft entscheidend geprägt, ihre Wirkungen sind bis in die europäische Neuzeit hinein zu erkennen. Im 4. Jh. v. Chr. hat sich diese Schule aufgelöst, doch 200 Jahre später wurde sie als neupythagoräische Schule wieder gegründet (Apollinios vom Tyana, Nikomachos von Gerasa). Sie prägte das Denken der Spätantike und des frühen Christentums. Eine asketische Lebensordnung wurde mit dem Streben nach Wissen und nach kosmischer Harmonie verbunden.

Werke: *Keine Schriften, nur Berichte anderer Philosophen.*

2. Heraklit von Ephesos (535–475 v.Chr.)

Wegen der Unmöglichkeit einer absolut sicheren Datierung seines Lebens nimmt man an, dass seine philosophische Blütezeit zwischen 500 und 490 v. Chr. lag – dies bedeutet, dass er jünger war als Xenophanes (den er auch mit Namen erwähnt) und älter als Parmenides (der vielleicht sogar als sein heftigster Kritiker angesehen werden kann).

Herakleitos stammte aus vornehmem Geschlecht (seine Familie führte ihren Stammbaum auf König Kodros von Athen zurück) und blieb auch zeit seines Lebens stets einer extrem aristokratischen Gesinnung treu, weswegen er auch seiner Heimatstadt, die eine für ihn unerträgliche demokratische (besser gesagt: ochlokratische) Verfassung aufwies, den Rücken kehrte. Den offiziellen Anlass dazu bot die Ausweisung seines Freundes Hermodoros mit der Begründung, in Ephesos solle es keine den Durchschnitt überragenden Bürger geben. Er zog sich in das Gebirge zurück und soll sich (nach Diogenes Laertius IX, 1) von Gras und Pflanzen ernährt haben; dieser Lebensweise wird auch seine Wassersucht zugeschrieben, weswegen er doch wieder nach Ephesos zog, um die Ärzte zu fragen, ob sie aus Überschwemmung Dürre machen könnten. Da aber kein Arzt verstand, was er damit meinte, grub er sich selbst in Kuhmist ein, in der Hoffnung, die Wärme des Mistes werde das Wasser verdunsten lassen. So rätselhaft wie seine Frage an die ephesischen Ärzte klang, so rätselhaft erschien er auch späteren Interpreten, die ihm das Epitheton »der Dunkle« verliehen, genauso wie er auch seinen Zeitgenossen und späteren Interpreten als Misanthrop vorkam. Die Tatsache, dass er sich selbst durch Eingraben in Kuhmist heilen wollte, hat nicht nur zu Spott geführt, sondern bekommt einen tieferen Sinn, wenn man seine Ansicht, dass es für Seelen den Tod bedeutet, zu Wasser zu werden, zugrunde legt.

Es ist bedauerlich, dass dieser große Denker, der in mehrfacher Hinsicht einen philosophischen Paradigmenwechsel durchführte, keine eigene Schule gründete und somit bis auf Kratylos (dem bekanntlich Platon einen eigenen Dialog widmete) kein weiterer Heraklit-Jünger von Rang und Namen bekannt ist.

Wie bereits erwähnt, galt Heraklit in der Antike als »der Dunkle«, und in der Tat waren viele seiner Aussprüche kryptisch und somit schwer verständlich oder offen für mehrere Interpretationen und bewusste Umdeutungen. Platon und Aristoteles (die kaum wörtliche Zitate Heraklits benutzten) lehnten seine Ansichten strikt ab. So etwa spannte ihn Aristoteles auf das Prokrustes-Bett seiner rigiden Logik, womit er Heraklit Gewalt antat, und Platon, der Anhänger von Parmenides, konnte mit seiner dynamischen Weltauffassung wenig anfangen.

Ein Zitat aus Aristoteles (de mundo 5, 396 620) soll verdeutlichen, dass Heraklit mit Gegensatzpaaren etwas anderes meinte als Aristoteles mit der Contradictio: »Verbindungen: Ganzheiten und keine Ganzheiten, Zusammentretendes – Auseinandertretendes, aufeinander abgestimmt Klingendes – nicht aufeinander abgestimmt Klingendes; aus allem eins und aus einem alles«; heute würde man zutreffenderweise von Komplementaritäten sprechen und nicht (wie Aristoteles) von Kontradiktionen.

Zwei Fragmente, die in der Hermeneutik zu Heraklit kontrovers interpretiert wurden (und werden), betreffen seine Einstellung zum Krieg: »Man sollte wissen, dass der Krieg etwas Allgemeines und Recht Streit ist und dass alles nach Maßgabe von Streit und Notwendigkeit geschieht« (Fragment 80), sowie »Krieg ist von allem der Vater und von allem der König, denn die einen erwies er als Götter, die anderen als Menschen, die einen machte er zu Sklaven, die anderen zu Freien« (Fragment 53). In erster Näherung denkt man dabei an den Krieg (im Wortsinne), da aus Fragment 53 eindeutig hervorgeht, dass sich als ein Ergebnis eines Krieges die Tatsache des Siegers und der Besiegten mit einer neuen Machtkonstellation ergibt. So gesehen wäre Heraklit ein simpler Verfechter von Krieg und Gewalt gewesen. Die andere Näherung sieht im Begriff »Krieg« bloß eine Metapher für Veränderung, für ein Prinzip der Komplementarität, auch für ein physikalisches Modell, dass »aktiv« und »reaktiv« stets »im Streit« miteinander liegt und sich aufgrund einer stärkeren Wirkung der einen oder anderen Kraft auch ein geänderter Endzustand ergibt. Vielleicht wollte er damit auch ein schwer zu deutendes Diktum Anaximanders fortführen, wonach die Dinge einander Vergeltung für die Ungerechtigkeit der wechselseitigen Übergriffe zu zahlen haben.

Vor allem aber hat sein sog. »Fluss-Gleichnis« große Interpretationsprobleme aufgeworfen; es lautet: »Denen, die in dieselben Flüsse hineinsteigen, strömen andere und immer wieder andere Gewässer zu ... [Der Fluss] zerstreut und ... bringt zusammen ... sammelt sich und fließt fort ... nähert sich und entfernt sich« (Fragment 12) und ist allgemein als »panta rhei-Prinzip« bekannt. Vielleicht tat man sich mit der Vorstellung des »panta rhei« stets deshalb so schwer, weil die Betonung des dynamischen Aspekts in der Natur mit ihm aufkam und (mit Kratylos vielleicht) auch wieder verschwand. Denn es war Parmenides – vor allem sein Beweis, dass die Sinne trügerisch seien – mit seiner statischen Ausrichtung des Denkens, der auf Platon, Aristoteles und die gesamte folgende Geschichte der Philosophie in Griechenland den größten Einfluss ausübte.

Wenn man das »panta rhei« nicht sensu strictu (dass alles stets in Veränderung ist) auffasst, sondern eher im aristotelischen Sinn mit einer genauen Unterscheidung zwischen Substanz und Akzidenz, kann widerspruchsfrei angenommen werden, dass bei einer gleich bleibenden Substanz sich die Akzidenzen ändern.

In anthropologischer Hinsicht kann konstatiert werden, dass er in vielen Belangen neue Wege beschritt, so etwa wenn er im Hinblick auf die menschliche Seele feststellte: »Für Seelen ist der Tod, Wasser zu werden, und für Wasser der Tod, Erde zu werden«; aber auch: »Der Seele Grenzen kannst du nicht entdecken gehen, selbst wenn du jeden Weg abschreitest, so tief ist die Erklärung, die sie hat« (Fragment 45).

Gemäß seiner physikalischen Ansicht, dass die Welt ein ewiges, doch lebendiges Feuer ist, von dem allerdings Teile stets gelöscht werden, um die weiteren Elemente, nämlich Meer und

Erde, erscheinen zu lassen, ist auch die (weise) Seele Feuer und die schlechte verderbte Seele Wasser. Ob bei seiner Charakterisierung der Seele als grenzenlos die alte ápeiron-Vorstellung des Anaximandros eine Rolle spielte, kann nicht entschieden werden. Offensichtlich meinte er wohl, dass die Seele mit ihrem Wesen bis an die äußersten Grenzen des Kosmos reicht.

Man geht auch kaum fehl, wenn man behauptet, dass Herakleitos der erste griechische Philosoph war, der den lógos-Begriff stark akzentuierte. Dabei kommt seine Abwertung der »gewöhnlich Sterblichen« besonders stark heraus, etwa in folgender Stelle: »Dies Weltgesetz (lógos), das doch ewig ist, begreifen die Menschen nicht, weder bevor sie davon gehört, noch sobald sie davon gehört haben. Denn obgleich alles nach diesem Gesetz geschieht, machen sie den Eindruck, als ob sie nichts davon ahnten« (Fragment 50). Hierbei kommt seine elitäre Ansicht besonders klar heraus, seine Usurpation einer ihm vorbehaltenen, privilegierten Erkenntnisweise. Auch wenn es schwierig ist, den lógos-Begriff bei ihm definitorisch klar zu machen (da wir seit rund 2000 Jahren dazu neigen, diesen Begriff in rein christlichem Kontext zu deuten), so kann doch behauptet werden, dass der lógos bei ihm identisch war mit der Gottheit, die gleichzeitig das Weltgesetz, aber auch das Sittengesetz bedeutet; ein Konnex, der auch für das neuzeitliche Naturrechtsdenken konstitutiv war und ist. Wenn er vom »Gemeinsamen« spricht, dem alle folgen sollten, das aber, obwohl es allem gemeinsam ist, von »den Vielen« nicht erkannt werde, so kann man zu Recht annehmen, dass das »Gemeinsame« als synonym mit dem lógos-Begriff anzusehen ist.

Vielleicht sollte Heraklit nicht so sehr als »der Dunkle« apostrophiert werden, sondern als großer, geistiger Prometheus – und das bis heute.

Werke: *Ca. 130 Fragmente einer Schrift.*

3. Parmenides (515–445 v.Chr.)

Wegen seines Geburtsortes Elea in Unteritalien und der damit gegebenen geographischen Nähe zu pythagoräisch »regierten« Gemeinden nahm man auch eine philosophische Nähe – ja bisweilen sogar eine partielle Übernahme esoterischer Gedanken – zu dieser zeitweise überaus vitalen philosophischen Schule an. Ohne Zweifel ist seine Grundüberzeugung, von jedem dynamischen Aspekt abzusehen und eine wesentlich statische Philosophie des Seienden zu formulieren, primär gegen Heraklit gerichtet, in dem er seinen philosophischen Gegner erblickte. Dass er seinerseits auf die platonische Philosophie einen sehr großen Einfluss ausübte, scheint erwiesen zu sein.

Das Neue an seiner Philosophie ist darin zu sehen, dass er vom »reinen Denken« ausgehen möchte und dabei von aller menschlichen Erfahrung (Empirie) absehen will. Das menschliche Denken vollzieht sich aber bekanntlich in Form von Urteilen, d. h. mit Hilfe der Kopula »ist«, die Subjekt und Prädikat eines Satzes zu einem Urteil verknüpft. Dabei gelangte er notwendigerweise zu apriorischer (d. h. im Sinne Kants: erfahrungsunabhängiger) Erkenntnis. Es war ihm – dem im eigentlichen Sinne des Wortes der Titel »Vater der Logik« zugestanden werden muss – sicherlich bewusst, dass mit der zentralen Aussage seiner Lehre, wonach »das Seiende ist und das Nicht-Seiende nicht ist«, eine bloße Tautologie ausgesprochen würde.

Bemerkenswert ist auch die Tatsache, dass er sein Werk in Hexametern verfasste, womit er sich bewusst von den ionischen Naturphilosophen, die ihre Schriften in Prosa verfassten, unterschied und zur Frühzeit der griechischen Philosophie, zu Homer und Hesiod, von dem er methodisch und thematisch sehr beeinflusst war, zurückging. Unter der starken Beeinflussung durch Hesiod ist Folgendes zu verstehen: Bei Hesiod sind es bekanntlich die Musen, die erklären, sie könnten ihm sowohl die Wahrheit verkünden als auch Falsches, das jedoch dem Wahren sehr ähnlich klingt. Bei Parmenides ist es eine Göttin, die ihm die Wahrheit verkündet, aber ihn auch mit den unzuverlässigen Meinungen der Sterblichen konfrontiert. Auch die Gottheiten, die bei Parmenides erwähnt werden, kennt man schon aus der »Theogonie« Hesiods: der Gott der Liebe, des Krieges, der Zwietracht, der Krankheit usw.

Bei Hesiod genauso wie bei Parmenides liegt eine erkenntnistheoretische Skepsis vor, insofern es nicht der Mensch selbst ist, der in autonomer Manier zur Erkenntnis der Wahrheit gelangt, sondern er kann die relevanten Erkenntnisse nur in heteronomer Weise, vermittelt durch eine überirdische Instanz, erkennen.

Für Parmenides ist die Erkenntnisgewinnung noch dazu an einen schwierigen Aufstieg zum Thron der Göttin gebunden, ein Aufstieg, den er nicht aus eigenem Wunsch und Vermögen heraus durchführt; sondern er wird von »Mädchen« in einem Wagen zur Göttin gebracht; möglicherweise liegt hier ein Analogon zu Platons Schilderung des sog. »Höhlengleichnisses« vor.

Da es zu viel Platz erforderte, den ersten Teil des Lehrgedichtes (Proömium) zu zitieren, kann nur auszugsweise darauf Bezug genommen werden – seine Grundaussage wird wohl am besten in Fragment 3 ausgedrückt: »Wo ich auch anfange, gemeinsame Grundlage (meiner gesamten Darlegung) ist und bleibt das Seiende; denn darauf werde ich immer wieder zurückkommen«, und tatsächlich kreisen alle seine philosophischen Überlegungen um diese Frage; oder besser gesagt die Lehre der Göttin bezieht sich auf das Seiende: »Wohlan ich will es dir sagen, welche Wege der Forschung allein denkbar sind. Du aber höre mein Wort und bewahr es wohl! Der eine ›zeigt‹, dass das Seiende ist und dass es unmöglich ist, dass es nicht ist. Das ist der Pfad der Überzeugung; folgt er doch der Wahrheit. Der andere aber ›behauptet‹, dass es nicht ist und dass es dieses Nichtsein notwendig geben müsse. Dieser Weg ist – das sage ich dir – völlig unerforschlich. Denn das Nichtseiende kannst du weder erkennen (denn das ist unmöglich) noch aussprechen« (Fragment 4).

Wenn man, vom heutigen philosophischen Verständnis ausgehend, diese fundamentale Einsicht des Parmenides (resp. der

Göttin) betrachtet, so fragt man sich, ob und warum nicht von ihm (oder einem seiner Anhänger) der Tautologie-Charakter dieser Aussage erkannt wurde. Vielleicht liegt eine befriedigende Antwort darauf in einer sprachphilosophischen Überlegung: Man muss bedenken, dass wir heutzutage das Griechisch der klassischen Epoche (Sokrates/Platon/Aristoteles) bei unseren Interpretationen beachten und dabei übersehen, dass Parmenides noch am Anfang der begrifflichen Ausdifferenzierung steht, d.h., dass ihm die diversen Bedeutungen des Hilfszeitwortes ›ist‹ noch nicht bekannt sein konnten (etwa das ›ist‹ der Identität, das der Prädikation oder der Klassensubordination). Der Weg der Wahrheit, per def. der einzige, der von Parmenides beschritten werden dürfe, besteht darin, davon auszugehen, dass das Seiende ist; gleichzeitig wird strikt davor gewarnt, vom Gegenteil überzeugt zu sein: »Der andere ›Weg‹ aber ›behauptet‹, dass ›das Seiende‹ nicht ist und dass es dieses Nichtseiende notwendig geben müsse.«

Selbstverständlich, so wird weiterhin festgehalten, ist diese Erkenntnis nur für einen elitären Kreis bestimmt, denn in Heraklits Manier wird die große Masse der Unaufgeklärten, das einfache Volk also, abgewertet und als stumpf und uneinsichtig hingestellt.

Es wäre völlig ungenügend, hätte Parmenides nur die kurz zitierten leerformelhaften und tautologischen Bestimmungen des Seienden festgehalten, ohne eine inhaltliche Charakterisierung zu geben. So also findet man bei ihm einige materiale Bestimmungen: »Weil ungeworden, ist es auch unvergänglich, ganz einzig, unerschütterlich und ohne Ende. Und nie war es oder wird es sein, da es jetzt zugleich ein einheitliches, zusammenhängendes Ganzes ist … Noch kann ich zulassen, dass du denkst oder sagst, es sei aus dem Nichtseienden geworden … Was für ein Zwang hätte es denn auch dazu treiben können, früher oder später mit dem Nichts zu beginnen und dann zu wachsen? So muss es denn notwendig schlechthin vorhanden sein oder überhaupt nicht!« (Fragment 8).

Um zu erweisen, dass diese Stelle – offensichtlich eine zentrale bei Parmenides – nicht eine Tautologie darstellt, versuchten Interpreten das Nicht-Seiende als ›leeren Raum‹ oder ›Vakuum‹ zu deuten; eine Deutung, die als problematisch gelten muss, da damit eine Konfusion eines metaphysischen und eines physikalischen Prinzips vorliegt und da sich bei Parmenides nirgendwo eine derartige Synonymie antreffen lässt.

Ein sog. Fragment soll noch besprochen werden – es lautet: »Denn ein und dasselbe kann gedacht werden und sein« und »Dasselbe aber ist Denken und des Gedankens Gegenstand. Denn du kannst das Denken nicht ohne das Seiende antreffen, in dem es ausgesprochen ist«. Im Hintergrund dieser Aussagen steht die Adäquationstheorie (›adaequatio rei et intellectus‹), jedoch in einer Sonderform, insofern als bei ihm die ›Wahrheit‹ eine ontische Kategorie ist, denn hier ist das Denken im Sein verwurzelt. Genauso wie auf einer archaischen und simplen Ebene der Philosophie Sollensprinzipien in Seinskategorien eingebettet sind, genauso sind auf derselben Stufe epistemische Prinzipien in ontische Kategorien eingebettet: Der Gedanke, dass epistemische Überlegungen einen ganz bestimmten Deutungscharakter der Phänomene ›der Welt‹ besitzen, somit modellhaften Charakter tragen, doch kein ontisches Korrelat aufweisen, war Parmenides und darüber hinaus der gesamten Frühzeit der Philosophie fremd.

Bereits zu seinen Lebzeiten wurden seine Überlegungen von philosophischen Gegnern in Zweifel gezogen. Man empfand das Statische, die völlige Leugnung von Veränderung und Bewegung als inakzeptabel. Nur Zenon von Elea und viel später der große Denker Platon bemühten sich, seine Thesen zu verteidigen und für das eigene philosophische System fruchtbar werden zu lassen.

Werke: *Lehrgedicht »Über die Natur«.*

4. EMPEDOKLES (495–435 V.CHR.)

Wenn von einem Philosophen behauptet werden darf, dass er die gesamte Bandbreite der Wissenschaft seiner Zeit umfasste, dann trifft dies vor allem auf Empedokles zu. Einerseits war er der exakte Naturforscher, andererseits ein Mystiker, der sich die Rolle eines Propheten und Sühnepriesters zulegte und den Zeitgenossen kathartische Praktiken empfahl. Darüber hinaus beteiligte er sich aktiv am politischen Leben seiner Vaterstadt Akragas, wobei er sich überzeugt für die Sache der Demokratie einsetzte, weswegen er auch die ihm angebotene Königswürde ausschlug.

Diese völlig differenten Interessensgebiete kommen auch in seinen Werken gut zum Ausdruck: Einerseits ist ein Werk »Über die Natur« tradiert, andererseits ist sein Werk »Reinigungslieder« jenes Buch, das seine mystische Ansicht zum Ausdruck bringt. Bei der Interpretation seiner »Reinigungslieder« fällt primär auf, dass er von zwei deutlich zu unterscheidenden Wissensbereichen spricht, die auch zwei völlig verschiedene Erkenntniszugänge implizieren: a) einmal die Erkenntnis von empirischen Dingen der Außenwelt, eine Erkenntnis, die als inferior angesehen wird; und b) davon deutlich verschieden eine solche der Mathematik und Logik, die als superior zu bezeichnen ist und auch nur einem elitären Kreis zugänglich sein soll. Hier wird seine Abhängigkeit von Pythagoras und dessen Philosophenkreis deutlich, vor allem aber wenn man in Rechnung stellt, dass er für Pythagoras größte Hochachtung empfand, bei dem er die Seelenverwandtschaft zu seiner eigenen mystischen Veranlagung spürte. Vor allem war er auch ein Vertreter der Reinkarnationslehre und behauptete von sich, einst in seligen Gefilden gelebt zu haben, aus denen er wegen seines schlechten Lebenswandels vertrieben wurde: Sein jetziges Leben auf dieser Erde war für ihn somit das Ergebnis einer Strafe und somit beklagte er auch sein Dasein. Bei ihm taucht bereits das Motiv der »Einkerkerung« der Seele in einen irdischen Körper auf, wie sie bei Sokrates/Platon in mehreren Dialogen als zentrales Thema erscheint; konsequent behauptet Empedokles von sich, ein in die Welt gestürzter Daimon zu sein.

Der Fall (Abstieg) aus himmlischen, lichten Höhen in das triste irdische Dasein verlangt förmlich, nach Wegen zu suchen, wie ein Aufstieg in den ursprünglichen seligen Zustand möglich sein kann. Zwei Elemente werden dafür angegeben: einmal ein moralisch untadeliger Lebenswandel und zum Zweiten geheime Reinigungsriten. Diese sollten in Weihe- und Opfergaben an die Götter erfolgen, wobei die Opfer jedoch unbedingt unblutig sein müssen, denn jedes blutige Opfer sei ein schweres Vergehen, das Strafe nach sich zieht. Für ihn ist jedes Tieropfer, jede Tötung von Tieren schlichtweg Mord, und daher war er auch (wie Pythagoras) strenger Vegetarier. Ganz pythagoräisch mutet sein Motiv an, wenn er im Verzehren von Tieren Kannibalismus sieht: »Da schlachtet der Vater in arger Verblendung den lieben Sohn, der seine Gestalt gewandelt hat, und spricht dabei noch ein Gebet!«

Seine Ansicht von der Seelenwanderung und der möglichen Inkorporation eines Menschen in Tiergestalt findet aber eine interessante Konsequenz in Form des Einbezugs jedes Lebewesens in einen gemeinsamen Sittenkodex. Aristoteles hat diesbezüglich Empedokles richtig interpretiert: »Denn es gibt – etwas Derartiges ahnen ja alle – von Natur ein gemeinsames Recht und Unrecht, auch wenn keinerlei Gemeinschaft oder Vertragsverhältnis unter ihnen besteht, wie auch Empedokles davon spricht, dass man kein beseeltes Geschöpf töten darf.« Sextus Empiricus interpretierte Empedokles dahingehend, dass es nur einen einzigen Lebenshauch (pneuma) gäbe, der für alle Lebewesen gelte und der die gesamte Welt wie eine Seele durchdringe.

Wenn man eine weitere Facette seiner Lehre betrachtet, so fällt seine – aus heutiger Sicht – überzogene Selbsteinschätzung auf, die sogar bis zur Annahme ging, ein Gott zu sein. Allerdings muss einschränkend darauf hingewiesen werden, dass eine derartige Selbstvergottung in den Augen der griechischen (unteritalischen) Mitbewohner keineswegs als Blasphemie angesehen wurde, da das Götterbild bekanntlich stark anthropomorph konzipiert war. Trotzdem klingt seine Selbsteinschätzung nach ungerechtfertigtem Eigenlob: »Ich wandle unter Euch als unsterblicher Gott, nicht mehr als Mensch, von allen geehrt, wie es sich gebührt, Binden und blühende Kränze ums Haupt … Die Menschen aber folgen mir zu Tausenden, um zu erfragen, wo der Pfad zum Heile führt. Die einen möchten Orakelsprüche haben, die anderen fragen wegen allerlei Krankheiten, um ein heilsames Wort zu vernehmen.« Tatsächlich erwies man ihm die hier angeführten Ehren, ihm, der seinen Zeitgenossen nicht so sehr als Philosoph, sondern als von den

Göttern gesandter Prophet erschien, um sich als Wunderheiler und Erlöser von aller Weltenpein zu betätigen.

Wie bereits erwähnt, war er – fast im Stile der ionischen Naturphilosophen – stark um neue Einsichten auf dem Gebiet der Natur bemüht. So findet man bei ihm die Annahme von vier Grundstoffen: Erde, Wasser, Luft, Feuer. Das bedeutet, dass er die Suche nach einem Element, das als arché gelten kann, erweiterte und dabei einen haltlosen Monismus verwarf. Die verschiedenen Dinge der Welt unterscheiden sich voneinander nur durch Art und Menge der Urteile. Diese Hypothese war von größter Tragweite: Seine Vier-Elementen-Lehre überdauerte rund zwei Jahrtausende; und wenn sich vor allem Alchemisten des Mittelalters darum bemühten, zu diesen vier Elementen ein fünftes (die sog. ›quinta essentia‹) aufzufinden, so steht auch die Elementen-Lehre des Empedokles im Hintergrund. Die Frage nach Entstehung und Veränderung von Dingen der empirischen Welt beantwortet er dahingehend, dass dafür die Bewegungen kleinster, somit auch unsichtbarer, ungewordener und selbst unveränderlicher Stoffteilchen verantwortlich seien.

Diese Hypothese erfuhr bereits zur Zeit der griechischen Antike verschiedene Wertungen: Aristoteles sieht in dieser Mischung nur einen grob-mechanischen Vorgang. Galenus stellt sie differenzierter dar: »Empedokles meinte, dass aus den vier unveränderlichen Elementen die Natur der zusammengesetzten Stoffe hervorgehe, indem die ersten so miteinander vermischt wären, wie wenn jemand Rost und Kupfererz und Zinkerz und Vitriolerz ganz fein zerriebe und zu Pulver machte und miteinander mischte, so dass er nichts von ihnen ohne einen Teil eines anderen in die Hand nehmen kann.«

Seine Naturphilosophie kann als bemerkenswert bezeichnet werden, denn seine spekulativen Einsichten wurden viele Jahrhunderte später wissenschaftlich bestätigt; auch die Übertragung der Elementenlehre auf die organische Natur ist nicht nur eine konsistente Annahme, sondern wissenschaftlich haltbar: »Dieselben Grundstoffe werden zu Haaren und Blättern und der Vögel dichtem Gefieder und zu Schuppen auf starken Gliedern.« Man könnte darin sogar eine Frühform einer Evolutionstheorie sehen, wenn er nicht als Motor der Entwicklung der Naturdinge ›Liebe‹ und ›Streit‹ angenommen hätte.

Für sein System war der Gedanke der Veränderung so wichtig, dass er selbst den Tod nur als Transformation ansah und auch von einem ewigen, sich aber ständig wandelnden Kosmos ausging: »Entstehung gibt es von keinem einzigen all der sterblichen Dinge, noch ein Ende im verderblichen Tode. Nein! Nur Mischung gibt es und Trennung des Gemischten; das Wort ›Entstehung‹ gibt es nur bei den Menschen.« Diese Ansicht impliziert allerdings keine Vorstellung von einer »creatio ex nihilo« und eliminiert auch jeden Gedanken an einen Schöpfergott.

Werke: *Lehrgedicht »Über die Natur«; »Reinigungslied«.*

5. SOKRATES (469–399 V. CHR.)

Sokrates lebte im 5. Jh. v. Chr. in Athen und wurde im Jahr 399 v. Chr. im Alter von 70 Jahren durch den Giftbecher hingerichtet. Zunächst war er von der Schule der Sophisten geprägt, hat aber einige Denkfehler dieser Schule aufgedeckt und überwunden. Auf ihn berufen sich mehrere philosophische Schulen der hellenistischen Zeit: Kyniker, Kyrenaiker, Epikuräer und Stoiker. Da er selbst keine Schriften hinterlassen hat, kennen wir seine Lehre vor allem aus den Darstellungen seines Schülers Plato und aus den »Memorabilia« des Xenophon.

Plato schildert seinen Lehrer Sokrates in den frühen Dialogen als Denker, der die Wissensansprüche seiner Mitmenschen in Frage stellte und vor allem über die Belange der Ethik und der moralischen Tugend nachdachte. Seine philosophische Grundfrage hatte die Form: »Was ist X?« So suchte er nach dem Allgemeinen, das so beschaffen ist, dass es mehreren Dingen zukommt. Aber er räumte dem Allgemeinen keine Existenz ein, wie dies später Plato tat, denn Sokrates fragte nach der Tugend, die eine bestimmte Form (eidos) und Gestalt (idea) hat. Damit unterschied er der Tendenz nach zwischen einer Art (eidos) und einer Gattung (genos).

Das moralische Handeln ist für ihn wesentlich eine Angelegenheit der Vernunft: moralische Sachverhalte sind unverrückbare Fakten und damit der Unterscheidung von »wahr« und »falsch« unterworfen. Das Anliegen der Ethik besteht folglich darin, wahre Sätze über Gut und Schlecht ausfindig zu machen. Wenn moralisches Handeln eine Sache des Wissens ist, dann handelt der Wissende auch moralisch richtig. Diese Lehre hat später die stoische Schule weiter entfaltet. So fragte Sokrates nach den Kriterien des ethischen Wissens; denn jede Tugend (arete) beinhaltet ein Können (techne) und ein Wissen (episteme). Doch auch die Intuition spielt beim Erkennen der Tugend eine wichtige Rolle.

Für Sokrates war das Wissen um die moralischen Werte die hinreichende Bedingung für das richtige Handeln: Wer das Gute erkennt, wird es auch tun. Die verschiedenen Tugenden bilden eine Einheit, wer sich auf eine versteht, kennt alle. Freilich kennt nur der philosophisch Gebildete die Tugend im vollen Umfang. Wenn jemand tapfer lebt, dann hat er auch ein Wissen von Gut und Böse. Tapferkeit, Weisheit, Besonnenheit und Gerechtigkeit sind die vier Teile der einen Tugend.

Wenn moralisches Wissen die notwendige und hinreichende Bedingung für das sittliche Handeln ist, dann beruhen die moralisch falschen Handlungen auf einem Irrtum bezüglich des Seins und des Sollens. Es folgt daraus, dass niemand freiwillig das Unrecht tut. Der Übeltäter folgt einem Irrtum, er kennt nicht das moralische Gesetz. Wir erstreben die Dinge deswegen, weil wir überzeugt sind, dass sie für uns gut sind. Und wir vermeiden sie, weil wir denken, dass sie für uns schlecht sind. Folglich schädigen ungerechte Handlungen den Übeltäter in seiner Seele, sodass er für den Weisen als bedauernswert erscheint. Niemand will freiwillig böse sein. Für den Weisen ist es weniger schlecht, Unrecht zu erleiden, als Unrecht zu tun. Es gibt eine Lust wider besseres Wissen, die von vielen angestrebt wird; sie ist aber ein Fall von Unwissenheit. Wenn wir zwischen zwei Handlungen wählen können, dann folgen wir der, von der wir mehr an Lust erwarten.

Viele wählen statt eines kleines Gutes ein großes Übel und lassen sich durch die Einwirkungen des Scheines irreführen. Die schlechte Wahl ist aber immer das Ergebnis eines Nichtwissens. Fünf Faktoren sind zumeist dafür verantwortlich, dass jemand gegen sein besseres Wissen handelt: die Lust, die Furcht, die Liebe, der Zorn und der Schmerz. Wer von der Lust überwältigt wird, zeigt eine Schwäche des Willens (akrasia). Nicht alle setzen das Gute mit dem Lustvollen gleich. Die Tugend als sittliche Tüchtigkeit hängt immer von unserer Einsicht in das Gute ab.

Unrecht zu handeln ist auf alle Fälle für den falsch, der es als Unrecht erkannt hat. Sokrates floh nicht aus dem Gefängnis, obwohl er dazu die Möglichkeit bekam, weil er in der Flucht ein Unrecht sah. Er war nämlich in Athen angeklagt, die Jugend zu verführen und neue Götter zu verehren, da er in einer neuen Weise nach dem Göttlichen gefragt hatte, das sich uns zeigt. Für ihn gelten die moralischen Prinzipien ohne Ausnahme und absolut: Gerechte Vereinbarungen müssen eingehalten werden, Unrecht darf nicht getan werden.

Es ist immer falsch, einen Mitmenschen zu schädigen. Folglich darf ein Unrecht nicht mit einem Unrecht vergolten werden (Crito 49 b 10). Vereinbarungen und Versprechungen gelten nur dann, wenn sie gerecht sind. Wenn sie ungerecht sind, müssen sie nicht eingehalten werden. Da Sokrates in Athen blieb, hat er die Gesetze der Stadt akzeptiert. Er weiß sich an sie gebunden und flieht nicht aus dem Gefängnis. Als er den Giftbecher trinkt, glaubt er an ein Weiterleben seiner Seelenkraft. Der Tod ist für ihn, wie wenn man »von einer Krankheit genesen« ist.

Der Zweck der Philosophie ist die kritische Prüfung des Denkens, die Bildung der Jugend und die Anleitung zum guten Leben. Die ethischen Werte sind nicht relativ, wie die Sophisten lehrten, sie gelten unbedingt. Wir können sie mit unserer Vernunft erkennen und folglich auch lehren. Ein Handeln ist dann richtig, wenn es den wahren Nutzen, nämlich die Glückseligkeit, bewirkt. Jeder muss sich selbst erkennen, um die sittliche Tugend zu verwirklichen. Wenn ich weiß, wer ich bin, dann erkenne ich, was ich tun soll.

In jedem Menschen findet sich eine innere Stimme (daimonion), die ihm sagt, was er tun und was er lassen soll. Die höchste Tugend ist die Genügsamkeit, denn wer am wenigsten bedarf, ist der Gottheit am nächsten. Nur wer sich selbst beherrschen kann und die richtige Einsicht in die Dinge hat, soll im Staat die Herrschaft ausüben. In der Politik reden zu viele mit, die diese Bedingungen nicht erfüllen.

Sokrates starb für seine moralischen Überzeugungen, er wollte kein Unrecht tun. Damit ist er für unsere Kultur zum Vorbild der aufrechten Vernunft geworden: Die Aufgabe der Philosophie liegt zum einen im kritischen Denken, zum anderen im gut geführten Leben.

Werke: *Keine Schriften, Berichte von Plato, Xenophon und Aristophanes.*

6. Demokrit (460–370 v. Chr.)

Mit dem Namen dieses großen Denkers verbindet man im Allgemeinen – und dies völlig zu Recht – seine Lehre von den kleinsten, nicht mehr teilbaren Elementen, den Atomen. Diese Elementarteilchen sind auch wegen ihrer angenommenen Kompaktheit unteilbar; weiterhin sind sie qualitätslos, weswegen ihnen nur Lage- und Größenbestimmungen attestiert werden können. Die Qualitäten der Sinnesempfindungen (Farbe, Geschmack, Temperatur) entstehen erst durch den Prozess der Wahrnehmung, den Atomen selbst kommen keine qualitativen Bestimmungen zu.

Die Atome sind untereinander sehr verschieden, und zwar in dreifacher Hinsicht: im Hinblick auf ihre Größe und Gestalt (runde, eckige, gekrümmte), ferner im Hinblick auf ihre Anordnung und schließlich bezüglich ihrer Lage. Demokrit illustriert dies auf anschauliche Weise, indem er als Unterschied der Gestalt den von -A- und -N-, als Unterscheidung der Anordnung den von -AN- und -NA- und als Unterschied der Lage den von -Z- und -N- angibt. Seine Lehre von den qualitätslosen Atomen stellt einen wichtigen Schritt auf dem langen Weg zur Wissenschaft im modernen Sinn dar, als sie zum ersten Mal in der griechischen Geistesgeschichte alle qualitativen Bestimmungen auf quantitative zurückführt, was einer späteren Mathematisierung förderlich war. Einer der großen Unterschiede zur modernen Naturwissenschaft besteht darin, dass man die Struktur der Dinge erfassen wollte. Daher ist der Begriff des Atoms bei

Demokrit kein empirischer, sondern ein spekulativer, der somit auch nicht durch Abstraktion aus Beobachtungen gewonnen wurde, sondern der ein theoretisches Konstrukt darstellt, das vor allem dem metaphysischen Problem des Werdens nachspüren soll – ein Problem, das bei Parmenides eine einseitige, weil absolut statische Deutung erfahren hatte. Eine wichtige Konsequenz aus dieser Atomlehre ist die Annahme der durchgehenden Notwendigkeit des gesamten Geschehens in der Welt. Somit wird das Kausalitätsprinzip als universales Prinzip anerkannt, was bedeutet, dass man es mit einem mechanistischen Weltbild zu tun hat.

In einem durchaus modern zu nennenden Sinn ging Demokrit von der Annahme einer ständigen Bewegung der Atome aus, und es ist schade, dass er in diesem Zusammenhang nicht versuchte, diese wichtige Annahme durch das Aufstellen von physikalischen Theorien abzusichern. So dagegen wurde nur die Anfangslosigkeit der Bewegung konstatiert, die durch Druck und Stoß entstanden sei; man kann daher annehmen, dass nach ihm die Bewegung der Atome als ihr Konstituens anzusehen ist.

Es ist nur konsequent, wenn Demokrit auch eine mechanistische Psychologie entwickelte, wobei er gezwungen war, neben den Atomen, deren Größe nach ihm variieren konnte, leicht bewegliche Partikel anzunehmen, die zwar selbst nicht wahrnehmbar, doch in allen wahrnehmbaren Dingen enthalten sein sollen. Diese Atome bilden den Stoff der materiell konzipierten Seele – sie sind kugelförmig (man denke daran, dass die Kugel für die Griechen jener Zeit die Idealfigur darstellte), ständig in Bewegung und Wärme erzeugend. Interessant ist nun der Konnex, den er zwischen der materiell gedachten Seele, der die Rolle der koordinierenden Instanz im Individuum zukommt, und der Atmung herstellt. Er geht nämlich davon aus, dass einzelne Seelenatome den Körper verlassen. Wenn aber der Großteil des Seelenstoffes entweicht, tritt der Tod ein – selbstverständlich gibt es bei einer derart konzipierten Seelendarstellung keine Annahme einer Unsterblichkeit.

Auch die Erkenntnismöglichkeit wird folgerichtig der mechanistischen Theorie subsumiert: Hier kommt seine etwas sonderbar anmutende ›Bildchentheorie‹ zum Tragen, da Demokrit tatsächlich annahm, dass von den wahrnehmbaren Körpern Bilder ausgingen, die mit jenen, die von den Sinnesorganen ausgehen, zusammentreffen, wodurch ein bestimmter Eindruck entsteht, der den einzelnen Sinnesorganen zukommt. So problematisch diese Annahme auch sein mag, sie hat jedenfalls eine wichtige Konsequenz, nämlich jene, dass man die Dinge nicht so erkennen kann, wie sie wirklich sind, sondern nur so, wie sie auf uns wirken. Deswegen auch kann und muss Demokrit die Sinneswahrnehmung als dunkle bezeichnen und in Gegensatz zur echten und wahren Erkenntnis des Verstandes stellen. Eine Erkenntnis des objektiven Wesens der Wirklichkeit und somit letztlich das Bemühen aller philosophischen und physikalischen Systeme zur Zeit der griechischen Antike, wird somit bestritten. Gleichzeitig wird damit aber der Tatsache Rechnung getragen, dass gleichartige Reize von verschiedenen Personen nicht als gleich empfunden werden müssen.

Auch die Verstandeserkenntnis wird materiell zu deuten versucht, und zwar in Abhängigkeit von den Wahrnehmungsakten. Er stellt diese Abhängigkeit in Form eines Zwiegesprächs zwischen Wahrnehmung und Verstand dar, wenn er schreibt: »Armer Verstand, von uns nahmst du die Beweisstücke und willst uns damit niederwerfen. Indem du uns niederwirfst, kommst du selbst zu Fall« (B 125). Damit hängt auch seine – schon kurz angedeutete – Unterscheidung zwischen den primären Eigenschaften und den sekundären Qualitäten (z.B. süß, kalt, gelb) zusammen; eine Unterscheidung, die auch noch im 17. und 18. Jahrhundert bei vielen Philosophen eine große Rolle spielte. Auch seine Unterscheidung zwischen einer empirischen und einer theoretischen Erkenntnis findet ein Pendant zumindest bei Descartes.

Wie sehr eine Hypothese – hier ist es jene von den Atomen – eine determinierende Kraft ausüben kann, geht daraus am besten hervor, dass er auch die Frage nach der Existenz von Göttern und Dämonen im Sinne seiner Annahme, es gäbe nur Atome und das Leere, zu beantworten bemüht war. Seiner Hypothese gemäß pflanzen sich durch die Luft Bilder von Göttern, Dämonen und übermenschlichen Wesen fort, die von den Menschen wahrgenommen werden können. Wenn somit von manchen Interpreten diese als kraus empfundene Annahme als seine Reverenz vor dem naiven Volksglauben dargestellt wird, so ist dem zu widersprechen. Hätte Demokrit seine Lehre von den Atomen nicht auf alle physikalischen, biologischen und religiösen sowie allgemein-menschlichen Bereiche bezogen, wäre er zumindest inkonsistent gewesen.

Allerdings gibt es für Demokrit keine Gottesannahme, und genauso wie Epikur empfiehlt auch er, sich von den sinnlosen Fragen nach der Existenz von Göttern abzuwenden, um sich konkreten, lebenspraktischen Problemen zuwenden zu können, und zwar ohne Furcht vor dem Jenseits.

Leider muss man seine Ausführungen zur Ethik als unsystematisch und nicht-originell bezeichnen, etwa wenn er die Lehre vom ›guten Befinden‹ als oberstes moralisches Ziel angibt, das durch ein vernünftiges Verhalten (rechtes Denken, Reden, Handeln) zu erreichen ist. Ganz im aristotelischen Sinn spricht er vom ›rechten Maß‹, das dann erreicht wird, wenn man die durch seine Natur gezogenen Grenzen respektiert. Ein mittleres Maß im Leben ganz allgemein ist Grund für das ›gute Befinden‹. Starke Affekte und heftige Reize stören es, weil sie die Seelenatome stören und durcheinanderbringen – somit ist auch das seelische Gleichgewicht physikalisch-atomistisch gedeutet.

Sehr konkret wird er allerdings in seiner Straftheorie: Er ist für eine rigorose Bestrafung von Übeltätern, wie er überhaupt den zwangsrechtlichen Charakter der Gesetze stark betonte. Das Zusammenleben der Menschen sollte von Solidarität und Hilfe für die Armen geprägt sein, doch von egalitären Überlegungen hielt er nicht viel.

Werke: *Die Große Weltordnung; Über den Geist; Fragmente.*

7. PLATO (428–348 V. CHR.)

Plato war der prägende Denker der antiken und der mittelalterlichen Kultur und wirkt in den christlichen Lehren fort. Geboren wurde er um 428 v. Chr. in Athen, seine Mutter entstammte altem Kriegeradel. Ungefähr zwei Jahre verbrachte er in Süditalien in einer griechischen Kolonie, dann gründete er in Athen eine Schule der Weisheit, die dem Heros Akademos (Akademie) geweiht war. In dieser Stadt starb er im Jahr 348 v. Chr. im Alter von 81 Jahren.

Plato hat uns eine Vielzahl von Schriften hinterlassen, die meisten in der Form von Dialogen (34 an der Zahl), dazu die Werke »Gesetze« und »Staat«. Sein Denken reicht noch weit in das mythische Weltbild hinein. Er geht von zwei Dimensionen der Wirklichkeit aus: Der raum-zeitlichen Welt des Werdens (a) steht die Welt des Seins jenseits von Zeit und Raum (b) gegenüber. Die Welt des Seins ist allein unserem Denken zugänglich, doch sie repräsentiert die Unwandelbarkeit und das Ewige. Die Welt des Werdens können wir mit unseren Wahrnehmungen erkennen.

Damit verbindet Plato die Weltdeutung der Eleaten (Metaphysiker) mit der des Philosophen Heraklit, der den ewigen Wandel gelehrt hatte. Die ewigen »Ideen« (eidos) bilden die Welt des Seins, sie sind von der Welt der Wahrnehmungen getrennt. Erst durch die Annahme von Ideen kann ein Zusammenhang zwischen dem Denken und der Sprache einerseits und der Wirklichkeit andererseits gefunden werden. Denn die Ideen liefern uns die Muster (paradeigmata) für die Dinge der Wirklichkeit. Diese Dinge (onta) gelten als zusammengesetzt, als zerstörbar, veränderlich und unsichtbar; sie haben nur eine Gestalt.

Zuerst gibt es das Schöne, das Gute und das Wahre an sich. Was unter uns Menschen als schön, als gut und als wahr gilt, hat Anteil an den ewigen Ideen des Schönen, des Guten und des Wahren. Unsere Aussagen über die instabile Welt der Erfahrungen erreichen immer nur Wahrscheinlichkeit, nie letzte Sicherheit. Die Welt (kosmos) wurde von einem guten und neidlosen »Weltbaumeister« (demiourgos) geschaffen, als Muster verwendete er bei der Erschaffung die ewigen und unveränderlichen »Ideen«. Die Ordnung der Welt folgt einer geometrischen Struktur.

So wie der menschliche Körper so hat auch die Welt eine unsichtbare »Seelenkraft« (psyche). Sie erschafft die Ordnung im Kosmos und vermittelt zwischen den Modalitäten des Seins. Diese Weltseele besteht aus dem Sein (ousia), der Identität (tauton) und der Verschiedenheit (theateron). Ähnlich besteht die menschliche Seele aus einem begehrenden, einem mutigen und einem denkenden Teil. Die Philosophie pflegt den Umgang mit der reinen Urgestalt des Wirklichen, durch die Methode der Dialektik wird die Überwindung des Hypothetischen möglich. Denn sie nivelliert die Voraussetzungen und macht sich auf den Weg zum Anfang selbst.

Unter allen Ideen ist die des Guten die höchste. Sie verleiht den Gegenständen der Erkenntnis die Wahrheit und die Erkennbarkeit. Dem erkennenden Subjekt gibt sie die Möglichkeit der Erkenntnis der Gegenstände. Den Gegenständen der Erkenntnis verleiht sie das Sein (einai) und die Seiendheit (ousia). Der Dialektiker kennt seine Gegenstände und vermag deren Wesens-Logos auszusagen. Wer unter uns Menschen als gut erscheint, hat Anteil an der höchsten Idee des Guten. Die Erkenntnis des Guten ist die notwendige und die hinreichende Bedingung für die Kenntnis aller anderen Ideen. Aber diese Idee des Guten hat die Züge des Unsagbaren, sie wird auf intuitive Weise erkannt. In der Lichtmetaphorik wird sie als das Glänzendste beschrieben, denn sie ist voll unvorstellbarer Schönheit und birgt als himmlischer Ort alle Wesenheiten – damit aber hat sie göttliche Qualitäten.

Wenn sich die menschliche Seele von den »Abbildern« des Körperlichen den »Urbildern« der Ideenwelt zuwendet, dann erfährt sie eine Angleichung an das Göttliche (homoiosis theou), denn der Bereich der ewigen Ideen ist die Heimat der unsterblichen Menschenseele. Sie wird als »innerer Mensch« verstanden und muss sich jenseits des Todes für alle Handlungen und Taten verantworten. Plato spricht vom Gott, den Göttern und vom Göttlichen, doch er stellt sich keinen persönlichen und menschenähnlichen Gott vor. So bezieht er sein Leben auf die ewigen Ideen.

Wenn wir etwas in der Welt erkennen, dann erinnern wir uns an die geschauten Ideen. Daher ist die Unsterblichkeit der Seele wahrscheinlich. Die Erfahrung des Schönen entfacht in uns den Eros nach den ewigen Ideen. Diese geben uns die festen Regeln des guten Lebens vor. Wer gut leben will, muss gerecht sein, es ist die Gerechtigkeit, die uns allen zu einem glücklichen Leben verhilft. Die Tugend (arete) erweist sich als die Gesundheit und Schönheit der Seele; die Bosheit aber ist der Ausdruck einer kranken und hässlichen Seele.

Es sind die Tugenden der Weisheit, der Mäßigung, der Tapferkeit und der Gerechtigkeit, die eine Seele gut werden lassen. Anderseits sind es die Laster der Unwissenheit, der Unmäßigkeit, der Feigheit und der Ungerechtigkeit, die eine Seele böse und hässlich machen. Weil die Seele sich selbst bewegt, muss sie unsterblich sein. Damit aber wird jede Menschenseele nach dem Tod des Körpers in einem neuen Körper wiedergeboren und folgt dem Kreislauf von Leben und Sterben. Da sie schön zusammengesetzt ist und sich aus sich selbst bewegt, muss sie unsterblich sein.

In der Menschenwelt gibt es drei Klassen von Menschen: den Adeligen und Kriegern ist Gold in die Seele gemischt, den freien Bürgern ist Silber beigemischt, und die Sklaven und Unfreien werden von der Beimischung von Erz und Eisen bestimmt. Jede Seele hat einen begehrenden, einen mutigen und einen denkenden Teil. Der Staat der Menschen ist hierarchisch geordnet, er wird von den ewigen Gesetzen regiert. Die Wissenden und Weisen sollen im Staat die Macht ausüben, denn wer das Gute erkennt, der kann es auch tun. So wird der beste Staat von den Philosophen gelenkt.

Der zweitbeste Staat jedoch ist der, in dem das ewige Gesetz herrscht. Dieses wird von der Gottheit erlassen und hat absolute Gültigkeit. Ein »nächtlicher Rat« muss in jeder Stadt darüber wachen, dass die ewigen Gesetze von allen Bewohnern befolgt werden. Damit ist Plato zum Vordenker des geschlossenen und des totalen Staates geworden. Denn für ihn ist es die Aufgabe des Staates, die Moral und das Recht unter allen Menschen durchzusetzen. Dieses autoritäre Staatsmodell wurde von der christlichen Reichskirche verwirklicht und hat dort bis heute seine Gültigkeit.

Werke: *Laches; Charmides; Lysis; Protagoras; Politeia; Gorgias; Menon; Kratylos; Hippias I-II; Symposion; Phaidon; Theaitetos; Parmenides; Sophistes; Politikos; Kritias; Nomoi; Timaios; Philebos.*

8. Aristoteles (384–321 v. Chr.)

Aristoteles wurde zum Vordenker der antiken und der neuzeitlichen Naturwissenschaft. Geboren wurde er 384 v. Chr. auf der Halbinsel Chalkidiki, sein Vater Nikomachos war Arzt beim makedonischen König. Mit 17 Jahren zog er nach Athen, um in der Akademie Platos Philosophie zu studieren. Er blieb dort ungefähr 20 Jahre bis zum Tod des Lehrers. Danach lebte er kurz in Assos, später in Mytilini und kehrte dann in seine Heimatstadt Stageira zurück. Dort war er zwei bis drei Jahre der Lehrer und Erzieher des Prinzen Alexander, des späteren Feldherrn und Königs. Danach kehrte er nach Athen zurück und lehrte dort Philosophie am Lykeion, einem Gymnasium der Stadt. Im Alter von 63 Jahren starb er auf Euböa außerhalb Athens.

Die 19 zu seinen Lebzeiten veröffentlichten Schriften sind uns verloren gegangen. Erhalten aber sind uns 106 Bücher (Corpus Aristotelicum), die von seinen Schülern veröffentlicht wurden. Es sind die Schriften über die Methode der Wissenschaft (Organon), über die Kategorien, die Hermeneutik, die Topik, die sophistischen Widerlegungen, über die Natur, den Himmel, die Seele, die Bewegung der Lebewesen, die Politik und drei große Schriften über die Ethik. Somit lehrte Aristoteles die Logik, die Erkenntnislehre, die Metaphysik, die Naturphilosophie, die Politik und die Ethik.

Die Philosophie geht nach Aristoteles in drei Schritten vor: Zuerst erfolgt die Bestandsaufnahme der Meinungen über einen Gegenstand. Dann werden diese Meinungen problematisiert; und im dritten Schritt wird nach Lösungen des Problems gesucht. Zu den Grundbegriffen für die Erschließung der Realität gehören: das Wesen (ousia), die Form (eidos), die Materie (hyle), das Subjekt (hypokeimonen), die Aktualität (energeia) und die Potenz (dynamis). Diese ontologischen Grundbegriffe werden als Instrumentarium zur Erschließung objektiver Strukturen verstanden. Den Bedeutungen der Begriffe entsprechen reale Gegebenheiten.

Die Dinge existieren unabhängig von unserem Bewusstsein, daher ist es sinnvoll, sog. Kategorien als Bedeutungsklassen einzuführen. Dazu zählen die Substanz, die Quantität, die Qualität, die Relation, der Ort, die Zeit, das Tun, das Erleiden, die Lage und das Haben. Diese natürlichen Klassen der Dinge stehen den Ausdrücken der Sprache gegenüber. Jede Substanz bedeutet ein bestimmtes Etwas. Die platonische Ideenlehre erweist sich als die Konsequenz eines Fehlers der Kategorienzuordnung.

Selbstständigkeit und Substanz sind Eigenschaften jener Dinge, die als Wesenheiten und Realitäten verstanden werden. In der Metaphysik wird zwischen dem Stofflichen (hyle) und der formenden Kraft (eidos) unterschieden.

Die höchste Wirklichkeit ist die Gottheit, denn sie ist reine Form und reines Denken, unbewegter Beweger und vollendete Selbstreflexion. Ein Wissen und Verstehen gibt es für uns nur dort, wo es um Ursachen (aitiai) und Gründe geht. Eine Ursache kann unter dem Aspekt des Inhalts, der Form, des Anfangs und des Zieles beschrieben werden.

Das Werden im Kosmos und in der Welt wird als Übergang vom möglichen zum wirklichen Seienden verstanden. Die Aktualität und die Möglichkeit (Potenz) werden als unterschiedliche Zuständigkeiten eines Dinges gesehen. Eine Bewegung gibt es nur so lange, als Möglichkeiten existieren. In der »ersten« Philosophie wird nach dem Seienden als Seiendem gefragt, dieses wird mit der göttlichen Substanz gleichgesetzt. Die erste Philosophie ist göttlich und ehrwürdig, denn sie kommt dem göttlichen Wissen sehr nahe; zum andern beinhaltet sie ein Wissen über das Göttliche. Denn wenn die ersten Dinge nicht wären, dann wäre gar nichts. Es ist die Aufgabe der Metaphysik, Betrachtungen über das Seiende als Seiendes anzustellen. Damit werden die allgemeine Seinswissenschaft und die Rede vom Göttlichen (theologia) miteinander verwoben.

Für Aristoteles wird die Ethik eine eigene philosophische Disziplin, die sich von allen anderen Wissensgebieten unterscheidet. Die Ethik hat es mit den Dingen zu tun, die ihre Ursache nicht in sich selbst haben, sondern in den Entscheidungen der handelnden Menschen. Die Dinge sind nicht ewig, denn sie können sich so oder auch anders verhalten. Die Ethik ist als praktische Wissenschaft nicht auf das Erkennen, sondern auf das Handeln angelegt. Sie fragt, was die Tugend sei, damit wir in unserem Leben tugendhaft werden.

Damit trennt Aristoteles deutlich zwischen der theoretischen (sophia) und der praktischen Vernunft (phronesis). Aus der theoretischen Philosophie lassen sich keine Folgerungen für die Lebenspraxis ziehen. Das letzte und umfassende Ziel des menschlichen Handelns ist die Glückseligkeit (eudaimonia). Jeder Mensch strebt von seiner Natur her nach dem Wohlergehen und damit nach dem Guten. So gibt es für jedes Streben ein Gutes, auf das es gerichtet ist. Mittels der Tugend setzen wir die richtigen Ziele für unser Handeln. Doch mittels der Klugheit erkennen wir den richtigen Weg, der zu diesem Ziel führt.

Der reife und einsichtige Mensch kann zwischen dem Guten und dem Schlechten klar unterscheiden. Seine sittliche Tüchtigkeit setzt in allen Bereichen die rechte Norm. Es ist die richtige Vernunft (logos), die den Maßstab und die Regeln für das sittliche gute Handeln setzt. Wir begehren das scheinbar Schöne, aber im Tiefsten wünschen wir das wirklich Schöne. Wenn das richtige Streben und das richtige Denken übereinstimmen, dann setzen wir eine gute Tat, wobei jede Handlung eine Wahl zwischen mehreren Möglichkeiten impliziert.

Allerdings gibt es den willensschwachen Menschen, der wider sein besseres Wissen handelt. Er handelt unter dem Einfluss von starken Begierden. Das kontemplative Leben des Geistes und das Leben der sittlichen Tüchtigkeit sind die beiden Ziele des glücklichen Lebens. Der Kontemplative betrachtet zeitlose Wahrheiten und übersteigt damit seine Endlichkeit. Doch die Wissenschaft sucht immer nach dem gut begründeten Wissen. Wenn unser Verstand bestimmte Gegenstände erfasst, dann erfasst er sich gleichzeitig immer auch selbst.

Mit dieser Konzeption ist Aristoteles zum großen Anreger der antiken Naturforschung geworden. Er hat das Wissen seiner Zeit über die Natur gesammelt und weiterentwickelt. Für ihn sind wir Menschen gesellige Wesen (zoon politikon), deswegen brauchen wir das Leben in der Gemeinschaft. Im Staat soll mit den vernünftigen und bestmöglichen Gesetzen regiert werden, doch ideale politische Verhältnisse sind für uns nie erreichbar.

Werke: *Die Kategorien; Analytik I-II; Topik; Physik; Über den Himmel; Über die Seele; Über die Teile der Tiere; Über die Bewegung der Tiere; Über die Entstehung der Tiere; Metaphysik; Nikomachische Ethik; Politik; Protreptikos; Corpus Aristotelicum.*

9. Epikur (341–270 v. Chr.)

Epikur entstammte einem alten Adelsgeschlecht und wurde auf der Insel Samos, wohin sein Vater etwa zehn Jahre vor seiner Geburt gezogen war, geboren. Im Alter von 14 Jahren sandte ihn sein Vater zwecks besserer Ausbildung zum Demokriteer Nausiphanes nach Teos, und man darf zu Recht vermuten, dass der Grund für seine an Demokrit gemahnende Naturphilosophie zu jener Zeit der Unterweisung gelegt wurde.

Im Jahre 323 ging er nach Athen, um seinen Ephebendienst abzuleisten, doch dürfte er während dieser zwei Jahre auch mit allen wichtigen philosophischen Strömungen jener Zeit vertraut geworden sein. Als er nach seiner Ephebenzeit wieder nach Samos zurückkehrte, traf er die Seinen dort nicht mehr an, da die athenischen Siedler von Perdiccas vertrieben worden waren.

Als er 32 Jahre alt war, entschloss er sich, selbst als Philosophielehrer aufzutreten. Nach wenig glücklichen Versuchen in Mytilene gelang es ihm, in Lampsakos am Hellespont eine große Zahl von Anhängern um sich zu scharen, die ihm im Jahre 306 nach Athen folgten, wo er sich ein Haus mit einem großen Garten kaufte, in dem vor allem philosophiert wurde, was der Gemeinschaft den Beinamen »Die Philosophen im Garten« einbrachte. Dort blieb er auch bis zu seinem Tode.

Von seinen zahlreichen Werken, man spricht von dreihundert Schriftrollen, sind zumindest drei Lehrbriefe vollständig erhalten. Alle übrigen wurden offensichtlich nach 313 n. Chr. von den Christen als Ausdruck des Heidentums und des Atheismus vernichtet. Im Unterschied zu der Stoa und speziell zu den Skeptikern gilt für Epikur und seine Schule, dass der Schulgründer fast göttliche Verehrung genoss, die ihm vom heterogenen Schülerkreis, zu dem auch Frauen und Sklaven gehörten, bereitwillig entgegengebracht wurde. Seine Schule war sehr straff organisiert, für die Mitglieder gab es feste Regeln und sogar eigene Feiertage. Vor allem aber überragte Epikur alle seine Schüler so sehr, dass sich eine dogmatisch verfestigte Lehre herausbilden konnte, die auch von den auf ihn folgenden Schulhäuptern nicht wesentlich umformuliert wurde.

Bei Epikur steht die Naturerkenntnis nicht um ihrer selbst willen im Zentrum seiner Bemühungen, wie er im Brief an Herodotos bekennt: »… wobei ich zugleich meinem Drange folge, mich unablässig um die Erkenntnis der Natur zu bemühen, um in dieser Tätigkeit ein friedvolles Leben zu finden«.

Unter diesen Aspekt sind alle seine naturwissenschaftlichen Anstrengungen zu subsumieren, die letztlich eine Religionskritik genauso einschließen wie eine Sinnsuche bezüglich des menschlichen Daseins. So sind auch seine Erkenntnisse auf diesem Gebiet nicht originell, wohl aber die sich ergebenden Konsequenzen, etwa im Hinblick auf seine Ethik, die auf einer Kausalitätsbeziehung beruht. Doch auch das teleologische Denken, wie es für Aristoteles typisch ist, wird von Epikur abgelehnt, der sich somit bezüglich seines Weltbildes nur auf die Kausalität stützen möchte. Dies geht schon aus dem ersten Satz seiner kurz gefassten naturwissenschaftlichen Darstellung hervor, wenn er schreibt: »Nichts kann aus dem Nichts entstehen. Andernfalls würde alles aus allem entstehen können, ohne dass es dazu auch nur im Geringsten eines Zeugungsstoffes bedürfte.« Offensichtlich war ihm die Vorstellung einer naturhaften Irregularität ein Gräuel, und eine Harmonie im Kosmos war an strenge Regularitäten mit kausalen Abfolgen gebunden. Der durchgehende Determinismus hatte den enormen Vorteil, dass nun der Kosmos berechenbar war, nicht mehr als Spielball und Laune der Götter oder blindwütiger Gewalten angesehen wurde. Diesen Gedanken drückte vor allem der Konstanz-Satz aus: »Die Gesamtheit des in der Natur Vorhandenen ist nämlich von Anbeginn und in alle Ewigkeit unveränderlich, weil es nichts gibt, in das es sich verändern könnte. Gibt es doch neben dem All nichts, das etwa in es eindringen und eine derartige Verwandlung bewirken könnte.«

Gemeingriechisch war seine Ansicht, dass das All aus Körpern und dem leeren Raum dazwischen bestehe und dass die Körper entweder unzusammengesetzt oder zusammengesetzt sind. Demokrit folgt seiner Behauptung: »... folglich müssen die Urdinge unteilbare Wesenheiten (Atome) des Körperlichen sein.«

Dieses statische Weltbild wird auch durch die Charakterisierung der stets in Bewegung befindlichen Atome nicht aufgehoben, da nirgendwo der Aspekt der Metamorphose ausgedrückt wird: »Diese unteilbaren Bestandteile (Atome) sind unaufhörlich durch alle Ewigkeit in Bewegung, teils in weiten Abständen voneinander, teils auf der Stelle schwingend. Letzteres dann, wenn ihre eigene Drehung sie gewissermaßen an den Ort fesselt oder wenn sie in den Drehschwung anderer einbezogen sind.«

Zur Vervollständigung seines demokritischen Bildes fehlt nur noch die Bestimmung dessen, was zwischen den Atomen liegt – es ist dies das Leere: »Die Atome prallen beim Zusammenstoß dank ihrer Härte so weit aneinander, als möglich ist, um kraft ihrer Schwungverflechtung wieder an die alte Stelle zurückzukehren. Für diesen Vorgang gibt es jedoch keinen Anfang, denn die Atome sind ewig und ebenso das Leere.«

Wie sehr Atomismus dazu tendiert, mit einem Materialismus verknüpft zu werden, kann am besten bei seiner Behandlung des Erkenntnisproblems gesehen werden, wenn er die schwierige Frage behandelt, wie Sinneseindrücke von Dingen und Gegenständen entstehen. Er geht dabei von einer Abbildtheorie aus, wenn er erklärt: »Es gibt Abdrücke, die den festen Körpern gleichgestellt sind, jedoch durch ihre Zartheit weit verschieden von den Dingen, die durch sie wahrnehmbar werden. Können doch in der uns umgebenden Luft sehr wohl solche Ablösungen vorkommen, auch die zur Schaffung von Unebenheiten und Ebenheiten erforderlichen Anlagen, und es können auch Abströmungen entstehen, welche die Lagerung und Reihung (der Atome) genau so bewahren, wie sie sie im Körper selbst hatten. Diese Ausformungen nennen wir ›Abbildchen‹ (eidôla). Ihr Flug durch das Leere durchmisst, wenn ihm nichts entgegentritt, an das er anprallen könnte, jede erdenkliche Entfernung in unvorstellbar kurzer Zeit; und was uns an ihm wie

Verlangsamung oder Beschleunigung erscheint, ist in Wirklichkeit nur das Vorhandensein oder Fehlen eines Hindernisses.«

»Desgleichen muss man annehmen, dass auch der Geruch ebenso wie das Gehör niemals eine Empfindung in uns hervorrufen würden, wenn nicht gewisse von dem Gegenstand ausgehende Massen vorhanden wären, die so eingerichtet sind, dass sie das entsprechende Sinneswerkzeug erregen; wobei die einen eine beunruhigende und unangenehme, die anderen eine beruhigende und freundliche Geruchsempfindung hervorrufen.« Ja, sogar die Bildung der Begriffe geschieht im Sinne natürlicher Lautäußerungen.

Epikur extrapoliert seine atomistische Ansicht nicht nur auf die Sinneseindrücke, sondern auch auf die Seelenvorstellung; er muss dies wohl, um einerseits eine immanente Konsistenz des Lehrgebäudes aufrechtzuerhalten und um andererseits seinen Gedanken von der Sterblichkeit und Vergänglichkeit alles Menschlichen (also auch der Seele) zu untermauern. Wegen seiner Naturwissenschaft hätte man seine Lehre sicherlich nicht von christlicher Seite her so sehr bekämpft, wohl aber wegen seiner Leugnung einer unsterblichen Seele. Dazu führt Epikur aus: »Wenn die ganze Atommasse des Körpers sich auflöst, dann zerstreut sich auch die Seele, besitzt nicht mehr die gleichen Fähigkeiten wie vorher, wird auch nicht mehr erregt, kann also auch nicht mehr wahrnehmen. Denn man kann sie sich nicht als etwas denken, das für sich allein, d.h. außerhalb des zusammengesetzten Ganzen, wahrnimmt und solcher Erregung mächtig ist, wenn die sie bedeckenden und umfassenden Körperbestandteile nicht von der gleichen Beschaffenheit sind wie die, in denen die Seele ihre Erregbarkeit besitzt.«

Epikur überträgt seine atomistische Ansicht auch auf die Seelenvorstellung. Diese atomistisch aufgebaute Seelenlehre, die auch nur eine funktionale Definition kennt, da die Seele unmittelbar an die Funktionsweise der Atommasse gebunden ist, stellt die Basis dar für jene Ansicht, wonach man sich nicht um das Jenseits bekümmern solle, da der Tod nicht sei, wenn wir sind, und vice versa.

In einem eigenartigen Kontrast dazu steht seine Ansicht von den Göttern. Im Brief an Menoikeus findet sich eine Stelle, die deswegen aufhorchen lässt, weil in ihr ein völlig neuer Gottesbegriff vorkommt: »Denn Götter gibt es, da wir sie doch offenbar zu erkennen vermögen. Nur sind sie nicht so, wie die große Menge sie denkt, denn wie sie sich die Götter vorstellt, so sind sie nicht; und nicht der ist gottlos, der die Gottesvorstellung der Masse beseitigt, sondern wer den Göttern die Ansichten der Masse anhängt. Was die Masse über die Götter aussagt, entspricht nämlich nicht der richtigen Gotterkenntnis, sondern falschen Vermutungen.«

Da für ihn Fragen der Ethik im weitesten Sinne, die sich für den Einzelnen – und nicht etwa für die polis oder einen Staat – ergeben können, im Zentrum seiner Überlegungen standen, ist es nicht verwunderlich, dass er bei den vielen verschiedenen Schulrichtungen der Philosophie, die sich alle mehr oder minder stark mit ethischen Fragen abmühten, nicht nur Zustimmung, sondern auch kritische Ablehnung erfuhr. Dabei darf nicht vergessen werden, dass Epikur selbst auch von allen philosophischen Gegnern stets gewürdigt, ja sogar verehrt wurde. Erst das Christentum brachte den Gesichtspunkt in die Debatte, dass Epikur und sein Kreis eine Aggregation von Prassern und Säufern gewesen seien, die eine ›Philosophie aus dem Bauch‹ gepflogen hätten. Im Zuge der (zumindest in der Theorie) vorgenommenen totalen Abwertung der Lust durch Christen bot sich die epikureische Hochschätzung der hedoné als willkommener Zielpunkt der Kritik geradezu an.

Da seine diesbezüglichen Ansichten offensichtlich schon zu seiner Zeit von philosophischen Konkurrenzunternehmen missverstanden wurden, stellte er im Brief an Menoikeus dezidiert fest: »Wenn wir nun also sagen, dass Freude unser Lebensziel ist, so meinen wir nicht die Freuden der Prasser, denen es ums Genießen schlechthin zu tun ist. Das meinen die Unwissenden oder Leute, die unsere Lehre nicht verstehen oder böswillig missverstehen. Für uns bedeutet Freude: keine Schmerzen haben im körperlichen Bereich und im seelischen Bereich keine Unruhe verspüren. Denn nicht eine endlose Reihe von Trinkgelagen und Festschmausen, nicht das Genießen schöner Knaben und Frauen, auch nicht der Genuss von leckeren Fischen und was ein reichbesetzter Tisch sonst zu bieten vermag schafft ein freudevolles Leben, vielmehr allein das klare Denken, das allem Verlangen und allem Meiden auf den

Grund geht und den Wahn vertreibt, der wie ein Wirbelsturm die Seelen erschüttert. An allem Anfang aber steht die Vernunft, unser größtes Gut.«

Werke: *Über die Natur; Lehrbriefe, Fragmente der Lehrsätze.*

10. ZENON VON KITION (333–262 V. CHR.)

Zenon war der Begründer der stoischen Schule und wurde um 333 v. Chr. in Kition auf der Insel Kypern geboren. Früh kam er nach Athen und lernte dort beim Kyniker Krates, bei den Megarikern Stilpo und Diodoros sowie beim Akademiker Polemon die Philosophie. Um 300 v. Chr. begann er selber, in der Bunten Säulenhalle (Stoa Poikile) auf dem Markt in Athen die Philosophie zu lehren. Nach dieser Säulenhalle bekam seine Schule den Namen Stoa. Dieser große Lehrer hat uns einige Schriften hinterlassen; um 262 v. Chr. starb er durch den Freitod.

Seine Schüler führten die Schule der Stoa weiter, sie verbreitete sich in der ganzen hellenistischen Welt. Die Stoiker dachten in der Tradition der Kyniker und damit des Sokrates. Denn sie fragten nach dem glücklichen Leben und kamen zur Überzeugung, dass das Glück des Lebens immer in der Verwirklichung der Tugend zu finden sei. Unsere göttliche Vernunft sei fähig, die unvernünftigen Triebe (horme) unseres Lebens zu lenken und zu steuern. Ein Leben gemäß der Tugend aber führt uns in die Bedürfnislosigkeit gegenüber den materiellen Dingen.

Die Tugend und damit das glückliche Leben sind uns allen erreichbar durch die Einsichten unserer Vernunft. Um »einstimmig« (homologoumenos) leben zu können, müssen wir das Unverfügbare im Leben entwerten. Das heißt, wir dürfen in unseren Handlungen nur solche Ziele wählen, die wir mit eigener Kraft erreichen können. Denn unser Wollen muss mit unserem Können übereinstimmen. Wer dieses Ziel erreicht, der lebt im inneren Frieden, in der Ausgeglichenheit und Harmonie. Denn das Glück des Lebens besteht für den Weisen in der Erreichung der selbst gesetzten Ziele.

Wenn wir das anstreben, was wir können, dann erleben wir den »Wohlfluss« des Lebens (eu zen) und die einstimmige Befindlichkeit. Wer aber die selbst gesetzten Zwecke nicht erreicht, wird sich tief unglücklich fühlen, da er von gegensätzlichen Gefühlen hin- und hergerissen wird. Die Gefühle (pathos) aber bewirken einen Erregungszustand, der den Gleichfluss des Lebens stört. Daher besteht die Glückseligkeit in der Beherrschung der Affekte durch unsere Vernunft. Der Weise sucht folglich die Freiheit von den Affekten (apathia).

Zuerst stellen wir uns eine Handlung vor, die wir setzen wollen. Diese Vorstellung (phantasia) weckt in uns einen inneren Antrieb (horme). Aber zuletzt muss dann die Vernunft die Zustimmung geben, damit wir eine Handlung ausführen können. Wenn aber der innere Antrieb zu stark wird, dann kann ihn die Vernunft nicht mehr steuern. Die Affekte gelten als die unvernünftigen Bewegungen der Seele. Zu ihnen gehören die Lust und die Unlust, die Furcht und die Begierde. Jeder Affekt entsteht durch eine Einbildung bzw. Vorstellung eines Guten oder eines Bösen.

Im Erleben der Lust erfahren wir ein Anschwellen, im Erleben der Unlust ein Sichzusammenziehen der Seele. In der Begierde streckt sie sich nach vorne aus, in der Furcht verengt sie sich. Der weise Mensch ist zur vollkommenen Glückseligkeit fähig, wenn er alles Unverfügbare des Lebens entwertet. Folglich haben für ihn die Dinge der Außenwelt wenig oder gar keinen Wert. So übt sich der Weise ständig in der »aufrechten Vernunft« (logos orthos). Über die äußeren Vorgegebenheiten des Lebens kann er nicht verfügen; dazu gehören Reichtum, Armut, Gesundheit, die soziale Schicht. Doch über unsere inneren Einstellungen zu den Dingen des Lebens können wir alle verfügen, ob wir reich oder arm sind. So ist ein Sklave zwar an seinen Herren gebunden, doch innerlich kann er frei werden.

Das wahrhaft Wertvolle finden wir allein in der Seele, nämlich in der Einsicht (phronesis) in die wirklichen Wertverhältnisse des Lebens. Wenn nun die Tugend in dieser Einsicht besteht, dann ist sie für alle lehrbar und lernbar. Der höchste Zweck des Lebens ist die Glückseligkeit; die Tugend aber ist das beste Mittel, um sie zu erreichen. So besteht das Glück des Lebens im inneren Frieden und in der seelischen Ausgeglichenheit. Wenn wir die Tugend um ihrer selbst willen erstreben, dann nützt sie allen Menschen. Der Weise aber lebt im Einklang mit der Natur, deswegen lässt er sein Leben geschehen.

Nun richtet sich der Trieb jedes Menschen auf die Selbsterhaltung des Lebens, nicht zuerst auf den Lustgewinn. Daraus ergibt sich das richtige Handeln, indem jeder für sich selbst sorgt. Wer auf dem Weg zur Weisheit ist, für den gibt es keine Rangunterschiede mehr zwischen den Freien und den Sklaven, den Männern und den Frauen, den Griechen und den Nichtgriechen. Der Unterschied der Menschen besteht dann allein in den inneren Einstellungen zu den Dingen des Lebens. Der Weise täuscht weder sich selbst noch seine Mitmenschen. Er versteht etwas von der Religion, der Politik, der Kunst und der Wirtschaft. Da er innerlich reich, schön und frei ist, kann ihn ein äußeres Übel nicht treffen.

In unserem Denken gehen wir immer von unseren sinnlichen Wahrnehmungen aus, von welchen wir dann eine Vorstellung bilden, und wir speichern diese in unserer Erinnerung. Aus vielen gleichartigen Erinnerungen bilden wir Begriffe als allgemeine Vorstellungen, die das Gemeinsame der Erinnerung festhalten. Mit unseren Begriffen können wir sinnliche Erfahrungen der Zukunft vorwegnehmen (prolepsis). So bilden wir mittels der Vernunft unsere Begriffe, und die Erkenntnis schreitet fort. Vernunft ist der bestimmende Faktor unseres Lebens.

Die ganze Welt besteht aus dem Stofflichen (hyle). Wirklich ist nur das, was wirkt und leidet. Auch die menschliche Seele besteht aus feinsten stofflichen Teilen, denn alle Körper werden vom Stoff und von der Vernunft (logos) bestimmt. Der Stoff ist die leidensfähige Kraft, während die Vernunft die wirkende Kraft darstellt. Da die Welt entstanden ist, ist sie auch vergänglich. Aus dem Feuer wird die Luft, aus dieser wird das Wasser und aus diesem entsteht die Erde. Am Ende geht die Welt wieder im großen Urfeuer (ekpyrosis) auf.

Auch die menschliche Seele ist stofflich, denn sie besteht aus warmem Hauch (pneuma). Sie hat drei Vermögen, nämlich das der Vorstellung, das des Triebes und das der Vernunft. Damit ist sie der höchste Zweck des Daseins, denn sie kommt aus der göttlichen Welt. Nun wird die ganze Welt von der göttlichen »Vorsehung« (pronoia) regiert. Im Grunde gibt es nur einen

Gott, er ist identisch mit der in allen Dingen wirkenden Weltvernunft. Da alles nach der göttlichen Planung erfolgt, ist der freie Wille der Menschen deutlich begrenzt.

Werke: *Über die Vernunft; Über die Natur; Über das Weltall; Über die Pflicht; Über die Affekte; Der Staat; Über die Lust; Fragmente.*

11. PLOTIN (204–270)

Plotin ist der prägende Denker der neuplatonischen Philosophie und Lebensform, die unsere Kultur bis weit in das Mittelalter hinein bestimmten. Er lebte zwischen 204 und 270 n. Chr. in Alexandria und später in Rom. Dort hatte er eine Schule der platonischen Philosophie gegründet, an der er über zehn Jahre lang lehrte. Seine Gedanken hat er mit seinen Schülern schriftlich gefasst. Vor allem Porphyrios hat seine Lehre in neun Teilen (Enneaden) aufgeschrieben. In seiner Schule waren auch Frauen zugelassen, die voll Leidenschaft nach Wissen und Weisheit strebten.

In der Tradition Platons lehrte auch Plotin den unbedingten Primat des Seelischen vor dem Stofflichen. Er war begeistert von der Schönheit und Dynamik der ewigen »Ideen« sowie von der unaussprechlichen Transzendenz des höchsten Einen. Die menschliche Seele kommt aus der göttlichen Welt, doch sie hat Schuld auf sich geladen. Deswegen muss sie sich reinigen, um wieder zu ihrem Ursprung zurückkehren zu können. Wir erfahren die Außenwelt der Dinge und unsere Innenwelt. Unsere Seele wandert in die »obere Welt« bis hin zum höchsten Einen.

Die Welt des wirklich Seienden und der geschaffene Kosmos sind in einer hierarchischen Struktur aufgebaut. Alle Gegenstände und Körper bestehen aus Stoff (hyle) und aus Form (eidos, morphe); sie sind in drei Dimensionen geteilt. Hinter den vier Urelementen (Feuer, Wasser, Luft, Erde) wirkt ein allgemeines und unstoffliches Substrat, nämlich die »erste Materie«. Sie ist ohne Form und Qualität, nahezu nichts. Aus dem ersten und höchsten »Einen« fließen wie Wasser und Licht die verschiedenen Stufen des Seins und der Wirklichkeit. Die Güte einer Wirklichkeit besteht in ihrer Form, der Mangel an Form gilt als böse, folglich wird die ungeformte Materie als böse bewertet.

Der ganze Kosmos folgt einer zielstrebigen Ordnung, in ihm wirkt eine umfassende Seelenkraft (psyche). Diese »Weltseele« ist kein Körper, sie ist ohne Ausdehnung und unteilbar. An ihr haben alle Seelen der Menschen einen Anteil, diese sind ebenfalls nichträumlich und ungeteilt. Die Seele eines Menschen ist in seinem ganzen Körper anwesend. Die höchste Fähigkeit der Seele ist der Geist (nous), er hat keine körperlichen Wurzeln und bedarf keines leiblichen Organs. Dieser Geist hat einen unmittelbaren und überzeitlichen Zugang zur ewigen Wahrheit der »Ideen«. Er ist sich seiner selbst bewusst und schaut die Ideen als Einheit. Damit enthält er alles Sein in sich und überschaut die ganze intelligible Welt.

Das Reich der ewigen »Ideen« gilt dem göttlichen Schöpfer als kosmologisches Modell. Der Geist (nous) umfängt in seiner Schau die Welt der Ideen als ganze, er stiftet die Einheit. In ihm sind das Denken und das Sein identisch. Doch er ist noch nicht die höchste Einheit: über ihm existiert das höchste und letzte »Eine« (to hen). Dieses ist für uns Menschen unfassbar, wir dürfen ihm weder das Sein noch die Güte zuschreiben. Mittels unserer Sprache können wir gar nicht sagen, was dieses höchste Eine sei. Wir können es nur in der Intuition und der mystischen Schau erfassen.

Aus dem »Ersten Einen« fließen wie Wasser und Licht der Geist und die Weltseele, dann die vielen Einzelseelen und zuletzt die Welt der Körper. Das höchste Eine wird mit der Sonne verglichen, weil aus ihm unerschöpfliches Licht fließt. Das Fließen (Emanation) des Lichtes erfolgt ohne Anfang und ohne Ende. Die Geistwesen (nous) und die Seele (psyche) fließen aus dem Ureinen heraus und sind selbst am Fließen beteiligt. Doch zuletzt kehren sie wieder zum Ureinen zurück. Die Seelen der Menschen sind selbstständige Wesenheiten, sie haben an der einen Weltseele Anteil. Alle Seelenkräfte sind unsterblich und unteilbar, unveränderlich und ohne Affekte (apathia).

Da sie eine Ursünde begangen haben, steigen die Seelen in die »untere Welt« hinab. Ihr Abstieg folgt einem allgemeinen

Weltgesetz, sie werden von der Gottheit herabgeschickt. Wenn die Seelen sich in einem Körper einnisten, dann folgen sie dem göttlichen Weltplan. In jeder Menschenseele findet sich ein bewusster und ein unbewusster Teil. Wenn wir im Leben etwas Neues lernen, dann erinnert sich unsere Seele an das, was sie in ihrem wahren Selbst immer schon wusste. Viele Tätigkeiten und Wirkungen unserer »oberen Seele«, aber auch einige Wünsche, Begierden und Erinnerungen gelangen nicht in unser Bewusstsein.

Der weise Mensch gleicht sich an die Gottheit an, indem er die Tugend verwirklicht. Sie ist das Ziel seines Lebens. Das Ureine strebt nicht zu uns, wir Menschen müssen zu ihm streben. Der Aufstieg zum Ureinen ist uns nur durch die Kraft des Geistes und der Ideen möglich. Doch solange unsere Seele an materiellen Dingen hängt, ist uns die Schau des Ewigen nicht möglich. So verharrt der weise Mensch in der Ruhe und wartet, bis sich ihm das höchste Eine zeigt. Dann erlebt er es voll Schauer wie die Strahlen der aufgehenden Sonne. Sogleich wird seine Seele mit dem Ureinen vereinigt, und er erlebt tiefes Glück.

Das Ureine ist das Urgute, mit unserer Vernunft allein können wir es nicht erkennen. Es überschreitet unser Erkenntnisvermögen. Aus ihm strahlt und fließt der Weltgeist (nous), der die Welt der Ideen in sich vereinigt. Diese Ideen bilden die wahre Wirklichkeit, die sinnlich erfassbaren Dinge sind nur »Abbilder« der letzten Wirklichkeit und der ewigen Ideen. Aus dem Weltgeist strahlt und fließt die eine Weltseele, die alle Menschenseelen umschließt. Diese haben Sehnsucht nach der Vereinigung mit dem Ureinen.

Aus den vielen Seelen fließt die Welt des Stofflichen und der Körper. Sie sind vom Ureinen am weitesten entfernt, ihnen fehlt das Licht und die Kraft des Guten und des Seins. Damit haben die körperlichen Dinge nur ein vermindertes Sein; weil ihnen das Urgute fehlt, sind sie böse. Die Menschen leben in der Scheinwelt der Körper, doch in ihnen ist die tiefe Sehnsucht nach der Rückkehr zum Ureinen. Durch die Techniken der Ekstase können sie das Ureine schauen und sich mit ihm für kurze Zeit verbinden.

So hat die Lehre Plotins eine extrem leibesfeindliche Kultur zur Folge, die im Christentum zur Entfaltung gekommen ist.

Sinnlichkeit und Sexualität werden fundamental abgewertet, sie gelten als böse und gefährlich. Hier wird Platos Ideenlehre in ihr Extrem geführt, die reale Welt der Körper und der Dinge wird vollkommen entwertet. In dieser Denkform entwickelt sich das frühe Christentum, es liefert einer leibesfeindlichen Kultur den religiösen Überbau. Friedrich Nietzsche hat mit Recht angemerkt, das Christentum sei ein »Neuplatonismus für das einfache Volk«.

Werke: *Keine Schriften; seine Lehren wurden in den »Enneaden« von Porphyrios zusammengestellt.*

12. Aurelius Augustinus (354–430)

Auch Augustinus ist ein Vordenker des monopolhaften und autoritären Christentums mit absolutem Wahrheitsanspruch. Geboren wurde er 354 in Tagaste in Numidien (Nordafrika) als Sohn eines Grundbesitzers. Seine Mutter Monica war bereits Christin, sein Vater nicht. Die Grammatikschule besuchte er in Madaura, die Rhetorenschule in der Provinzhauptstadt Karthago. Als er den Schriftsteller Cicero las, kam er mit philosophischen Lehren und Ideen in Berührung. Er wirkte als Rhetor zuerst in Rom, dann in Mailand.

Früh schloss er sich der religiösen Lehre der Manichäer an, welche die Welt und den menschlichen Körper als böse bewerteten: Die Menschenseele sei im Körper eingesperrt und habe Sehnsucht nach ihrer Befreiung. Als erleuchtete Führer auf dem Weg zur Erlösung werden Plato, Jesus und Mani anerkannt. Die Sinnlichkeit und die Sexualität gelten als böse, nur der Weg der Askese führe zur Befreiung der Seele.

Als Augustinus Schriften des Cicero (Hortensius) las, schloss er sich der Lehre der platonischen Skeptiker an: Für sie gibt es kein sicheres Wissen, sondern nur die subjektive Wahrscheinlichkeit der Erkenntnis. In Mailand hörte der Rhetor die Predigten des Bischofs Ambrosius, durch ihn lernte er das neuplatonische Christentum kennen. So wurde er Christ, gab den

Rhetorenberuf auf, wurde Priester und später Bischof. Im Jahr 430 starb er in der Stadt Hippo.

Augustinus glaubte an die neuplatonische Lehre von der Emanation des göttlichen Lichtes als Urgrund des Seins, aus dem die ganze Wirklichkeit ausfließt. Die göttliche Wahrheit leuchtet in unsere menschliche Seele herein, deswegen sehnt sich diese nach dem Aufstieg in das Ewige. Askese und Mystik erleichtern diesen Aufstieg. Wie der Weltgeist (Nous) aus dem Ureinen hervorgeht, so geht der göttliche Sohn aus dem göttlichen Vater hervor.

Seit 380 war das Christentum zur Staatsreligion erhoben worden. Sieben Jahre später wurde Augustinus Christ und bald Priester und Bischof. In seinen vielen Schriften entwarf er die dogmatische Lehre für die neue Reichskirche: Den Christen allein hat sich die göttliche Wahrheit offenbart, sie gilt für alle Menschen und hat absolute Gültigkeit. Kein Mensch darf sich ihr entziehen oder widersetzen; die Bischöfe hüten diese letzte Wahrheit. Wer von ihr abweicht, soll mit staatlicher Gewalt zu ihr gezwungen werden. So hatte es auch Platon für seine Zwangsreligion vorgesehen.

Die bisherigen Heiden sollen gezwungen werden, in die Reichskirche einzutreten (compellite intrare). Häretiker und Abweichler vom wahren Glauben müssen vom Staat verfolgt und mit schweren Strafen belegt werden. Damit wird Augustinus zum Vordenker der reichskirchlichen Inquisition, die über 1400 Jahre Geltung hatte.

Dieser Bischof vertritt einen moralischen Pessimismus: Alle Menschen sind durch die Ursünde böse und verdorben, vor Gott sind sie eine »verdammte Masse« (massa damnationis). Denn der göttliche Schöpfer hat einen Großteil der Menschen zum ewigen Verderben bestimmt, nur ein kleiner Teil wird zum ewigen Heil erwählt. Es gibt eine Vorherbestimmung (predestinatio) vieler Menschen zur ewigen Hölle. Kein Mensch kann aus eigener Kraft die Erlösung vom Bösen erlangen, alles Heil kommt aus der göttlichen Gnade.

So bekämpft Augustinus den englischen Mönch Pelagius, für den die Menschen nicht von Natur aus böse sind. Dieser lehrte, dass jeder Mensch von sich aus das Gute tun könne. Doch diese Lehre lehnte der asketische Bischof aus Hippo strikt ab. Die skeptische Position in der Philosophie hat er durch die Einsicht überwunden, dass wir zuerst leben müssen, bevor wir zweifeln können (dubito sum). Das neuplatonische Christentum überwindet jede Form der Skepsis, indem es eine absolute göttliche Wahrheit lehrt, die von der Reichskirche verwaltet wird.

Wer von dieser absoluten Wahrheit abweicht, verliert das Recht auf Leben. Wir Menschen sind immer auf der Suche nach der Wahrheit. In uns tragen wir Bilder, mit denen wir die Außenwelt erkennen. In unserer Seele erleben wir drei verschiedene Fähigkeiten, nämlich zu denken (mens), zu erkennen (notitia) und zu lieben (amor). Diesen drei Fähigkeiten entspricht die göttliche Dreiheit, nämlich Vater, Sohn und Geist. Erkenntnis wird uns durch die Einwirkung des göttlichen Lichtes geschenkt, wie Sonnenlicht fließt die ewige Wahrheit in unsere Seele ein.

Die meisten Menschen lieben sich selber (amor sui), ihr Weg führt in das Verderben. Doch einige lieben den göttlichen Schöpfer (amor Dei), sie gelangen zum ewigen Heil. So sind wir Menschen durch die Urwahl der Engel Bürger zweier Welten, einer irdischen und einer göttlichen. Der irdische Staat (civitas terrena) wird durch die Selbstliebe der Menschen geprägt, während der göttliche Staat (civitas Dei) durch die Gottesliebe geformt wird. Doch immer haben wir Menschen an beiden Staaten Anteil.

Die Zeit erleben wir als Ausdehnung unserer Seele, die ewige Wahrheit schützt uns vor unserer Vergänglichkeit. Wir benötigen die Macht des autoritären Staates, um von der Selbstliebe geheilt zu werden, da wir von unserer Natur her alle böse sind. Die Menschen haben einen Vereinigungsvertrag geschlossen, um sich vor der gegenseitigen Gier und Selbstliebe zu schützen. Die Staaten setzen ein Richtmaß an Recht und Gleichheit, doch viele Staaten gebärden sich wie Räuberbanden.

Ein Staat verfolgt diesseitige Ziele wie den Schutz des Lebens und des Besitzes. Doch die Kirche verfolgt die jenseitigen Ziele, nämlich die Erlösung der Seele von der Kraft des Bösen. In der Zeit sind der Weltstaat und der Gottesstaat nicht getrennt, sondern miteinander verflochten, sie werden jedoch beim göttlichen Gericht am Ende der Zeit getrennt. Viele, die jetzt im Gottesstaat zu sein scheinen, sind es nicht; und viele, die draußen scheinen, sind drinnen.

Zuerst lehrte Augustinus, die Heiden und die vom Glauben der Bischöfe abweichenden Christen müssen durch überzeugende Rede zum wahren Glauben geführt werden. Doch später lehrte er als Reichsbischof, die Heiden müssten wegen ihrer falschen und schändlichen Religion bestraft werden. Die Kirche müsse die Menschen wie eine aufrichtige Mutter zur göttlichen Wahrheit zwingen und zum Heil ihrer Seelen eine bittere Medizin verabreichen. Auf der Basis dieser Lehre begann im Jahr 411 durch den Kaiser Honorius I. die staatliche Inquisition.

Werke: *Confessiones; Contra Academicos; De civitate Dei; De Trinitate; De ordine; De quantitate animae; Adversus Judaeos; De conjugiis adulteriis; De natura boni; De libero arbitrio.*

13. Albertus Magnus (1200–1280)

Die Lebenszeit Alberts, welcher meist den Beinamen Magnus (der Große) trägt, fällt in das Hochmittelalter, eine Zeit des kulturellen und wirtschaftlichen Aufbruchs. Städte entstehen, so auch Köln, der hauptsächliche Wirkungsort Alberts. Es kommt zu einer inneren Erneuerung des Christentums durch neue religiöse Bewegungen wie die Franziskaner oder auch die Dominikaner, denen Albert angehörte. Die Wissenschaft, Philosophie und Theologie, aber auch die Naturwissenschaften erfahren durch die Wiederentdeckung der Schriften des Aristoteles einen ungeahnten Aufschwung. Alle diese Entwicklungen finden ihren Niederschlag in den Werken Alberts des Großen.

Albert wurde um oder kurz vor 1200 im schwäbischen Lauingen geboren und, wie er selbst später erwähnt, in jungen Jahren unter der Obhut seines Onkels zum studium litterarum nach Padua geschickt. Dort lernte er den Dominikanerorden kennen, dem er 1223 beitrat. In Köln studierte er Theologie und lehrte in der Folge in verschiedenen Städten Deutschlands und in Paris. Von dort kehrte er nach Köln zurück, um zusammen mit seinem bedeutendsten Schüler, Thomas von Aquin, das studium generale, eine Art Ordenshochschule, zu organisieren. 1254–1257 war er Provinzial der deutschen Ordensprovinz, dann kurze Zeit Bischof von Regensburg, päpstlicher Legat und Kreuzzugsprediger. Am 15. November 1280 starb er im Dominikanerkonvent in Köln.

Albert war der erste mittelalterliche Denker, der die ungeheure Stofffülle der aristotelischen und arabisch-jüdischen Philosophie und Naturwissenschaft in großem Umfang in das scholastische Denken einbrachte. Er wollte die über die Araber und Juden in Spanien nach Europa gekommenen Werke des Aristoteles kommentieren und die »heidnischen Philosophien« als Argumente zweiter Ordnung neben und unter der Theologie verwendet wissen. Bei seiner Arbeit an Aristoteles bediente er sich jedoch der neuplatonisch beeinflussten Kommentierungen der Araber und stand selbst unter dem Einfluss neuplatonischer Schriften wie etwa der »Mystischen Theologie« des Dionysius Areopagita und hermetischer Schriften.

So kommt es in seinem Werk zu einem Reichtum an Motiven, aber auch an Widersprüchen, an die andere wie Thomas von Aquin anknüpfen konnten. Sein Werk umfasst 21 Foliobände und stellt eine gewaltige Enzyklopädie des naturwissenschaftlichen und philosophischen Wissens seiner Zeit dar. Neben seinen theologischen Schriften ist vor allem sein philosophisches Werk von Bedeutung, das die Gesamtheit der peripatetischen (aristotelischen) Philosophie in systematischer Ordnung darlegen und so den Zeitgenossen zugänglich und verständlich machen sollte. Die bedeutendsten Grundthemen seiner Werke sind das Verhältnis von Glauben und Wissen, die Metaphysik als Frage nach den ersten Ursachen und dem aristotelisch-philosophischen Gottesbegriff, das antike und christliche Weltbild und die Anthropologie.

Glaube und Wissen: Die Theologie unterscheidet sich für Albert von den anderen Wissenschaften zunächst dadurch, dass diese auf Grunderkenntnissen über ihren jeweiligen Gegenstandsbereich aufbauen, die Theologie hingegen Gott zum Forschungsgegenstand hat, auf dem sie nicht aufbaut, sondern dessen Erkenntnis sie sucht. Sie ist daher keine Wissenschaft im herkömmlichen Sinn, sondern eine Heilslehre, durch welche der Mensch zu Gott als dem Ursprung der Welt und Ziel allen Strebens geführt wird. Insofern ist die Theologie die höchste der Wissenschaften, weil sie zur Suche nach dem Höchsten, nach Gott, anleitet.

Metaphysik als Lehre von den ersten Ursachen: Die erste Philosophie (prima philosophia), wie die Metaphysik auch bezeichnet wird, umfasst den Bereich dessen, was die natürliche Erkenntnis gerade noch leisten kann, die Frage nach den ersten Ursachen und damit letztendlich nach Gott. Aristoteles hatte Gott als den unbewegten Beweger, die Ursache aller Dinge gesehen. Diese Definition wird nun von Albert auf den Schöpfer-Gott des Christentums umgedeutet, der in seiner Ursächlichkeit einen Vorentwurf alles Seienden in sich trägt und allem Bestand gibt. In seinem »Buch über die Ursachen und den Hervorgang der Allheit« stellt er die Abstufung der Seienden in ihrer Herkunft aus einem ersten Prinzip dar, das, weil es das erste ist, göttliche Eigenschaften hat.

Weltbild: Albert sah sich bei seinem Studium der aristotelischen Schriften mit einem von der christlichen Lehre sehr abweichenden Weltbild konfrontiert, welches die Ewigkeit der Welt aus der Anfangs- und Endlosigkeit von Zeit und Bewegung herleitet. Für Albert hingegen hat die Beweisführung des antiken Philosophen nur begrenzte Geltung; er postuliert, dass man sehr wohl einen Anfang von Bewegung, Zeit und Welt denken kann. Nach Alberts Meinung entsteht durch das Tun (die Bewegung) aus dem Nichts etwas, wie es dem biblischen Schöpfungsbericht entspricht. Ewig kann nur Gott sein, in dem alles seinen Anfang hat.

Menschenbild: Wesentlich für den mittelalterlichen Menschen war die Frage des Weiterlebens nach dem Tod bzw. das »Wie« dieses Weiterlebens. Auch hier greift Albert auf Aristoteles zurück, wenn er die Unsterblichkeit der Verstandesseele postuliert, welche »Abbild der ersten Ursache« ist und daher, wenn auch in abgeschwächter Weise, die Seinsart des Göttlichen, also die Unvergänglichkeit in sich, widerspiegeln muss. So ist für den Dominikaner die Unsterblichkeit der Seele mit der natürlichen Vernunft zu erschließen. Der menschliche Leib ist auf die Verstandesseele hingeordnet, d. h. es wird das aristotelische Grundschema von Form und Materie angewandt: Der Leib ist Materie, die Seele die Form. Die menschliche Seele ist den Tier- und Pflanzenseelen dadurch überlegen, dass ihre Tätigkeit nicht in der Tätigkeit in den einzelnen Organen aufgeht, sondern Verstandestätigkeit ist, welche organunabhängig funktioniert.

Beim Menschen wie beim Tier lässt sich nach Albert das Männliche als das Edlere vom Weiblichen, Unedleren unterscheiden, so wie die Form edler ist als die Materie. Da die Natur bei der Zeugung immer auf das Bessere abzielt, kann sie nur Männliches hervorbringen wollen; das Weibliche ist unvollkommen durch Mangel an Materie oder Wärme. Das weibliche Wesen dient nur als Aufbewahrungsort des männlichen Samens, welcher eine Kraft aus der Seele des Vaters beinhaltet und so dem Fötus eine Form der Seele gibt. Die Verstandeskraft der menschlichen Seele allerdings entspringt nicht dem väterlichen Samen, sondern diese wird zu einem nicht eindeutig definierten Zeitpunkt von Gott in die Seele des Kindes hineingeschaffen. Auch dieses Verständnis der Natur und der damit gegebenen Hierarchie der Geschlechter hat Albert (wie Thomas) von Aristoteles übernommen und damit das christliche Menschenbild nachhaltig geprägt.

Albertus Magnus war ein großer Wegbereiter der aristotelischen Philosophie und hat seinen Nachfolgern eine Fülle von Denkanstößen und Fragestellungen hinterlassen. Sein Verdienst ist es auch, der Philosophie einen eigenen Platz neben der Theologie zugestanden und die Naturwissenschaften verstärkt mit einbezogen zu haben.

Werke: *De natura boni; De homine; De resurrectione; De creaturis; De corpore Domini; De sacrificio missae.*

14. Thomas von Aquin (1225–1274)

Thomas ist der Vordenker der mittelalterlichen und neuzeitlichen Scholastik bzw. Schulphilosophie und hat das aristotelische Denken in Europa verbreitet. Geboren wurde er 1225 in Süditalien, er stammt aus zwei hocharistokratischen Familien. In jungen Jahren wurde er einem Benediktinerkloster in Neapel übergeben, später trat er in den Bettelorden der Dominikaner ein. Er studierte und lehrte Philosophie und Theologie in Rom, in Paris, in Köln, in Viterbo und in Orvieto. 1274 starb er auf einer Reise zu einem Bischofskonzil in Lyon.

In seinen beiden Hauptwerken »Summa contra gentiles« und »Summa theologica« legte er seine großen Lehren dar. Im ersten verteidigt er das Christentum gegen die Lehren des Islam. Im zweiten versucht er, die christlichen Lehren mit philosophischen Einsichten, vor allem des Aristoteles, zu verbinden. Er war überzeugt, dass es zwischen dem religiösen Glauben und der kritischen Vernunft keinen Widerspruch geben kann. Daher sind für ihn das Wissen und der Glaube zwei verschiedene Weisen der einen Erkenntnis. Unser Wissen entsteht immer durch die Anstrengung unserer Vernunft, Glaube aber entsteht durch die innere Schau und durch göttliche Offenbarung.

Wir können drei große Ordnungen des Geistes unterscheiden: nämlich die des Seins (Metaphysik), die der Erkenntnis und die des moralischen Lebens. Die höchste aller Wissenschaften ist die Theologie, die Lehre von Gott. Aber sie braucht zu ihrer Entfaltung immer die Dienstfunktion der Philosophie (ancilla theologiae), da sie die Inhalte des religiösen Glaubens vor der Vernunft vertreten will. Unsere Welt ist aus niedrigen und aus höheren Seinsordnungen aufgebaut.

Die Ordnung der Welt verhält sich analog zur Ordnung des höchsten und des göttlichen Seins. In der ganzen Welt finden wir diese analoge Struktur des Seins als Hinweis auf das höchste Sein. Daher setzt der religiöse Glaube immer die menschliche Natur voraus. Vom höchsten Sein können wir drei Eigenschaften aussagen, nämlich die Einheit, die Wahrheit und die Güte. In der Ontologie unterschieden wir zwischen einer Substanz, die das Sein in sich hat, und einer Akzidenz, die das Sein von einem anderen hat.

In der Welt erkennen wir eine erste Ursache von allem, diese ist der göttliche Schöpfer. Ihr folgen die vielen Zweitursachen im Bereich der Natur. So wie der religiöse Glaube die kritische Vernunft voraussetzt, so setzt die göttliche Gnade immer die menschliche Natur voraus. Alles Seiende, das ist und das der Mensch hervorbringt, wird vom göttlichen Sein umfasst, welches alle unsere menschlichen Kategorien und Ordnungen übersteigt. Es verleiht jedem Seienden die Form. Die Voraussetzung für die Formung ist die Möglichkeit (potentia) der Materie.

Die erste Materie (materia prima) wird als reine Möglichkeit verstanden. Es sind die göttlichen Formkräfte, die das Materielle gestalten. Damit entstehen Dasein und Sosein. Das göttliche Sein ist das metaphysische Grundprinzip des Seienden und seine transzendente Bestimmung. Jeder Mensch ist ein Abbild des göttlichen Schöpfers, seine Seelenkraft (anima) formt seinen Körper. Die geistige Seelenkraft wird als substanzielle Formkraft des Menschen verstanden, sie prägt unser ganzes Leben.

Wie Aristoteles nimmt auch Thomas drei Grundkräfte der menschlichen Seele an: a) Unsere vegetative Seelenkraft (anima vegetativa) formt und bewegt unseren Körper mit allen seinen Teilen. b) Unsere sensitive Seelenkraft (anima sensitiva) lässt uns mit den Sinnen empfinden und Gefühle erleben. c) Unsere kognitive Seelenkraft (anima cognitiva) lässt uns vernünftig denken und die Wirklichkeit erkennen.

Das Denken ist unsere höchste Seelenkraft, durch sie erst bilden wir den göttlichen Schöpfer ab. Sie erweist sich als eine Form der ersten Materie. So ist die Seele mit ihren verschiedenen Grundkräften die einigende Mitte unseres Menschenlebens.

Immer formt die Seele den Körper, sie wird durch den Tod des Körpers nicht zerstört. Sie entwickelt sich in drei verschiedenen Stufen und ist nicht auf einmal fertig. Mit unserer höchsten Seelenkraft – der Vernunft – beginnen wir, unsere Welt und uns selbst zu erkennen. Jede Erkenntnis beginnt mit der sinnlichen Erfahrung. Dann abstrahieren wir von der einzelnen Erfahrung und bilden allgemeine Aussagen darüber. Schließlich denken wir über uns und unsere Erfahrungen kritisch nach, wir reflektieren über unser Erkennen.

Wir erkennen das Wahre. Die Wahrheit wird verstanden als die Übereinstimmung unseres Intellekts mit einer beobachteten Sache (adaequatio rei et intellectus). Dadurch erkennen wir das einzelne Seiende in seinem Sein und Wesen. Weil wir Menschen am einen Sein teilhaben, können wir fremdes Sein verstehen, folglich sind auch unsere Denkgesetze immer in den Gesetzen des Seins begründet. Wir erkennen das ewige Sein als Eines, als Wahres und als Gutes.

Das letzte Ziel des menschlichen Daseins ist die erlebte Glückseligkeit. Denn Gott ist das universale Gute, das wir anstreben. Mit unserer Vernunft erkennen wir die Gesetze des moralischen Handelns. Denn wir erkennen sowohl das natürliche Gesetz (lex naturalis) als auch das göttliche Gesetz (lex divina). Das erste hat immer am zweiten Anteil. Das moralisch Gute und Gesollte können wir als das verstehen, wonach alle Menschen streben. Mit unserer kritischen Vernunft und mit unserem Gewissen vermögen wir gemäß dem natürlichen und dem göttlichen Gesetz zu handeln.

Mit den Kräften unserer Vernunft können wir von der Erkenntnis der Welt zur Erkenntnis des göttlichen Schöpfers aufsteigen. Denn alles Seiende geht auf eine letzte Ursache zurück, diese können wir Gott nennen. Es gibt für uns fünf Wege (quinque viae), auf denen wir die höchste Gottheit erkennen können. Gott aber ist reines Sein und reiner Geist, er hat alle seine Möglichkeiten verwirklicht (actus purus). Folglich gibt es in der Gottheit keine Entwicklungen mehr, sie ist außerhalb des Seienden. Das Wesen der Gottheit können wir Menschen nie verstehen, aber wir können mit Sicherheit erkennen, dass sie existiert.

Die Menschen sind das höchste Geschöpf Gottes, als seine Abbilder können wir ihn erkennen. Folglich sind wir der Mittelpunkt der Welt und des Kosmos, alle anderen Geschöpfe sind auf uns hingeordnet. Als Partner des Schöpfergottes sollen wir die Welt entfalten, lenken und beherrschen, denn alles in der Welt ist für uns Menschen da. Thomas schätzt die menschliche Natur sehr positiv ein, doch die Frauen wertet er fundamental ab. Er sieht in ihnen einen »Mangel der Natur« und ein »Einfallstor des Bösen« (Eva).

Dieser Denker hält an der autoritären Religion mit der Inquisition und der Verfolgung der sog. Ketzer fest. Gleichzeitig hat er naturwissenschaftliches Denken in der Schulphilosophie seiner Zeit möglich gemacht. Sein Denken prägt die europäische Kultur bis weit in die Neuzeit hinein.

Werke: *Summa contra gentiles; Summa theologiae; Quaestiones disputatae; De essentia; Kommentare zu Aristoteles und zu Boethius.*

15. WILHELM VON OCKHAM (1280–1349)

Der Franziskaner Wilhelm von Ockham steht mit seinem Denken am Übergang vom Mittelalter zur Neuzeit. Seine Werke spiegeln die Umbruchsituation des 14. Jahrhunderts wider, in der sich die weltliche Macht von der geistlichen zu emanzipieren begann und das festgefügte Weltbild der Scholastik hinterfragt und unsicher wurde. Die Frage nach dem Wie der Gotteserkenntnis und damit die Erkenntniskritik und Wissensanalyse rückten in den Vordergrund.

Um 1280 im Dorf Ockham in Südengland geboren, trat Wilhelm in jungen Jahren in den Franziskanerorden ein und studierte in Oxford, wo er auch Vorlesungen hielt. Aufgrund einer Anklage des Kanzlers der Universität wurde 1324 gegen ihn am päpstlichen Hof von Avignon ein Prozess wegen Häresieverdachts eröffnet, vor dem er 1328 zusammen mit Michael von Cesena, dem Generalmagister der Franziskaner, zu Kaiser Ludwig dem Bayern floh. Dort in München blieb er bis zu seinem Tod durch die Pest 1349.

Diese Ereignisse spiegeln sich auch in der Entwicklung seiner Werke wider: Während seine frühen Schriften (erkenntnis)theoretische und sprachlogische Probleme behandeln, beschäftigte sich Ockham in den Werken, welche er im bayrischen Exil verfasste, mit politischen Themen. Dennoch lassen sich innere Zusammenhänge nicht leugnen.

Wilhelm von Ockham steht mit seinen Werken für einen Übergang im Denken von einer Theologie, welche die ganze Wirklichkeit mit Hilfe der Philosophie zu erfassen und erklären versuchte, zu einem aus der Kontingenzerfahrung erwachsenden Hinterfragen des alten Weltdeutungsmodells. Der Franziskaner wandte die am Beginn des 14. Jh. Standard gewordenen Kenntnisse der aristotelischen Philosophie und Logik konsequenter an als seine Vorgänger und formulierte so »einen Rationalitätsstandard, eine Wirklichkeitskonzeption, eine Individualitäts- und Freiheitserfahrung« (Flasch 1987, S. 445), wie sie seiner Zeit entsprachen.

Ockhams Grundintention war, die Existenz von allgemeinen Begriffen (Ideen) unabhängig bzw. vor den sie bezeichnenden Dingen zu hinterfragen. Die auf Platon fußende Lehre, dass alle Dinge nur Abbilder von im Himmel bzw. in der augustinisch-christlichen Lesart in Gott existierenden Ideen (Universalien) sind, war zur Zeit Ockhams trotz früherer Einwände (Roscelinus, Abailard) und der Aristoteles-Rezeption des 13. Jh. allgemein anerkannt. In diesem Konzept wurde aus dem allgemeinen Wesen Mensch bzw. Menschheit der einzelne Mensch gewissermaßen individuiert. Ockham dagegen sagte, wie schon Aristoteles: Nicht die Menschheit, die Idee Mensch existiert zuerst, sondern die einzelnen Menschen. Erst im Nachhinein bilden wir in unserem Denken und Sprechen allgemeine Begriffe für die individuellen Dinge. Da Ockham bestritt, dass dem »Namen«, dem allgemeinen Begriff, etwas Allgemeines in der Realität entspreche, wird er als »Nominalist« (von lateinisch nomen = Namen) bezeichnet.

Was der Franziskaner forderte, war, die Einzeldinge als Ausgangspunkt wissenschaftlicher Erkenntnis zu nehmen und den Weg von ihnen zu den begrifflichen Abstraktionen möglichst präzise und ohne unnötige Theorien darzulegen. In diesem Zusammenhang spricht man von einer neuen wissenschaftlichen Ökonomie, die alles Unnötige wegschneidet (»Ockhams Rasiermesser«).

Damit hatte Ockham das bisherige Vertrauen in die Sprache als adäquate Wiedergabe der Wirklichkeit erschüttert und gleichzeitig die traditionelle Metaphysik in Frage gestellt: Wenn in Wahrheit nur Einzeldinge existierten und diese als vergänglich erfahren wurden, was blieb dann noch Unvergängliches übrig? Die reale Erfahrung, dass gerade die sinnliche Wahrnehmung des Menschen falsch sein konnte, führte dazu, letztlich alles in Frage zu stellen und als subjektive Wahrnehmung zu bewerten: »Die Anschauung des Sterns kann bleiben, auch wenn der Stern zerstört ist« (in primum librum sententiarum Prol. Quaest. 1), schreibt er und spielt an anderer Stelle sogar mit dem Gedanken, ob nicht womöglich jemand die Anschauung Gottes genießen könne, obwohl dieser gar nicht existiert.

Mit solchen Überlegungen wurde das tradierte Weltbild radikal in Frage gestellt, das Vertrauen in die Erklärungen der Philosophie und Theologie wie in die eigene Wahrnehmung war gleichermaßen erschüttert. Die Folge einer solcherart veränderten Konzeption der Wirklichkeit war auch ein anderes Gottesbild.

Da die Universalien (die allgemeinen Begriffe) nur mehr als Konstrukte menschlichen Denkens existieren, kann über sie auch kein Zugang mehr zur Gotteserkenntnis erfolgen, wie es noch Thomas angenommen hatte. Das Dasein Gottes kann demnach nicht mehr mit der Vernunft bewiesen, sondern nur mehr aufgrund einer übernatürlichen Offenbarung geglaubt werden. Damit hatte Ockham die Verbindung von Philosophie und Theologie zerrissen.

Gott ist bei ihm kein nach den Regeln der von ihm eingesetzten und vom Menschen aufgrund der allgemeinen Prinzipien erkennbaren Ordnung handelnder Gott, sondern ein in seiner Allmacht willkürlich agierender Gott. Dieser hat die gegenwärtige Welt- und Heilsordnung nach seinem Willen eingesetzt. Er könnte genauso eine andere einsetzen, da er keinen allgemeinen Gesetzen unterworfen ist. Auch hier spielt wieder der Gedanke der subjektiven Vorstellungen des Menschen und die Ablehnung allgemeiner, aus sich heraus existierender Prinzipien eine Rolle, denn für Ockham sind unsere Aussagen über Gott nur Aussagen über einen von uns gebildeten Begriff »Gott«. Gott selbst oder seine Existenz können vom Menschen nicht erkannt und bewiesen werden.

In diesem Gottesbild ist bereits ein Vorläufer des lutherischen Gottesbildes zu erkennen, der ebenfalls das rationalisierende Gottesbild der Scholastik ablehnt.

Ausgangspunkt für Wilhelm von Ockhams Beschäftigung mit politischen Theorien war der Armutsstreit, der zwischen dem radikalen Flügel der Franziskaner und Papst Johannes XXII. entbrannt war. Dieser Streit weitete sich zu Überlegungen über Eigentumsformen und menschliche Herrschaftsformen und in der Folge über die Machtverteilung zwischen Kirche und Staat aus. Beide, Kirche und Staat, stammen von Gott und haben ihre je eigenen Bereiche. Die politische Macht des Staates beruht auf dem freien Konsens der Bürger und wird nicht vom Papst verliehen. Damit schränkte Ockham die kirchliche Machtsphäre ein und untermauerte seine philosophische Theorie von der vom Menschen geschaffenen und nicht unbedingt auf einem ewigen göttlichen Plan basierenden Ordnung. Auch hier weist die Lehre Ockhams bereits deutlich über das Mittelalter hinaus in eine neue Zeit hinein, in der Gott und Welt immer mehr als getrennt betrachtet wurden.

Wilhelm von Ockhams Verdienst ist es sicherlich, die Schwächen des alten scholastischen Systems und sein Ungenügen für die Anforderungen einer neuen Zeit erkannt zu haben. Mit seinem »Nominalismus« und der Forderung, zunächst einmal die konkreten Einzeldinge zu untersuchen, steht er am Beginn der empirischen Naturwissenschaften. Seine Staatstheorie weist den Weg zu einem neuen Verhältnis von Kirche und Staat. Seine Gotteslehre macht den Weg frei für ein neues, nicht von philosophischem Rationalismus bestimmtes Gottesbild, allerdings auf Kosten der Verbindung von Theologie und Philosophie.

Werke: *De principiis theologiae; Tractatus logicae; Expositio in libros physicorum; Ordinatio; Expositio in librum Porphyrii.*

16. Nikolaus von Kues (1401–1464)

Nikolaus von Kues, ein Denker des späten Mittelalters und des Humanismus, lebte zwischen 1401 und 1464. Er stammt aus Kues an der Mosel, studierte Philosophie in Heidelberg, kanonisches Recht in Padua, später Mathematik und Theologie.

Er beschäftigte sich mit antiken Handschriften (Tacitus, Plautus) und wurde ein begeisterter Anhänger der humanistischen Philosophie. Durch die mystischen Schriften des Raimundus Lullus erwachte sein Interesse an der Kultur des Islam. Er war Priester und später Bischof von Brixen, zuletzt päpstlicher Diplomat.

Auf dem Konzil zu Basel zählte er zu den Reformern, auf dem Konzil zu Ferrara verhandelte er mit Vertretern der Ostkirche. In seinem Buch »Reformatio generalis« organisierte er die Reform des Klerus der Stadt Rom. In dieser Stadt starb er auch und liegt dort begraben. In seinem Werk »De concordantia catholica« entwirft er das Leitbild einer universalen christlichen Ordnung, die für die ganze Welt gelten soll. Er glaubt an einen möglichen Frieden der Religionen (De pace fidei), unter der Bedingung, dass sie einander kennenlernen. Deswegen will er in einem Buch (Cribatio Alkoran) dem Islam die christlichen Lehren verständlich machen.

Er ist überzeugt, dass alle Völker und Religionen zum Glauben an einen einzigen Gott geführt werden können und dass so der Weltfriede möglich wird, denn es ist der göttliche Logos, der die Völker durch die Geschichte führt. In uns allen ist der tiefe Drang nach dem Unendlichen und Ewigen, doch wenn wir Gott erkennen und denken wollen, dann stoßen wir sofort auf die Grenzen unseres Denkens: Die Gottheit ist unendlich und absolut, sie kann mit dem Geschaffenen überhaupt nicht verglichen werden. Allein die Mystiker nähern sich ihr, aber sie können dann nicht darüber sprechen.

Angeregt von Meister Eckhart und den Nominalisten glaubt Nikolaus von Kues, dass wir über die letzten Dinge des Seins nichts Sicheres sagen können. Wir stoßen an die Grenze unseres Denkens, hinter dem es Undenkbares gibt. Dann erkennen wir nämlich, dass wir darüber gar nichts wissen können. Wir erreichen eine »gelehrte Unwissenheit« (docta ignorantia). Mit unserem analytischen Verstand erforschen wir die vielen Teilbereiche der Wirklichkeit, wir bilden uns Kategorien und Begriffe. Doch damit kommen wir an das Geheimnis des Göttlichen nicht heran.

In der Gottheit sind alle Teile und alle Gegensätze zu einer ursprünglichen Einheit zusammengefasst. Diese Einheit können wir mit unserer Vernunft nicht ausloten. Nur in der mystischen Schau und in der Ekstase können wir sie erahnen. So fallen in der Gottheit alle Gegensätze zusammen (coincidentia oppositorum). Sie umschließt das Lichte und das Dunkle, das Gute und das Böse, das Sein und das Nichts, das Mögliche und das Verwirklichte. In der umfassenden Gottheit aber ahnen wir die ursprüngliche Einheit unserer Welt.

In Gott zeigt sich uns die Einheit aller Wesen und Dinge. Die Gottheit wird in etwa als die ganze Welt zusammen, doch unendlich größer vorgestellt. In ihr entfaltet sich die Welt, der Prozess der Schöpfung geht weiter. Aber auch das Umgekehrte gilt: In der Welt entfaltet sich die Gottheit, denn sie ist im Werden. Denn sie ist nicht reine Wirklichkeit (actus purus), wie Thomas von Aquin gelehrt hatte. In ihr verbinden sich die Möglichkeit und die Wirklichkeit (posse et esse).

Gott fasst also das Mögliche und das Wirkliche zusammen (possest); er ist weder das eine noch das andere, sondern immer beides zusammen. Denn vor jeder Wirklichkeit steht immer eine Möglichkeit. Das bedeutet, dass in der Gottheit noch Möglichkeiten des Werdens und der Entwicklung sind. Mit diesem dynamischen Gottesbild verabschiedet sich Nikolaus vom statischen Denken der Scholastik. Die Gottheit vereinigt in sich den Geist und die Materie, das Mögliche und das Wirkliche, die Ruhe und die Bewegung.

Mit diesem Ansatz wird es möglich, eine Entwicklung der Gottheit zu denken, wie es die Mystiker getan haben. Denn wenn in Gott Gutes und Böses vereinigt sind, dann wird eine Entwicklung vom Bösen zum Guten und vom Dunkeln zum Licht denkbar. Wir müssen in den unendlichen Raum und in die unbegrenzte Zeit blicken. Denn die Welt und der Kosmos sind der Ort der Entfaltung der Gottheit, sie haben Anteil an der Unendlichkeit des Göttlichen. In der geschaffenen Welt erscheint »Gott im Nichts«.

Das Bindeglied zwischen der unendlichen Gottheit und der endlichen Welt ist der Christus, er ist die Verkörperung der Weltvernunft (Logos). Im Menschen Jesus hat die Weltvernunft Fleisch angenommen, Göttliches ist in die Welt eingetreten. Jeder Mensch ist ein kleiner Kosmos für sich und damit ein Abbild des Universums. In diesem ist alles in einer Stufenfolge vom Höchsten bis zum Niedrigsten geordnet. Die Probleme des unendlich Großen und des unendlich Kleinen lassen sich mit den Formeln der Mathematik darstellen.

Die Erde ist nicht der ruhende Mittelpunkt im Weltall. Da es keinen festen Punkt im Kosmos gibt, sind alle unsere Messungen relativ. Bewegungen können wir nur von einem festen Punkt aus feststellen. Die Gottheit ist in der Natur und im Kosmos überall und nirgends. Deswegen sind wir voll des Staunens, denn alles hat einen Sinn und Wert, weil es am Göttlichen teilhat. Der Wissenschaftler achtet vor allem auf die kleinen Dinge und Übergänge in der Natur.

Wir Menschen dürfen uns des Lebens freuen, denn Göttliches leuchtet in unserer Welt auf. Da wir die Gottheit nur in Symbolen erfassen und darstellen können, gibt es keine absolute Religion. Auch die christlichen Wahrheiten sind nur relativ. Denn hinter den Bildern aller Religionen steht immer nur die eine Gottheit, die wir Menschen mit unserer Vernunft und Sprache nicht erfassen können. Folglich gibt es im Grunde nur eine einzige Religion in der Verschiedenheit vieler Riten. Der Islam und das Judentum haben andere Riten als das Christentum.

Es folgt daraus, dass es sinnvoll ist, den anderen Religionen mit Toleranz zu begegnen und den Dialog zu suchen. Es ergibt keinen vernünftigen Sinn, Menschen anderer Religionen zu verfolgen, denn jede Religion leistet ihren Beitrag zur Verehrung des einen göttlichen Geheimnisses. Hier kommen die Toleranz für Fremdes und das Bekenntnis zur Humanität ins Blickfeld. In Gott ist das absolute Maximum und das absolute Minimum. Und in Jesus Christus zeigt sich uns das Vollmaß des Menschlichen sowie die Vollendung des Kosmos.

Dieser Denker sprengt die Vorstellungen eines geschlossenen Glaubenssystems, damit steht er am Beginn einer neuen Denkepoche. Leider haben nur wenige Theologen seine Denkansätze weitergeführt, doch sie werden heute sehr aktuell.

Werke: *De docta ignorantia; De concordantia catholica; De Deo abscondito; Cribatio Alkoran; Idiota de sapientia; De principio; De quaerendi Deum; De Genesi; De ludo globi.*

17. Niccolò Machiavelli (1469–1527)

Es wäre völlig verfehlt, wollte man das Werk Machiavellis als Wiederaufnahme der römischen Tradition ansehen, also als Renaissance römischer Geistesart deuten, denn die Beweggründe, unter denen Machiavelli schrieb, waren ein Bereich »sui generis«. Dies soll kurz ausgeleuchtet werden: Die römischen Staatstheoretiker gingen von einem der beiden Motive aus, entweder eine Verherrlichung der römischen Sitten und auch der römischen Geschichte darzustellen (wie dies bei Cicero der Fall war) oder aber in einer Normalzeit eher akademische Überlegungen darzulegen, die nicht unbedingt aus einer erlebten Notzeit herrührten (etwa Tacitus). Mit einem Wort, es ging ihnen (auch Cicero, dem Nachahmer Platos) nicht primär um Staatstheorien, um den Versuch, »die Welt nicht nur verschieden zu interpretieren, sondern sie zu verändern« (Marx), sondern um eine mehr oder minder stark gefärbte Geschichtsdarstellung. Dagegen entstanden Machiavellis Werke aus einer trüben Stimmung heraus, die jeden befallen musste, der in politischen Dimensionen zu denken verstand und den totalen Verfall und Zerfall von »bella Italia« mitverfolgte und mitlitt. Machiavelli war tief enttäuscht über die innerliche Zerspaltenheit Italiens, über den totalen Niedergang von Moral und Macht und vor allem über die Tatsache des Verlustes seiner Souveränität, durch den Italien zum Exerzierfeld ausländischer Mächte geworden war (vor allem Frankreichs und des Heiligen Römischen Reiches Deutscher Nation). Man ist daran gewöhnt, jede politische Untat, jede List und Tücke, die Verherrlichung brutaler Gewalt, die Hochschätzung absoluter Staatsmacht, kurzum: alle politischen Untugenden Machiavelli anzulasten; der Begriff »Machiavellismus« steht synonym für politisches Verbrechertum und seine Verherrlichung.

In der Tat haben sich noch stets politisch Verantwortungslose, Machthaber und Diktatoren bereitwillig seiner Argumentation bedient und ihn als Kronzeugen für ihre eigenen Vergehen benutzt; und selbst dort, wo er, wie vom jungen

Preußenkönig Friedrich II. in seinem »Anti-Machiavelli« verurteilt wurde, war es ein bloßes Lippenbekenntnis zu politischer Aufrichtigkeit, denn in der Praxis seiner politischen Tätigkeit war er ein reiner Machiavellist. Dass Nietzsche für Machiavelli Sympathien empfand, ist verständlich. Dass Machiavelli drastische Maßnahmen vorschlug, um die italienischen Klein- und Stadtstaaten zur Räson zu bringen, ist fast verständlich; dass er die Aufstellung einer Söldnertruppe empfahl, ist angesichts der damaligen Militärstrategie nicht verwunderlich; und dass er die unumschränkte, fürstliche Macht empfahl, war wohl unumgänglich, denn die totale Zersplitterung Italiens schien keine andere Lösung offenzulassen.

Ganz ähnlich wie einst Plato, und wohl von ihm entlehnt, stellt Machiavelli den Entwicklungsgang der einzelnen Staatsformen dar. Nach einer Monarchie, die durch Inzucht degeneriert, kommt für ihn die Aristokratie, die in die Oligarchie übergeht, die ihrerseits zur Demokratie führt, aus der durch schrankenlose Freiheit aller bedingt die Anarchie hervorgeht. Und diese Anarchie bringt notwendigerweise wieder eine Monarchie hervor, womit der Kreis geschlossen ist.

Wenn man bedenkt, dass bei Plato der Tyrann keineswegs a priori als schlecht hingestellt wird, ja in vielen Punkten sogar über der Demokratie steht, obwohl ihm eigensüchtige Motive zugeschoben werden, so versteht man es zum Teil, dass Machiavelli im Fürsten, der eine Art Mischung aus Tyrann und König darstellt, eine so positive Schilderung dieses Herrschertyps gegeben hat. Wenn man sich weiterhin daran erinnert, dass Plato sogar die größte Unmoral des Wächterstandes und der aus ihm hervorgehenden Herrscher gestattete, nämlich den Betrug und die Lüge »ad maiorem gloriam rei publicae« sozusagen – der Zweck heiligt nun einmal die Mittel – ist man gar nicht mehr erstaunt, bei Machiavelli dasselbe Motiv vorzufinden. Und dieses Motiv ist bei ihm genauso wenig moralisch, wie es dies bei Plato war.

Vielleicht geht diese Art der Darstellung bei Machiavelli primär aus drei antipodenhaften Begriffen hervor, nämlich dem der occasione, der fortuna und dem der virtú. Darunter wird bei ihm Folgendes verstanden: Occasione bedeutet den politischen Zufall. Die fortuna ist der Bereich der politischen Vorgegebenheiten, worunter selbst Faktoren wie Klima, geopolitische Lage etc. verstanden werden; alles Faktoren, die zufällig sind und nicht vom Menschen beeinflusst werden können. Diese sind in den Augen Machiavellis höchst negativ, weil sie das Ausgeliefertsein eines Staates an unbestimmbare Instanzen bedeuten. Das Elend Italiens führt er zumindest teilweise darauf zurück, dass man sich zu sehr auf die fortuna verlassen habe und nicht selbst aktiv die Lenkung des Staatsgeschicks in die Hand genommen habe.

Dieser fortuna stellt er die virtú des Fürsten gegenüber, wobei er vom Fürsten verlangt, dass er Kraft und Klugheit, die Natur des Löwen und des Fuchses in sich vereinigen und dabei alle Schliche und Tricks ausnützen solle, um den Staat zu Macht und Ansehen zu bringen. Er darf auch vor keiner Schandtat zurückschrecken, wenn er damit dem Staat dienen kann, kurzum: Die virtú hat nichts mehr mit dem altrömischen Begriff der ›virtus‹ zu tun, wohl aber sehr viel mit der altrömischen Praxis der Politik, in der auch List und Schläue, Brutalität und Herrschsucht ganz im Vordergrund standen. Angesichts der Jahrhunderte während politischen Apathie ganz Italiens (das Land ist bekanntlich seit 476 n. Chr. ein politisch-militärisches Exerzierfeld für ausländische Mächte) ist es nicht überraschend, dass Machiavelli zum Handeln aufruft. Und wenn man bedenkt, dass Italien nicht nur ein zerteiltes, sondern ein an verschiedene Mächte (Spanien, Frankreich, Heiliges Römisches Reich Deutscher Nation, Kirche, Normannen) verteiltes und somit von ausländischen Mächten besetztes Land war, so kann man von einem Nationalisten nicht gut verlangen, in der Wahl der Mittel besonders zimperlich zu sein.

Auch ist es wichtig, bei Machiavelli zwischen einer Individual- und einer Staatsmoral zu unterscheiden. Wer sich dazu nicht bereit erklärt, der hat stets Schwierigkeiten mit der Interpretation und Wertung Machiavellischer Überlegungen. Es geht bei ihm nicht darum, überkommene moralische Werte für den Einzelnen zu relativieren oder als schlecht hinzustellen. Er sorgt sich um die Staatsmoral und auch hier – das ist besonders wichtig, zumindest für sein bekanntestes Werk »Il Principe« – nicht um die Fixierung eines abstrakten Normenkodex, der das Seinsollende in Gestalt einer utopischen Größe darlegt. Vielmehr geht er vom Gegebenen aus und versucht, eine Quasi-Deskription zu bieten: Italien zu seiner Zeit, die Verhältnisse, wie er sie sieht. Es ist klar, dass seine Ausführungen nicht unbedingt das darstellen, was man ein Normensystem nennt, ganz im Gegenteil. Doch daran war ihm auch nicht gelegen, sondern an einer Beschreibung der hässlichen Zustände seiner Zeit und an einem Überbau des ethischen-theoretischen Gebäudes, das er in den »ausländischen Barbaren« zu erkennen meinte und unbedingt als staatspolitisches Vorbild nachzuahmen empfahl.

Hätte man Machiavelli gefragt, ob dies tatsächlich seine moralische Überzeugung sei, so hätte er entschieden abgelehnt und seine Staatsmoral als »situations ethics« bezeichnet, auf die ganz einfach die hehren Begriffe von Anstand, Recht und Ordnung nicht anzuwenden seien, weil es ihm um die rein pragmatische Einstellung zu tun war, die sich nur in den Dimensionen von Zweck-Absicht-Mittel bewegte. Und da offensichtlich der Zweck die Mittel heiligt, so konnte er auch nur jene Mittel hoch preisen, die seinem Hauptwerk dienten, nämlich dem Herausführen Italiens aus Knechtschaft und Unwürde. Für Machiavelli ist die Hierarchie der Werte wie folgt: virtú-imperio-gloria – Tüchtigkeit-Herrschaft-Ruhm. Wenn er den Ruhm so sehr betont, gegenüber der Herrschaft etwa, so deutet dies doch darauf hin, dass es ihm nicht nur um Macht geht, sondern auch um Anhängerschaft, um ein bereitwilliges Annehmen seines Programms.

In seinem zweiten Werk, den kaum bekannten »Discorsi« (»Drei Bücher der Erörterung über die erste Dekade des Titus Livius«), tritt uns ein etwas anderer Machiavelli gegenüber, obwohl er bereits im 1. Buch den Monarchen fordert, der unumschränkt regieren können sollte, um den Staat von den Barbaren zu befreien (wie dies Petrarca forderte); und um das zu bewerkstelligen, ist ihm jedes Mittel recht. In der Hinsicht gibt es zwischen dem »Il Principe« und den »Discorsi« keinen Unterschied.

Neu und interessant ist die Tatsache, dass er eine stark kirchenfeindliche Position einnahm; er geht sogar so weit, dass er der Kirche die Hauptschuld am Verderben der Sitten und am politischen Ende Italiens zuschreibt; eine Behauptung, die deswegen interessant ist, da ca. 1000 Jahre früher die Meinung vorherrschte, dass es nur die Kirche war, die den militärisch-politischen Zusammenbruch des Weströmischen Reiches in einen Sieg umwandeln konnte. Doch hatten sich die Zeiten nicht nur einmal geändert, und somit ist die Kritik Machiavellis an der Kirche mehr als berechtigt. Sie wird nur insofern relativiert, als gerade er zu nichts anderem riet als zur ähnlichen Methode, nämlich zur schrankenlosen Unmoral, sofern dies notwendig sein sollte (es die Staatsräson erfordert). Er schreibt einmal in einem Brief: »Einem neuen Herrscher hilft Grausamkeit, Treulosigkeit und Gottlosigkeit da, wo Menschlichkeit, Treue und Gottesfurcht längst verschwunden sind; und aus keinem anderen Grunde hilft Menschlichkeit, Treue und Gottesfurcht da, wo Grausamkeit, Treulosigkeit und Gottlosigkeit nur kurze Zeit geherrscht haben.«

Ist sein »Il Principe« mehr ein allgemein gehaltenes Werk, das nicht so sehr kontextgebunden ist, so sind seine »Discorsi« ein Ausdruck eines Italieners in der Zeit der Renaissance, der sich nicht als Italiener fühlen möchte, sondern als Römer; der am liebsten die letzten 1000 Jahre Schmach und Schande des Landes ungeschehen machen möchte und der seinen Mitbürgern einzuhämmern versucht, dass sie zu Größerem bestimmt seien. So ist dieses Werk eine Lobeshymne auf das glanzvolle Rom von einst und die brutale Konfrontation einer großen, mächtigen Welt mit ihren armseligen Folgeerscheinungen. Es war sein Bestreben, die 1000-jährige Zäsur zu überwinden, Kontinuität nachzuweisen und die Spätrömer zur »Renaissance des Reiches« aufzurufen. In den »Discorsi« ist Machiavelli primär italienischer Nationalist und wurde auch in dieser Funktion von späteren Generationen italienischer Nationalisten gefeiert.

Wenn man ihn, den Amoralisten (die moralische Dimension spielt bei ihm höchstens im privaten Bereich eine Rolle) oder zumindest moralischen Relativisten, mit absolut (objektiv) geltenden Normensystemen konfrontiert, so muss man Machiavelli verurteilen, da er sich nirgendwo der Mühe unterzog, seine Prinzipien auf ihre Haltbarkeit in puncto Generalisierbarkeit zu prüfen, sondern nur einen allgemein anerkannten Höchstwert (Freiheit und Befreiung) anerkannte, doch weder die Methoden fixierte noch die möglichen Konsequenzen beachtete. Diese Unmöglichkeit, den ›sacro egoismo‹ seines Landes übersteigen zu können, die Unmöglichkeit, sich selbst die Frage vorzulegen, was wäre, wenn alle Staaten ähnliche Prinzipien verfolgten, ist das Negative an seiner Theorie.

Machiavelli, der Erbe des humanistischen Pragmatismus, ist jener, bei dem das theoretische Defizit des renaissance-humanistischen Menschenbildes hinsichtlich der Bestimmung der ›Natur des Menschen‹ voll zu Buche schlägt. Er sieht den Menschen nicht als Geistwesen, sondern als Triebwesen von zwar nicht böser, doch animalischer Natur. Die Triebnatur des Menschen ist nicht zu verändern, und ethisches und politisches Handeln folgen dieser Triebnatur und eben nicht hehren Idealen. Ob er damit eine ›negative Anthropologie‹ zeichnete oder eine adäquate Deskription (ohne Schönfärberei) vom Menschen seiner Zeit bot, sei dahingestellt. So gesehen wirkt er direkt wie ein moderner Psychologe: Er meint, dass Glück und Unglück nicht vom Menschen als einem geistig und moralisch autonomen Wesen abhängen, sondern von der adäquaten Anpassung seiner Handlungen an die Zeitumstände. Dabei handeln die Menschen stets nur so, wie die Natur sie zwingt. Nicht als Geistwesen bezwingt der Mensch seine Natur, sondern die Natur des Menschen zwingt ihn. Weiterhin sieht er klar, dass kein Mensch die Triebnatur ändern kann, ja auch die eingeübten Handlungsweisen können wir nicht ändern. Wie weit er sich dadurch von kirchlichen Lehren entfernt hat, wird damit wohl klar. Er ist ganz im humanistisch-pragmatischen Zeitgeist eingebettet, und es ist ohne Zweifel ein theoretisches Defizit hinsichtlich der ›Natur des Menschen‹ konstatierbar. Er sieht aber auch den Menschen mit Augen an, durch die erst die Psychologie des 19. Jahrhunderts möglich wurde.

Werke: *Il principe; Istorie Fiorentine.*

18. Erasmus von Rotterdam (1469–1536)

Erasmus, der holländische Humanist, lebte zwischen 1469 und 1536. Er wurde als Sohn eines Priesters geboren und erhielt seine frühe Ausbildung in Deventer. Er trat in das Kloster Steyn der Augustiner Chorherren ein und setzte sein Studium in Paris fort. Er verbrachte mehrere Jahre in England und lernte dort Thomas Morus und John Colet kennen. Danach studierte er längere Zeit in Löwen und in Italien. Als philosophischer Schriftsteller verfasste er viele zeitkritische Arbeiten und Satiren. Im Streit Luthers mit der Reichskirche wollte er vermitteln. Zuletzt lebte er in Basel, wo er starb und begraben ist.

Er hat das Neue Testament in griechischer Sprache herausgegeben und griechische Kirchenväter ins Latein übersetzt. Durch sein humanistisches Denken kommt er zur Überzeugung, dass die gesamte christliche Kultur zukünftig offen und lernfähig ist. Allein durch die rationale Kritik gelingt es uns, den weitverbreiteten Aberglauben und die moralische Korruption zu verringern. Es wird uns eine allgemeine Menschheitskultur möglich werden, die auf zwei Säulen ruht: zum einen auf der Ethik der antiken Philosophie, zum anderen auf der Ethik des Neuen Testaments.

Auch die Philosophen haben ein »Evangelium« für die Menschen, deswegen muss die Religion von der kritischen Philosophie lernen. Die Botschaft der allgemeinen Menschlichkeit ist eine göttliche Eingebung für uns Menschen. Wir können nach einer umfassenden Weltweisheit suchen, in der die Religion und die Philosophie eng zusammenwirken. Doch die Voraussetzung dafür ist, dass es der Religion gelingt, sich vom Aberglauben, vom blinden Fanatismus und von der moralischen Überheblichkeit zu befreien.

Das bedeutet, dass sich die Religion der Kritik der aufrechten Vernunft unterziehen muss. Sie muss alle religiösen Lehren und Dogmen überprüfen, alte scholastische Verkrustungen werden sich auflösen. Es kann auch in der Religion keinen Anspruch auf absolute Wahrheit und auf Monopole des Glaubens geben. Wir müssen fremde Religionen verstehen und tolerieren.

Die Erneuerung der Religion erfolgt zum einen aus der Bibel, zum anderen aus der antiken Philosophie. Damit wird Erasmus ein entschiedener Gegner von Martin Luther, der die Religion allein aus der Bibel (sola scriptura) erneuern wollte. Mit dem optimistischen und sinnlichen Menschenbild der Renaissance soll es möglich werden, die asketischen und leibfeindlichen Lehren der Kirchen abzustreifen. Die Lehre von der allgemeinen Erbsünde wird der Schönheit der göttlichen Schöpfung nicht gerecht.

Die neue Menschheitskultur des Humanismus will vom Philosophen Cicero lernen, aber dennoch am christlichen Evangelium orientiert bleiben. So will Erasmus die Religion aus dem Geist der antiken Kultur und Philosophie erneuern. Er bedauert, dass Martin Luther die Philosophie ablehnt und einen derben Stil in der Argumentation zeigt. Doch Luther unterstellt ihm, er sei ein verkappter »Heide« und habe die Bibel verraten.

Friedrich Nietzsche vermutet, dass ohne die Reformation Luthers der Humanismus sich bis zur europäischen Aufklärung fortentwickelt hätte. Erasmus sei der bessere Reformator der Religion gewesen, doch Luther habe die Entwicklung um Jahrhunderte zurückgeworfen. So kritisierte Erasmus die selbstgefällige Torheit der Theologen und der Schulphilosophen seiner Zeit, die die Mängel ihrer Lehren gar nicht sehen. Sie sollten zur philosophischen Grundeinsicht des Sokrates zurückkehren, derzufolge sie über das Wesentliche und Ewige nichts wissen können. Lernprozesse beginnen immer mit der Erkenntnis der eigenen Torheit (Lob der Torheit).

Der Philosoph soll die Menschen zum Lachen reizen, um sie auf ihre Mängel aufmerksam zu machen. Die Herrschaft der Fürsten deutet er als »Verwaltung«. Sie haben das Recht über Menschen, die von Natur aus frei sind, von diesen nur geliehen bekommen. Das Volk kann ihnen dieses Recht wieder entziehen (Institutio). Der Staat muss für das Wohl des Volkes sorgen. Der Fürst verwaltet den Staat, er darf das Volk aber nicht beherrschen oder unterdrücken. Die Monarchie ist dann die humanste Staatsform, wenn der Fürst sich von der Weisheit und der Tugend leiten lässt. Doch nur wenn der Fürst vom Volk gewählt wird, kann dieses die Wahl widerrufen.

Eine gemäßigte Monarchie sorgt für die verteilende Gerechtigkeit, denn alle Menschen sollen im Staat die gleichen Chancen der Bildung bekommen. Einen »gerechten Krieg«, von dem die Theologen reden, kann es nicht geben, da jeder Krieg ein schweres Unrecht gegen die Menschlichkeit und der Gipfel der Torheit ist. Den Krieg loben nur die, welche fernab davon in den Schreibstuben sitzen. Keine Religion kann den Krieg fördern, wenn sie ihren Ursprüngen treu bleiben will (Querela pacis).

Die Philosophie macht die Menschen zu »Weltbürgern«, denn sie allein überwindet die nationale Überheblichkeit. So betrachten die Gebildeten die ganze Welt als ihr Vaterland. Es ergibt keinen vernünftigen Sinn, wenn Völker gegeneinander kämpfen. Der Hass gegen die Wissenschaft ist eine Dummheit der Mönche und der Reformatoren. Gegen Luther verteidigt Erasmus die Freiheit des menschlichen Willens (De libero arbitrio). Wegen der Verachtung der Philosophie und der Derbheit der Sprache ist für ihn die Reformation eine Katastrophe.

Erasmus versucht eine Reform der Religion und der Kultur mit Augenmaß und mit sachlichen Argumenten, da seiner Einsicht nach die Vernunft den Menschen ausmacht und die Erziehung die Tugend fördert. Gerne lernen wir von denen, die wir lieben, weswegen die Erzieher den Jugendlichen moralische Vorbilder sein sollen. Der fromme Mensch betrachtet die göttliche Schöpfung mit Ehrfurcht, er lebt in Dankbarkeit und freut sich des Lebens.

Werke: *Adagia; Enchiridion militis christiani; Lob der Torheit; Institutio principis christiani; Novum instrumentum; Querela pacis; De libero arbitrio; Ciceronianus; De puritate ecclesiae; Antibarbaris; Laus stultitiae; Declamatio pueris; Ecclesiastes.*

19. Michel de Montaigne (1533–1592)

Montaigne, Denker einer humanistischen Skepsis stammt aus dem Perigord in Frankreich, er studierte in Bordeaux Rechtswissenschaft und wurde als Parlamentsrat angestellt. Nach dem Tod seines Vaters gab er die Beamtenlaufbahn auf und lebte auf dem väterlichen Schloss als freier Schriftsteller. Zwei Bände seiner »Essais« vollendete er 1580, acht Jahre später fügte er noch einen dritten Band hinzu. Seine Reisen durch Frankreich, in die Schweiz, nach Italien und nach Deutschland beschrieb er in seinem Reisetagebuch. Vier Jahre lang war er Bürgermeister der Stadt Bordeaux gewesen.

In seinen »Essais« nimmt Montaigne zu Fragen der Zeit Stellung und bekäftigt seine Position des philosophischen Zweifels. Wir Menschen sind nicht der Mittelpunkt und der Zweck des Weltalls, als armselige Geschöpfe erheben wir uns zu Unrecht über die Tiere. Schon unsere Sinneswahrnehmungen und die davon abgeleiteten Erkenntnisse seien trügerisch, denn sie hängen immer von veränderbaren Umständen ab. Aber auch die Erkenntnisse unseres Verstandes irren sich vielfältig, denn wir haben keinen höchsten Richter, der über Irrtum und Wahrheit entscheidet. Folglich können wir mit den Kräften unserer Vernunft nie ein gesichertes Wissen erlangen.

Nun zeigt sich, dass auch unsere moralischen Grundwerte von Volk zu Volk verschieden sind, folglich können wir auch von keiner objektiven Werteordnung sprechen. Im Bereich der Wertungen kommen wir über Meinungen nicht hinaus. Was uns seit jeher bewegt, ist die Angst vor dem Tod. Deswegen verstand sich die Philosophie lange Zeit als eine Anleitung und Kunst des richtigen Sterbens. Es sei nicht sinnvoll, den Tod aus unserem Bewusstsein zu verdrängen, wir müssen mit ihm eine Art der Freundschaft schließen. Die Ägypter hätten bei ihren Festmählern häufig Todessymbole aufgestellt. Denn wer durch die philosophische Einsicht in die natürlichen Abläufe des Lebens innerlich ruhig geworden sei, fürchte den Tod nicht mehr. Sokrates sei gefasst in den Tod gegangen, weil er in ihm ein Wirken der Natur sah.

Hier hat Montaigne offensichtlich die Position der stoischen Philosophie übernommen. Denn wer von seinen sinnlichen Begierden weitgehend frei geworden sei, der ordne sich den Gesetzen der Natur unter und lebe in Ausgeglichenheit. Wie alle Skeptiker so war auch Montaigne gegenüber allen Neuerungen der Gesellschaft ablehnend eingestellt, denn das Neue müsse für die Menschen nicht das Bessere sein. In der Religion kritisierte er die Neuerungen durch Martin Luther, weil sie der moralischen Zügellosigkeit Raum gäben. Der weise Mensch ordnet sich der ewigen Weltordnung unter, neuen Theorien und Weltdeutungen gegenüber bleibt er skeptisch eingestellt.

Folgerichtig lehnte Montaigne die neuen Theorien von Nikolaus Kopernikus ab, denn solche Theorien führen zu endlosen Streitereien der Gelehrten. Sie beseitigen einen Punkt des Zweifels, aber schaffen dafür drei neue Punkte der Unsicherheit. Der menschliche Geist gelangt nie zur Ruhe, solange er nach letzten und sicheren Wahrheiten sucht. Der Skeptiker aber kann mit der Relativität aller Wahrheiten, Erkenntnisse und Wertungen gut leben, er hat den Geist der inneren Ruhe gewonnen. Deswegen verändert er seine Umwelt und Gesellschaft nicht, sondern lässt alles, wie es ist. Die Menschen sollten mehr Bescheidenheit im Denken und mehr Gehorsam gegenüber Gott, der Kirchenordnung und der staatlichen Ordnung lernen und zeigen.

Wir Menschen unterscheiden uns von den Tieren durch unsere Fähigkeit des rationalen Denkens, aber dieses macht auch die Lüge möglich, die den Tieren fremd sei. Die Logik könne uns keinen Trost spenden, und die Vernunft allein mache uns nicht moralisch besser. Daher sei das Wissen um unsere Grenzen dem Leben zuträglicher als der Wahn, über letzte Wahrheiten zu verfügen. Weil unsere Erkenntnisse mehrheitlich aus der sinnlichen Wahrnehmung stammen, welche allerdings für den Irrtum anfällig ist, sind uns keine sicheren Einsichten möglich. Weder unsere körperlichen Empfindungen noch unsere rationalen Überlegungen geben uns die Gewissheit sicherer Erkenntnis. Oft täuschen sich die Sinne und der Verstand gegenseitig, wir haben kein letztes Kriterium für die Wahrheit.

Unsere vernünftigen Einsichten werden häufig durch Vorurteile verfälscht, entsprechend können wir weder uns selbst, noch unsere Welt mit letzter Sicherheit erkennen. Wenn Ptolemaios sich in seiner Weltdeutung geirrt haben sollte, so können auch die neuen Theorien über die Bahnen der Gestirne falsch sein. Und was unsere staatlichen Gesetze angeht, so können wir sie nicht direkt aus der menschlichen Natur ableiten. Folglich sind auch diese Gesetze für Irrtümer anfällig. Wer dies erkennt, für den ist das Wissen nicht das höchste Gut, weil es nicht zur Ruhe des Geistes und der Gefühle führen kann.

Zu dieser inneren Ruhe führe allein das einfache und der Natur gemäße Leben. Angesichts der Schwäche des menschlichen Verstandes und der Wandelbarkeit und der Gegensätzlichkeit der menschlichen Meinungen sei es sinnvoll, sich den Lehren der Religion und der Kirche unterzuordnen. Denn auch die Spitzfindigkeiten der philosophischen Theorien tragen nichts zur Orientierung des Lebens bei. Unserem Wissen von Gott und von der Natur seien enge Grenzen gesetzt, daher seien alle unsere Maßstäbe des Lebens relativ. Der skeptische Weise aber folge intuitiv der Natur sowie den gesellschaftlichen und den religiösen Konventionen. Er verhält sich in allen seinen Lebensformen bewahrend, denn Neuerungen fürchtet er zutiefst.

Werke: *Essais; Reisetagebuch; Gedanken und Meinungen über allerlei Gegenstände.*

20. GIORDANO BRUNO (1548–1600)

Bruno vollzog den Abschied vom geschlossenen Kopernikanischen Weltbild und dessen Vorstellung von einem unendlichen Universum. Er wurde in Nola bei Neapel geboren, trat in den Orden der Dominikaner ein, den er bald wieder verließ. Er konnte die Lehren der Kirchen nicht in allen Teilen akzeptieren und wurde deswegen von der kirchlichen Inquisition schon früh der Ketzerei beschuldigt. Er führte ein unstetes

Wanderleben und lehrte kurzzeitig an verschiedenen Universitäten in Frankreich, in England und in Deutschland. Seine Werke veröffentlichte er in lateinischer und in italienischer Sprache. Als er einer Einladung nach Venedig folgte, wurde er vor das Gericht der Inquisition gestellt, zum Tod verurteilt und im Jahr 1600 auf dem Campo dei Fiori in Rom öffentlich als Ketzer verbrannt.

Schon in seiner Jugend lernte er die Ideen des Kopernikus kennen, er wollte aber über diese hinausgehen. So gelangte er zur Überzeugung, dass der Kosmos ganz ohne Grenzen sei und dass die sog. Fixsterne ähnlich wie unsere Sonne seien. Im unbegrenzten Raum gäbe es unbegrenzt viele Teilsysteme, ähnlich wie unsere Planeten. Auch die Fixsterne seien in Bewegung, wir können diese nur nicht erkennen. Der ganze Kosmos sei belebt und beseelt, denn in ihm verwirkliche sich die Gottheit. Hier folgte Bruno den Lehren des italienischen Neuplatonismus, nach denen das ganze Universum göttlich und voller Geheimnisse sei, nur verband er seine philosophischen Ideen mit den Formen der Dichtkunst.

Die leidenschaftliche Hinwendung des Menschen zum Guten und zum Schönen sei der wahre Ausdruck der Platonischen Philosophie. Die fortschreitende Erkenntnis der Natur erweise sich als die wahre Erkenntnis der Gottheit, denn der Kosmos habe eine metaphysische Dimension. Bruno gilt als ein Vorkämpfer des freien Denkens, der für seine Überzeugungen sein Leben lassen musste. Er wollte die Unendlichkeit der Welt mit rationalen Argumenten beweisen. Denn wenn wir einen begrenzten Weltraum annehmen, dann stellt sich uns immer die Frage, was jenseits dieses Raumes sei, weil das Nichts nicht den Raum begrenzen könne, folglich müsse außerhalb des leeren Raumes wieder ein leerer Raum angenommen werden. Dieser Raum müsse unendlich sein, aber er könne nicht völlig leer sein, denn er sei ja fähig, Himmelskörper in sich aufzunehmen. Die Erfüllung des leeren Raumes mit Himmelskörpern sei eine positiv gegebene Wirklichkeit, folglich müsse die Gottheit den unbegrenzten Raum mit Himmelskörpern erfüllt haben. Zum Vermögen der Gottheit gehöre es, den Weltraum und die Körper zu erschaffen und sie miteinander zu verbinden. Die Gottheit könne nicht anders, als alle ihre Möglichkeiten zu verwirklichen. In diesem Argument erkennen wir Ideen des Nikolaus von Kues.

Bruno brachte noch eine zweite Argumentation für die Unendlichkeit des Weltraumes. Wenn nämlich dieser das Abbild der unendlichen Gottheit sei, dann müsse er wie diese unbegrenzt sein. Daher müsse der große Kosmos aus unbegrenzt vielen Universen bestehen. Die gesamte Natur sei das wunderbare Abbild der göttlichen Welt, sie stimme in allen Bereichen mit dem Urbild überein. Doch unterscheide sich die Herrlichkeit des Weltalls von der Unendlichkeit der Gottheit, denn die Gottheit sei überall unendlich, nämlich in der Welt als Ganzer und in allen ihren Teilen.

Das Weltall sei nur als gesamtes, nicht aber in seinen Teilen unendlich und grenzenlos; die Gottheit sei als gesamte und in allen ihren Eigenschaften und Tätigkeiten unendlich und unbegrenzt. Diese Unterscheidung der metaphysischen und der physischen Unendlichkeit hatten später Descartes und Hegel übernommen. Bruno lehnte das aristotelische Weltbild mit der Dualität von Stoff und Form ab, für ihn gab es keine formlose Materie und keine unstofflichen Formen. Auch akzeptierte er nicht mehr die Trennung des Kosmos in einen supralunearen (über der Mondbahn) und einen sublunearen Bereich (unter der Mondbahn). Die metaphysische Dualität zwischen der Gottheit und dem Kosmos sollte überwunden werden, denn der göttliche Beweger wirke nicht von außen auf die Welt, er wirke vielmehr im Innern des Kosmos und der vielen Körper. Folglich sei die göttliche Bewegungskraft im gesamten Kosmos, aber gleichzeitig in allen Dingen, Körpern und Himmelskörpern wirksam.

Als Weltseele oder als »Seele der Seelen« dringe die Gottheit in den Kosmos, in alle Himmelskörper, irdischen Körper und Lebewesen ein. In der Vielfalt der Körper und der kosmischen Welten zeige sich die Einheit der göttlichen Kraft. In der Geometrie sei der Punkt die kleinste Einheit, in der Metaphysik sei es die geistige Monade. Aus diesen kleinsten Einheiten und Kräften bestehen alle Körper und Lebewesen, sie beseelen den ganzen Kosmos und wirken auf Ziele und Zwecke gerichtet. Alle Monadenkräfte zusammen bilden die Einheit des Universums, dies sei eine Einheit höherer Ordnung. Die Gottheit selbst sei die »Monade der Monaden«, allein in ihr sei die Einheit des Weltalls gegeben.

Um zur Erkenntnis des Unendlichen zu gelangen, müssen wir unsere diskursive Vernunft aufhalten und unterbrechen. Denn durch die empirische Beobachtung der Körper allein gelangen wir zu keiner Erkenntnis über das Weltall, auch die Erkenntnisse der reinen Vernunft helfen uns dabei nicht weiter. Die Gottheit verwirkliche sich durch die innere Kraft im ganzen Weltall, aber sie sei nicht mit dem Weltall identisch. In der Annahme vieler Welten diskutierte Bruno die Möglichkeit, dass diese gar nicht miteinander in Kommunikation und Austausch sein könnten.

Er sah auch im Austausch der europäischen Kultur mit fremden Kulturen nicht nur Vorteile, so angesichts der Tatsache, dass die Europäer begonnen hatten, die Afrikaner und die Amerikaner auszubeuten. Außerdem würden durch den Austausch der Kulturen die moralischen Laster sehr schnell verbreitet. Bruno hat mit seinem Denkkonzept viele spätere Philosophen angeregt, vor allem Spinoza mit seiner Vorstellung von einer natura naturans oder Leibniz mit seiner Monadenlehre. Die Denker der europäischen Aufklärung sahen in Bruno einen mutigen Vorkämpfer für das Recht auf freies Denken und einen Märtyrer der Philosophie, ähnlich wie Sokrates und Hypathia von Alexandria. Auch moderne Kosmologen holen sich Anregungen dieses großen Denkers.

Werke: *Della causa, principio et uno; De l´infinito, universo e mondi; Spaccio della bestia trionfante; Degli eroici furori; Über die Schatten der Ideen; Aschermittwochmahl; Über das dreifache Minimum; Über die Monade, die Zahl und die Figur.*

21. THOMAS HOBBES (1588–1679)

Hobbes wurde in Westport bei Malmesbury geboren und begann sein Studium bereits mit vierzehn Jahren an der Universität Oxford, wo er 1607 den Grad eines Bachelor of Arts erwarb. Danach wurde er Erzieher und reiste in dieser Funktion mit dem Sohn von Baron Cavendish im Jahre 1610 für drei Jahre nach Frankreich und Italien. Sein Denken wurde von vielen Einflüssen geprägt: Er gehörte zeitweilig dem Gelehrtenkreis an, der sich um Francis Bacon gebildet hatte, doch wurde er nie ein Vertreter des Empirismus. Viel stärker war für ihn das mathematische Denken, das er auf seiner zweiten Europareise (1629–31) in Form von Euklids »Elemente der Geometrie« kennen- und schätzenlernte. Auf seiner dritten Reise (1634–36) lernte er M. Mersenne, vor allem aber Gassendi und Descartes sowie Galilei kennen. Nun war sein Interesse an naturwissenschaftlichen Fragen erwacht, das gleichberechtigt neben sein großes Interesse an Mathematik und insbesondere Geometrie trat.

Der Bürgerkrieg in England veranlasste ihn, ein viertes Mal nach Frankreich zu gehen, um von 1640 bis 1651 auch dort zu bleiben; ab 1646 übernahm er dort die Aufgabe, den ebenfalls emigrierten Sohn König Karls I., den späteren Karl II., in Mathematik zu unterrichten. 1651 erschien in London sein Hauptwerk, der »Leviathan«.

In methodischer Hinsicht fällt dabei vor allem auf, dass er versuchte, die mathematisch orientierte Naturwissenschaft auf die Staatslehre anzuwenden, wodurch er die Staatslehre zu einer Art von Staatsphysik umbaute und auf die Entwicklung der Rechts- und Staatsphilosophie der folgenden Jahrhunderte einen enormen Einfluss ausübte.

Der Leviathan (ein aus dem Alten Testament entnommenes, sagenhaftes Meeresungeheuer) soll den absoluten Staat verkörpern, der dem schrecklichen Naturzustand, in dem Grausamkeit und Rechtlosigkeit herrschen, diametral gegenübersteht: Hobbes widerspricht auch Aristoteles, der von der anthropischen Ansicht ausging, dass der Mensch von Natur aus ein »zoon politikon« sei, wenn er erklärt, dass der Mensch von Natur aus ungesellig, habgierig und brutal gewesen sei; mit einem Wort, für ihn gilt die Devise: »Homo homini lupus est.« Kein Wunder also, dass auf der Ebene von menschlichen Zusammenrottungen ein »bellum omnium contra omnes« geherrscht habe. Somit sei der Staat kein naturgegebenes Element, sondern ein künstliches Gebilde, das aus der Not und Einsicht entstanden sei: aus der Not heraus, da keiner allein in der Lage sei, sich selbst ausreichend zu schützen; und aus Einsicht, dass nur eine Staatengründung dem Frieden und der Selbsterhaltung dienen könne.

Der Friede sei als höchstes Ziel aber nur dadurch auf Dauer zu gewährleisten, dass jedermann dafür, dass ihm Schutz gewährt wird, das ursprüngliche Recht des Stärkeren aufgibt und die gesamte persönliche Macht und seine individuelle Freiheit an einen Willen abgibt, der dann den Gesamtwillen repräsentiert. Daher ist für Hobbes auch die perfekteste Form des Staates die absolute Monarchie. So gilt ihm auch das individuelle Gewissen nicht viel, es stellt vielmehr nur die private Meinung dar. Dagegen soll man dem Gesetz als dem öffentlichen Gewissen gehorchen, und der höchste Machthaber steht über den bürgerlichen Gesetzen, ist er es doch, der sie erlässt, verändert und aufhebt. Er ist somit auch Herr über Leben und Eigentum der Bürger, in ihm kulminiert sich die gesamte Macht. Sicherlich soll er das Wohl des Volkes im Auge behalten, aber Rechenschaft über alles ist er nur Gott allein schuldig. Nur in einem Fall erlischt die Verpflichtung der Untertanen zum Gehorsam – wenn die Staatsgewalt dem Einzelnen keinen Schutz zu gewähren vermag. Neben seinem Hauptwerk, dem »Leviathan«, steht der »Behemoth« (ebenfalls eine legendäre Tiergestalt aus dem Alten Testament): Darin geht es Hobbes um die Theorie und Darstellung des Bürgerkriegs. Der Behemoth ist ein vierteiliger Dialog: Der erste Teil befasst sich mit der Saat des Bürgerkriegs, der zweite Teil schildert, wie diese Saat aufgeht, der dritte und vierte Teil stellen einen kurzen Abriss der Ereignisse dar.

Die Frage nach der Ursache und dem Beginn des Bürgerkriegs wird von Hobbes als Streit um Worte charakterisiert. Die Auslöser dafür seien die Intellektuellen und indirekt die Universitäten, an denen viele der späteren Prediger und Parlamentarier ausgebildet worden waren – daher hält er eine Reform der Universitäten für dringend geboten.

Durch die aufrührerischen Gedanken der Prediger und vieler Parlamentarier bedingt, ergab es sich zwangsläufig, dass das Volk nicht mehr wusste, was die Pflichten eines Untertans seien. Die angestiftete Verwirrung war perfekt und zeigte sich etwa in der Umdefinition von »Monarchie« in »Tyrannei«. Als konkrete Maßnahme dieser Verwirrstrategie sei das Faktum anzusehen, dass vor allem jene ins Parlament gewählt würden, die am lautesten gegen Steuern polemisierten. Tatsächlich führte die von König Karl I. eingeführte Steuer in Form von »Schiffsgeldern« zum Bürgerkrieg und letztlich zu seiner Hinrichtung.

Bezüglich Hobbes' Ethik muss angemerkt werden, dass sie völlig von seiner Anthropologie (die bereits kurz gestreift wurde) und von seiner Begeisterung für die damalige Naturphilosophie geprägt ist. Daher sind für ihn die Kategorien Recht und Unrecht, Gesetz und Gesetzlosigkeit erst dann sinnvoll anzuwenden, wenn es einen geordneten Staat gibt. Im schaurigen Naturzustand, der auch als rechtlos geschildert wird, wäre es sinnlos, diese Kategorien zu benutzen. So wie es ein Gebot der Vernunft war, dass sich Menschen zu einem Staat zusammentaten, so soll es auch ein Gebot der Vernunft sein, welches jeden über die nützlichen und schädlichen Folgen von Handlungen aufklärt. So entsteht für ihn, ganz in sokratischer Manier, eine jede Verletzung des natürlichen Gesetzes nur durch falsches Schließen, letztlich durch die menschliche Dummheit. Aus den Hauptforderungen der Vernunft entwickelt Hobbes einen Kodex der natürlichen Sittlichkeit, der allerdings vollständig nach Utilitätskriterien entworfen ist und neben einer Reihe naturrechtlicher Bestimmungen (etwa das Prinzip der Vertragstreue: Pacta sunt servanda) die Tugenden der Dankbarkeit, Bescheidenheit, Billigkeit und Barmherzigkeit kennt.

Es gilt festzuhalten, dass Hobbes nur den Gesichtspunkt der Nützlichkeit anerkennt. So gibt es bei ihm auch kein absolutes Sittengesetz, und jenseits aller Relativität von Normen und Werten gibt es nur einen Punkt, über den bei allen Menschen Einstimmigkeit herrscht: Allgemein werde der Friede gewünscht. Die Summe der Moral besteht für ihn darin, alles Tun den Geboten der Vernunft gemäß einzurichten; doch steht für ihn dabei nicht so sehr das Einzelindividuum im Zentrum seiner Überlegungen, sondern – in klassisch-griechischer Manier – der Staat. So hätten in der bürgerlichen Gesellschaft die Einzelnen kein Recht mehr, über Recht und Unrecht zu entscheiden, sondern diese Entscheidung komme nur dem Gesetzgeber zu. Interessant ist in diesem Zusammenhang auch, dass bei ihm im Unterschied zu den meisten Denkern seiner Zeit kein expliziter Bezug auf Gott gegeben ist, da weder eine Erkenntnis Gottes noch auch seiner Gebote möglich sei. Ob Hobbes mit seinen Ansichten von der alleinigen Relevanz der Staatsgesetze gegenüber naturrechtlichen und religiös motivierten ein unmittelbarer Vorläufer des Rechtspositivismus des 20. Jahrhunderts war, sei dahingestellt.

In religionsphilosophischer Hinsicht geht es ihm vor allem darum, die theokratische Staatsauffassung, die für die Kirche maßgeblich war, strikt abzulehnen und die Unterordnung der Kirche unter den absolut konzipierten Staat zu propagieren, wie dies von Heinrich VIII. initiiert worden war. Damit erweist er sich als immanent konsistent, denn dieser Gedanke durchzieht sowohl seine Ethik als auch seine Staatsphilosophie. Wenn er von der »natürlichen Religion« spricht, so meint er einerseits den Glauben an Gott als den Urheber alles Seins, der sich getreu der Hobbes'schen Begeisterung für die Naturwissenschaften durch eine stete Frage nach der letzten Ursache als »causa sui« ergibt. Andererseits gibt es daneben eine Religion, die auf Offenbarung beruht und mit einem Autoritätsanspruch auftritt, der jenem des Staates gleichkommt, was nicht geduldet werden kann; dies bedeutet, dass für ihn nur eine Staatskirche in Betracht kommt.

Seine Erkenntnistheorie konzipierte er als Teil der Physik: Er ging von der Annahme aus, dass gewissen Bewusstseinsphänomenen (den Phantasmata) denkunabhängige Dinge entsprechen, von denen angenommen wird, dass sie die Vorstellungen verursachen. Dabei entwickelte er eine mechanistische Theorie der Entstehung von Phantasmata, wobei er sich auf Sätze der Bewegungslehre, vor allem auf den der Gleichheit von actio und passio stützte. Demnach muss die actio, als die der physikalische Reiz auf das Sinnesorgan aufzufassen ist, eine Reaktion des »spiritus animalis« (das ist eine nicht wahrnehmbare, subtile Materie) hervorrufen, die nach Ansicht der damaligen Physiologie die Reizbewegung dem Gehirn übermittelt. Als einfachste Elemente bzw. Universalien des Erfahrbaren nennt er »Größe«, »Bewegung«, die Sinnesqualitäten, ferner »Raum«, »Zeit«, »Akzidenz«, »Ursache«, »Wirkung«, »Gleichheit«, »Ungleichheit«, »Wirklichkeit«, »Möglichkeit«. Auch wenn diese »einfachsten Elemente« weder quantitativ noch semantisch mit der griechischen Kategorientafel übereinstimmen, so scheint sie doch für Hobbes Pate gestanden zu haben. Diese hier aufgelisteten Universalien sind nach ihm Gegenstand der »Ersten Philosophie«, da mittels dieser die Dinge mit Namen belegt und gedanklich miteinander verbunden oder getrennt werden.

Er vertrat selbstverständlich eine konventionalistische Auffassung der Wahrheit, wonach ein Satz dann »wahr« heißt, wenn die an der Stelle von Subjekt und Prädikat stehenden und durch die Kopula verbundenen Namen aufgrund ihrer definitorisch fixierten Bedeutung einem Ding zukommen. Für die Annahme so genannter »ewiger Wahrheiten« bleibt in seinem System kein Platz. Die Wahrheit von Sätzen hängt somit von den vorausgesetzten Definitionen ab, wobei schon vorher festgelegt sein muss, welche Namen von einem Ding zu prädizieren sind. In mittelalterlicher Diktion gesprochen handelt es sich bei Hobbes' Philosophie um einen reinen Nominalismus.

Werke: *Elements of Law; Natural and Politics; De cive; Leviathan or the matter, form and power of a commonwealth ecclesiastical and civil; De corpore; Tractatus opticus; Problemata physica; Dialogus physicus de natura; Decameron physiologicum.*

22. RENÉ DESCARTES (1596–1650)

Descartes reagierte als erster Philosoph auf die Erkenntnisse der neuzeitlichen Naturwissenschaften. Geboren wurde er 1596 in La Haye (Touraine), seine Ausbildung erhielt er bei den Jesuiten in La Flêche. Er studierte Mathematik und Physik und suchte nach einer neuen Methode der Wissenschaften. 1650 verstarb er in Stockholm, wo er zuletzt gelebt hatte. Da er sich endgültig vom Weltbild der Scholastik und damit des Aristoteles lossagte, gilt er als bahnbrechender Begründer der neuzeitlichen Philosophie. Für ihn sind alle Erkenntnisse der Naturwissenschaften durch die Mathematik beschreibbar. In der Natur gibt es keine Zwecke, sondern nur Wirkursachen, die erforscht werden können. Die Trennung zwischen einer sublunearen und einer supralunearen Welt wird aufgegeben: Überall im Kosmos gelten dieselben Gesetze der Mechanik. In den Naturwissenschaften ist es möglich, sichere Erkenntnisse zu gewinnen, doch ist die Natur nicht länger ein Thema der Philosophie. Ihre Aufgabe ist es vielmehr, die Erkenntnisse der Naturwissenschaften kritisch zu reflektieren.

Um die Natur beherrschen zu können, sind exakte Erklärungen nötig. Wenn wir Naturvorgänge voraussagen können, dann schaffen wir Erleichterungen für unser Leben. Dabei geht es uns beispielsweise um die Erhaltung der Gesundheit und um die Verlängerung des Lebens. Das rationalistische Erkenntnisideal, das eine Abgrenzung des Geistes von den Gefühlen voraussetzt, ist ein sicheres Wissen über die Bereiche der Natur. Jede Wissenschaft baut auf Axiomen (Grundannahmen) auf, diese sind einsichtig und bedürfen keiner Begründung. Aus diesen Grundannahmen werden auf logische Weise Konklusionen abgeleitet.

Auch die empirischen Wissenschaften benötigen die analytische Methode (»Discours de la Méthode«), denn sie gehen auf Gesetzesaussagen zurück, mit denen die Tatsachen erklärt werden. So werden die allgemeinen Naturgesetze aus evidenten Prinzipien ableitbar. Um aber alle Unsicherheiten im Prozess der Wissensgewinnung auszuschalten, muss der methodische Zweifel angesetzt werden. Als wahr gilt dann nur das, was nicht mehr bezweifelt werden kann. Um zu wissen, dass unsere wissenschaftlichen Theorien mit der Wirklichkeit übereinstimmen, brauchen wir die Metaphysik.

Alle unsere Wahrnehmungen können uns täuschen, sie sind immer von unserem Denken abhängig. Unmittelbar gegeben sind uns nur die Inhalte unseres Bewusstseins und unserer Vorstellungen. Da wir keinen unmittelbaren Zugang zur Wirklichkeit haben, können wir den Glauben an die Realität unserer Wahrnehmungen immer in Frage stellen. Der göttliche Schöpfer könnte uns ja so geschaffen haben, dass wir uns täuschen. Nur der Glaube an die Güte Gottes lässt uns annehmen, dass er uns nicht täuscht.

Weil ich (an der Realität) zweifeln kann, bin ich (cogito sum). Ich muss real existieren, bevor ich an der Wirklichkeit der Welt zweifeln kann. Als existierendes Ich bin ich eine »denkende Substanz« (res cogitans). Ich denke, also bin ich eine denkende Substanz. Die Existenz eines wahrhaftigen Gottes wird vorausgesetzt, damit wir Menschen uns bei unserer Naturerkenntnis nicht täuschen.

In uns allen ist die Idee eines absolut vollkommenen Wesens, diese Idee ist uns eingeboren. Sie kommt nicht aus der Erfahrung, nicht aus der Einbildung, sondern vom höchsten göttlichen Wesen. Folglich ist der ontologische Gottesbeweis richtig. Die Idee von »Gott« ist klar und deutlich, ihr Inhalt ist unserem Geist offenbar. Folglich muss Gott als vollkommenes Wesen wirklich existieren, denn die Existenz gehört zur Vollkommenheit. Damit ist die Gottesidee das Abbild einer wahrhaften Natur, denn das Endliche kann nur auf dem Hintergrund des Unendlichen gedacht werden. Hier folgt Descartes den Lehren Platos.

Damit ist Gott ein von unserem Denken unabhängiges Wesen. Das Wesen der Körper ist die Ausdehnung (res extensa), das Wesen der Seele aber ist das Denken (res cogitans). Unser Ich denkt immer, aber es hat keine körperlichen Spuren. Unser Körper ist ausgedehnt, aber er hat keine geistigen Spuren. Geistiges und Körperliches werden vielmehr strikt getrennt. Tiere gelten in der neuen Wissenschaft als Sachen (res), denn sie sind ohne Bewusstsein. Das Leben wird rein mechanistisch gedeutet. Alle Materie ist ausgedehnt, denn es gibt keine Ausdehnung ohne Materie.

Da kein vollkommen leerer Raum vorstellbar ist, sind alle räumlichen Bewegungen relativ. Im Letzten kommen alle Bewegungen von Gott, denn er verleiht als Schöpfer der Materie eine bestimmte Bewegungsmenge und schreibt die Naturgesetze vor. Alle Vorgänge in der Natur erfolgen durch Druck und Stoß, auch die Reize in unseren Nervenbahnen werden auf diese Weise geleitet. Auch die Lichtbrechung erfolgt durch Druck und Stoß der Teilchen.

Leib und Seele bzw. Körper und Geist sind streng getrennt, sie haben keine gemeinsamen Eigenschaften. Der Ort ihrer Wechselwirkungen ist die menschliche Zirbeldrüse. Alle Lebewesen funktionieren wie Maschinen, darauf baut die medizinische Forschung auf. Wir streben nach Wissen, um mehr Macht über die Natur zu bekommen. Und wir mühen uns um die Moral, um eine bessere Kontrolle über unsere Gefühle und Affekte zu bekommen. Daher orientiert sich eine provisorische Moral immer an den Einsichten der Vernunft, nicht an Gefühlen und Instinkten, nicht an Trieben und Glaubensinhalten. Wir brauchen ausreichend rationale Gründe, um uns richtig entscheiden zu können. Ziel der Ethik ist es, die unvernünftigen Leidenschaften zu steuern, die durch physikalische Ursachen hervorgerufen werden. So lässt sich der Zorn als ein mechanischer Vorgang im Organismus verstehen.

Ein Mensch lebt dann tugendhaft, wenn er sich in seinen Entscheidungen von der kritischen Vernunft leiten lässt. Es bleiben viele irrationale Kräfte im Leben, doch die gesamte Wirklichkeit folgt vernünftigen Gesetzen. Es ist die Aufgabe der Wissenschaft, diese Gesetze besser zu verstehen. Wir handeln dann richtig, wenn wir vernünftige Einsicht in die Ordnung der Dinge gewinnen. Hier folgt Descartes der stoischen Ethik.

Das Programm seiner Philosophie ist die vollständige Beherrschung der Natur, um das Lebensglück der Menschen zu vermehren. Descartes verbindet rationalistisches und metaphysisches Denken.

Werke: *Discourse de la Méthode; Meditationen über die erste Philosophie; Prinzipien der Philosophie; Le monde; De l'homme; Abhandlung über die Leidenschaften der Seele; Gespräch mit Burman.*

23. BLAISE PASCAL (1623–1662)

Pascal, ein Kritiker des klassischen Rationalismus wurde in Clermont geboren, bei den Jesuiten erzogen und lernte dort die Frömmigkeit der Jansenisten kennen. Als mathematisches Genie erkannte er bald die Grenzen des mathematischen Wissens, aber auch der rationalistischen Erkenntnistheorie. Beide können unsere existentiellen Fragen nicht beantworten, welche die »Stellung des Menschen im Kosmos« (Scheler) betreffen und wie wir den Frieden der Seele finden können. Wegen der grundsätzlichen Begrenztheit allen Wissens übergeben sich viele Gebildete der göttlichen Offenbarung und Gnade, die als nicht verstehbares Geheimnis gesehen werden. Die dort erkannte Wahrheit des Daseins gründet auf einer »Logik des Herzens« (logique du cœur) und auf dem subjektiven und mystischen Erleben des Göttlichen.

Als Mathematiker war Pascal an der Entwicklung der Wahrscheinlichkeitsberechnung und der Infinitesimalrechnungen beteiligt. Nach einem religiösen Erweckungserlebnis widmete er sich in seinen »Briefen an einen Provinzial« (Lettres à un Provencial) der jansenistischen Lehre von der göttlichen Gnade. Diese Lehre hatte er im Pariser Kloster Port Royal kennengelernt. In seinen »Gedanken« (Pensées), die erst nach seinem Tod veröffentlicht wurden, befasste er sich mit dem mystischen Gotteserlebnis und mit der Verteidigung der christlichen Glaubenslehren. Der rationalistische Gott der Philosophen habe keine persönlichen Züge, zu ihm könne man keine Gebete sprechen. Allein der Gott der Bibel gäbe den Glaubenden die Gewissheit, die Freude des Lebens und den Frieden des Herzens.

In seinem »Memorial«, das er in seinen Kleidern eingenäht trug, beschrieb er die tiefe Freude über den Glauben an den Gott Abrahams, Isaaks und Jakobs, über die Hoffnung auf das ewige Leben bei Jesus Christus. Die philosophischen Erkenntnisse müssen sich den Lehren der Religion unterordnen. Denn die Vernunft könne die existentiellen Fragen unseres Lebens gar nicht entscheiden, sie befinde sich in einem unendlichen

Chaos. Der religiöse Glaube könne durch unsere vernünftigen Überlegungen wohl gestützt werden, er gehe aber weit über alle rationalen Erkenntnisse hinaus. Der christliche Glaube werde durch die Kräfte der Vernunft und die Gewohnheiten des Lebens mitgeprägt, er benötige aber die seelische Inspiration, um sich voll entfalten zu können.

In seiner Abhandlung »Der geometrische Geist« hat Pascal das rationalistische Erkenntnisideal von Descartes einer umfassenden Kritik unterzogen. Pascal zufolge führe die geometrische oder axiomatische Methode der Erkenntnis in einen Zirkel der Argumente und der Beweise. In einem axiomatischen System müssen alle Begriffe mit anderen Begriffen definiert werden, das aber führe zu einer unendlichen Kette von Definitionen. Dasselbe gilt von der Forderung, dass alle satzhaften Behauptungen durch andere Sätze bewiesen werden müssen. Auch hier sei eine unendliche Kette an Beweisen gegeben. Folglich könne das Ideal einer Wissenschaft nach der geometrischen Methode (modo geometrico) gar nicht verwirklicht werden.

Wir benötigen in jedem System von Wissenschaft immer undefinierte Begriffe und unbewiesene Aussagen. Gewiss gibt es einfache und natürliche Begriffe, bei denen kaum eine Mehrdeutigkeit gegeben sei. Und es gibt die evidenten Aussagen, bei denen Beweise gar nicht nötig sind. Doch in einem System der strengen Wissenschaft müssen alle Begriffe definiert und alle Aussagen bewiesen werden. Ein solches System ist uns aber gar nicht möglich. Angesichts dieser Demütigung unserer Vernunft erscheint eine Unterwerfung der Vernunft unter die Lehren des religiösen Glaubens angemessen und plausibel, weswegen sich die Logik des Verstandes immer der Logik des Herzens unterordnen soll. Erst die Religion befreie uns von dem sinnlosen Suchen nach der Wahrheit, die wir aus eigener Kraft nie finden können.

Nun lässt sich der religiöse Glaube durch vernünftige Argumente unterstützen, geht jedoch weit über die wissenschaftlichen Erkenntnisse hinaus. Er braucht außer der aufrechten Vernunft noch die Riten der Gewohnheit und die geistige Inspiration. Das Christentum müsse mit Begeisterung gelebt werden, um seine heilbringenden Wirkungen erfahren zu können. In dem berühmten Argument der Wette werden die Entscheidungen für oder gegen den religiösen Glauben erörtert. Die Vernunft könne diese Fragen nicht entscheiden, sie befinde sich im Chaos der vielen Argumente.

Wir spielen am äußersten Rand des Chaos ein Spiel, bei dem entweder die Vorderseite oder die Rückseite einer Münze nach oben zu liegen kommt. Bei der Frage nach Gott können wir nicht ausweichen, was wir bei jedem anderen Spiel ja tun könnten, denn die Existenz Gottes geht das Leben jedes Menschen an. Bei der Wette setzen wir die Vernunft und den Willen ein, zu gewinnen gibt es das höchste Gute und Wahre. Zu verlieren gibt es gar nichts, denn wenn Gott nicht existieren sollte, dann verliere der religiöse und gläubige Mensch gar nichts. Wenn Gott aber existieren sollte, dann gewinnen die Gläubigen alles. Diese Wette folgt dem moralischen Prinzip des Tutiorismus.

Durch die Schwäche des menschlichen Verstandes seien wir auf die göttlichen Offenbarungen angewiesen. Doch in unserem Elend liege auch eine gewisse Erhabenheit, denn unsere Würde liege in unseren Gedanken, wenn diese auch begrenzt seien. Angesichts der unendlichen Größe der Gottheit sind wir Menschen gering und niedrig, Nichts. Erst wenn wir dies erkennen, lernen wir die Demut des Herzens und öffnen uns für die göttliche Gnade. Wer sich dieser göttlichen Kraft hingibt, gewinnt eine mystische Einstellung zum Leben. Bei ihm können sich die Liebe zur Gottheit und die Liebe zur Mathematik bzw. zur Wissenschaft miteinander verbinden. Anders gesagt, die Logik und die Mystik können sich ergänzen.

Damit hat Pascal Ideen vorweggenommen, die später von modernen oder postmodernen Denkern, wie Wittgenstein aufgegriffen wurden. Die Sichtweise der Wissenschaft zerstört nicht das religiöse Denken, religiöse Menschen können große Wissenschaftler sein, doch der religiöse Glaube muss mit Inspiration und Begeisterung gelebt werden.

Werke: *Briefe an einen Provinzial (Lettres à un Provencial); Gedanken (Pensées); Der geometrische Geist.*

24. BENEDIKT DE SPINOZA (1632–1677)

Spinoza entstammte einer jüdischen portugiesischen Familie, die wegen der immer wieder aufflammenden Feindschaft gegen Juden auf der iberischen Halbinsel in das religiös viel liberalere Holland gezogen war. Nach dem Tod seines Vaters (1654) übernahm er dessen Geschäft, pflegte aber Kontakte mit gelehrten literarischen Zirkeln. Seine Verbannung aus der Amsterdamer Synagoge bedeutete für sein Leben die große Zäsur, da er deswegen auch sein Geschäft aufgeben musste, und er verdiente fortan seinen Lebensunterhalt durch das Schleifen von optischen Linsen. Es wird berichtet, dass sogar Mordanschläge gegen ihn geplant waren (er war ja »vogelfrei«), weswegen er im Jahre 1661 nach Rijnsburg zog, das damals ein Zentrum der so genannten Kollegiaten war (eine freie christliche Glaubensgemeinschaft). Mit dem Führer der gemäßigten Calvinisten, dem »Ratspensionär« Jan de Witt, die in heftigen Auseinandersetzungen mit der streng calvinischen Partei standen, war Spinoza befreundet. Als Jan de Witt 1672 ermordet wurde, war ihm quasi der letzte politische Rückhalt genommen; umso erstaunlicher ist es, dass er 1673 eine ehrenvolle Berufung an die Universität Heidelberg ausschlug.

Bei der Betrachtung seines Hauptwerks, der »Ethica, more geometrico demonstrata« fällt auf, dass er eine Methode präferiert, die für ethische Betrachtungen eher ungewöhnlich ist. Tatsächlich ist es sein Bestreben, Probleme der Ethik methodisch gleich zu behandeln wie Fragen der Geometrie, was im 3. Kapitel explizit erklärt wird: »Ich werde deshalb von der Natur und den Kräften der Affekte und von der Macht der Seele über sie nach derselben Methode handeln, wie ich in den vorangehenden Teilen von Gott und der Seele gehandelt habe; und ich werde die menschlichen Handlungen und Triebe ebenso betrachten, als wenn die Untersuchung es mit Linien, Flächen und Körpern zu tun hätte«.

Diese Methode ist einzigartig und findet höchstens bei Sokrates ein Analogon, der bemüht war, eine kognitivistische Begründung von Normen aufzubauen, die in der Ansicht gipfelte, dass stets dann, wenn jemand moralisch fehle, ein Wissensmangel vorliege, vergleichbar dem, der in der Mathematik Fehler begehe. Es geht jedoch nicht darum, ob diese Methode als exzeptionell einzustufen ist oder dem Reichenbach'schen Verdikt des »kognitiv-ethischen Parallelismus« unterliegen müsste, sondern entscheidend ist die Frage, ob mit dieser Methode die Ethik auf eine sichere Basis gestellt werden kann.

Spinozas Argumentation geht in die folgende Richtung: Weil der Mensch ein Vernunftwesen ist, so bedeutet sittlich sein nichts anderes, als in jeder Situation gemäß der besten Einsicht zu handeln. Wenn er weiterhin meint, dass alles das gut ist, was die Kraft und Lebensfülle steigert (»Das Streben, sich zu erhalten, ist das ureigenste Wesen jedes Dinges.«), so könnte man an eine egoistische, also unmoralische Ansicht denken. Doch nach ihm erfährt man nur dann die volle und uneingeschränkte Befriedigung seines Selbst, wenn man sich ganz tätig und nicht leidend verhält: Leidend (also heteronom) ist man dann, wenn man von den Dingen, wie sie zufällig im Naturverlaufe auf uns treffen, geleitet wird und ihnen unterworfen ist. Hier kommt das stoische Ideal unverändert zum Tragen. So ergibt sich sein knapper Tugendkatalog von selbst – er besteht aus Leidenschaftslosigkeit und Erkenntnisstreben. Selbstverständlich wird der moralisch hochstehende Mensch bestrebt sein, alle übrigen von der Richtigkeit dieses Programms zu überzeugen sowie für die Werte Frieden, Gerechtigkeit und Ehrlichkeit einzutreten und Zorn und Hass mit Liebe und Edelmut zu erwidern. Spinoza ist vielleicht das beste Beispiel für einen Philosophen, der diese Prinzipien nicht nur predigte, sondern auch selbst lebte.

Im Hinblick auf seine Staatsphilosophie ist vor allem hervorzuheben, dass er zu dem Kreis von Theoretikern gehörte, die von de Witt mit der Aufgabe betraut worden waren, die ideologischen Fundamente seiner liberal konzipierten Politik herauszuarbeiten. Dabei wurden vor allem Hobbes' Theorien diskutiert und jedenfalls partiell verworfen, da ihre autoritären und streng monarchistischen Prinzipien nicht mit den demokratischen Idealen der Niederlande übereinstimmten. Bei Spinoza kommt der Demokratie gegenüber der Monarchie ein prinzipieller Primat zu. Zum Unterschied von Hobbes gibt es bei Spinoza nicht den vollständigen Verzicht auf alle Freiheiten für den Einzelnen, die im Zuge des Sozialkontrakts auf den Staat (den Monarchen) übergehen. Denn in der Demokratie bleibt die Legitimation des Staates stets durchsichtig auf das Naturgesetz hin, das über Mehrheitsentscheidungen weiterhin bestehen bleibt. Selbst eine mögliche Monarchie wird aus der Demokratie begründet, denn »die Macht des Königs ist einzig durch die Macht des Volkes bestimmt und wird durch seinen Schutz aufrechterhalten« (Tractatus, Kap. 7, § 31). Spinoza meinte hier wohl ein Grundrecht, das in der Demokratie zum Ausdruck kommt und wonach auch jeder Mensch das gleiche Stimmrecht haben muss, da jeder durch seine Teilnahme an der Gesellschaft potentiell zumindest das Gleiche zum Wohl der Gemeinschaft beiträgt. Es ist dies eine nüchterne Betrachtung und Verteidigung der Demokratie, die auf streng rationalen Gründen beruht; und selbst wenn er von ihr als dem »imperium absolutum« spricht, so fasst er damit vor allem ihre Autonomie auf. Demokratie bedeutet, dass hier das Reich Gottes unter den Menschen herrscht, da alles aus einem gemeinsamen Beschluss hervorgeht, der lautet, nur dem Diktat der Vernunft zu folgen. In dieser Hinsicht (und im Hinblick auf seine Ethik) war Spinoza ein völlig konsequenter Aufklärer, dessen Devise: »Macht euch selbst vernünftig und alles andere wird sich ebenfalls vernünftig regeln lassen«, von einer typisch aufklärerischen Weltfremdheit zeugt, die diesbezüglich eine deutliche Parameterverkürzung (nur durch Vernunfteinsichten sei alles zu regeln) aufweist. So ist auch seine Interpretation der Gesetze als »willkürliche Regelungen« zu verstehen, allerdings nicht im herkömmlichen Sinne, sondern als menschlich bedingt (nicht von Gott verordnet). Man habe ihnen daher auch aus Einsicht zu folgen, was ein Ausdruck des Weisen sei, der sich über die Legalität der einfachen Menschen, welche das Gesetz nur aus Angst befolgen, zur Moralität erhebe.

Wie sehr für Spinoza der Staat (als Demokratie verstanden) im Zentrum seiner Überlegungen stand, geht daraus hervor, dass der Staat und nicht etwa die Familie oder die Nation den einzigen Kulminationspunkt darstellt. Nur durch ihn können die Bedingungen geschaffen werden, unter denen der Einzelne in Freiheit seine Persönlichkeit entwickeln kann. Diese Freiheit besitzt nicht nur eine politische Dimension, sondern auch eine metaphysische: Spinoza meinte nämlich, dass eine Gemeinschaft freier, d. h. völlig vernünftiger Menschen so lange nicht an die Stelle des Staates treten kann, solange die Menschen in ihrer Mehrheit Sklaven der Leidenschaft bleiben und somit unfrei sind. Realistischerweise meinte er jedoch, dass Affektkontrolle als Mittel des ersten Weges nur durch eine Verdrängung jener Affekte, in denen wir uns überwiegend leidend verhalten, durch andere Affekte, in denen wir überwiegend aktiv sind, möglich ist. Die Affekte der zweiten Kategorie sind solche, die auf wahrer Erkenntnis unseres Nutzens beruhen. Die so gewonnene Freiheit von den Leidenschaften wird durch eine geistige Erhebung über die empirische Ebene erreicht: Indem man die Dinge quasi »sub specie aeternitatis« betrachtet, verlieren sie ihre ohnehin nur scheinbare Selbstständigkeit. Diese Befreiung geschieht auch dadurch, dass sich der Mensch seiner Verbindung mit Gott bewusst wird.

Wegen seiner Religionsphilosophie wurde Spinoza mit dem großen Bannfluch der jüdischen Gemeinde von Amsterdam belegt und somit auch aus ihr verstoßen; doch auch die gesamte gelehrte Christenheit wandte sich gegen ihn, vor allem wegen seiner Formel: Deus sive natura sive substantia.

Die erste Gleichsetzung (von Gott und Natur) ließ einen Pantheismus, ja sogar Panentheismus vermuten; eine Gleichsetzung, die in den Augen aller Rechtgläubigen ein Sakrileg darstellen musste, galt und gilt doch die Natur als geschaffen und nicht schaffend. Gott dagegen stellt das gerade Gegenteil dazu dar. Auch wenn er bezüglich der Gleichsetzung von »Gott« und »Substanz« feststellt: »Unter ›Substanz‹ verstehe ich dasjenige, das in sich ist und durch sich begriffen wird«, was bedeutet, dass »Substanz« ein Begriff ist, der nicht mit Hilfe anderer definiert werden kann, somit unendlich ist und daher begrifflich synonym mit »Gott« verwendet werden darf, war doch diese Hypostasierung einer offensichtlich aristotelischen Kategorie inakzeptabel. Auch sein Hinweis, dass diese unendliche Substanz unendlich viele Attribute hat, auch wenn wir nur zwei davon (Ausdehnung und Denken) kennen, so dass seine Definition von Gott denen mittelalterlich-christlicher Provenienz entspricht (ens a se, causa sui etc.), genügte seinen Kritikern nicht. Denn wenn er von Gott als der Ursache aller (materiellen und spirituellen) Seienden sprach, doch diese Ursache als immanent auffasste, da nichts außer Gott sein oder unabhängig von der Idee Gottes begriffen werden kann, so wurde dies doch als pantheistische und somit verwerfliche Ansicht kritisiert.

Vor allem aber hat in gläubigen jüdischen Kreisen seine (modern anmutende) Kritik am Alten Testament heftigste Reaktionen hervorgerufen. Sein Insistieren auf einer rein immanenten Interpretation der biblischen Texte, womit der stets angenommene Heilscharakter des Verkündeten verlustig geht, zugunsten einer auf die sozio-ökonomischen und religiös-politischen Gegebenheiten zur Zeit der Textabfassung abgestellten Interpretation ließ die Gefahr des Relativismus ahnen; denn nun waren die heiligen Schriften förmlich entweiht. Spinoza mutet diesbezüglich ganz modern an, wenn er erklärt, »dass die Methode der Schrifterklärung sich in nichts von der Methode der Naturerklärung unterscheidet«. So wandte er sich auch gegen die Annahme einer übervernünftigen Möglichkeit der Erkenntnis und meinte, dass Prophezeiungen kein Ausdruck der Einsicht, sondern nur Phantasien seien, genauso wie er sich strikt gegen die Annahme von Wundern als Ausnahmen von Naturgesetzen wandte.

Bezüglich des Verhältnisses Staat und Kirche trat er für eine klare Scheidung ein. Den von den Kirchen stets erhobenen Anspruch, auf Grund von Offenbarungen über privilegierte Einsichten zu verfügen, die weit über die menschliche Vernunfterkenntnis hinausreichten und die somit für die Politik determinierende Kraft erhalten mussten, wies er strikt zurück. Damit musste er förmlich die Gegnerschaft der strenggläubigen Calvinisten sowie jene der strenggläubigen Juden, die insgeheim einer Theokratie anhingen, heraufbeschwören. Spinoza bekannte sich auch hier einmal mehr zur Vernunfteinsicht als eines Kriteriums auch in theologischen Belangen und verdammte alle Versuche der Theologie, die Bevölkerung nicht aufzuklären, sondern in einem Zustand der Unwissenheit zu belassen, um sie sodann umso besser mit krausen Ideen gängeln zu können.

Werke: *Tractatus theologico-politicus; Principia philosophiae; Cogitata metaphysica; Ethica ordine geometrico demonstrata.*

25. JOHN LOCKE (1632–1704)

Locke wurde in Wrington (bei Bristol) geboren und wuchs in bürgerlichen Verhältnissen auf, die von puritanischem Geist geprägt waren. Seit 1652 studierte er in Oxford zunächst Philosophie, wandte sich aber dann der Medizin und den Naturwissenschaften zu und wirkte auch ab 1667 als Arzt der Familie Shaftesbury (obwohl er nie das Medizinstudium abschloss) und Erzieher des Sohnes und später des Enkels der Familie.

In London stand er mit berühmten Wissenschaftlern (z. B. Boyle und Sydenham) in Verbindung und wurde 1668 zum Mitglied der Royal Society gewählt.

Obwohl sich bei ihm keine eigene, umfängliche Abhandlung zur Ethik findet, so ist doch seine Auseinandersetzung mit ihr und implizit mit der Religion von großer Bedeutung. Ohne die Theorie von angeborenen Ideen zu strapazieren, kommt er doch zu allgemeingültigen Prinzipien, wenn er schreibt: »Dass der Mensch seine Vereinbarungen halten soll, ist sicherlich eine wichtige und unbestreitbare Regel der Moral«, doch bei der Frage nach den Motiven wird jeder gemäß seiner Erziehung oder Religion eine andere Begründung liefern. Und nun folgt der Schluss: »Diese Mannigfaltigkeit aber wäre unmöglich, wenn die praktischen Prinzipien angeboren und durch Gottes Hand unserem Geist unmittelbar eingeprägt wären« (Über den menschlichen Verstand, Bd. I, Buch 1). Diese Ablehnung angeborener Ideen, die hier explizit ausgedrückt wird, wurde oft dahingehend missverstanden, dass man meinte, für Locke sei jeder Mensch eine »tabula rasa«, wenn er geboren werde, und alle Erkenntnisse und Verhaltensweisen würden stets von jedem erst im Laufe des Lebens erlernt. Diese Interpretation geht zu weit, denn Locke lehnte nur die Annahme fertig vorliegender Ansichten und Erkenntnisse ab (wie dies von Platon z. B. behauptet wurde); die Disposition, eine Sprache zu erlernen, eine Moral auszubilden, nahm er sehr wohl an. Kurz formuliert: Die Inhalte sind unbestimmt, werden von der jeweiligen Kultur und Zeit fixiert; doch die Anlage dazu, die man als »conditio humana« bezeichnen könnte, ist vorgegeben.

Der Schluss von Locke ist somit stringent: Entweder sind Ideen angeboren, also auch jene bezüglich der moralischen Ansichten, dann müsste auch eine Gleichheit aller Normensysteme gegeben sein. Oder aber diese (platonische) Ansicht erweist sich als falsch, was Locke mittels einer reichhaltigen Beispielsammlung aus verschiedenen Kulturen untermauert, dann ist die Annahme einer Disposition für Werte und Normen korrekt. Doch die Verschiedenheit der Systeme ist erklärt, da sie förmlich auf einer Meta-Ebene agieren.

Auch wenn es somit für ihn klar ist, dass es kein absolutes, angeborenes Sittengesetz gibt, so nimmt er doch eine Dreiteilung in der Ethik vor und unterscheidet zwischen dem göttlichen Gesetz, dem bürgerlichen Gesetz und der öffentlichen Meinung; allerdings hat er bezüglich der Abgrenzung zwischen diesen drei Gesetzen keine stringente Theorie präsentiert. Stellenweise hat man den Eindruck, er betrachte das Gesetz der öffentlichen Meinung als ausschlaggebend, denn die Strafen, die Gott im Hinblick auf die Übertretung seiner Gebote ankündigte, würden kaum ernst genommen. Weiterhin glaubten viele, den Strafen, die der Staat androhe, leicht entgehen zu können. Dagegen entgehe niemand dem Übel des Tadels und der Missbilligung, wenn er die Sitten der Gemeinschaft verletzt, in der er lebt.

Doch findet man auch Stellen, in denen er mit einem simplen Motiv die große Bedeutung der göttlichen Strafen für die Begründung der irdischen Moral betont: »Gibt es keine Aussicht über das Grab hinaus, so ist der Schluss gerechtfertigt: Lasst uns essen und trinken, lasst uns das, was ergötzt, genießen, denn morgen sind wir tot.«

Auch ist seine Hochschätzung des moralischen Wertes der Bibel bedeutsam. So erklärt er, dass alle ethischen Vorschriften der Philosophen zusammengenommen hinter der biblischen Moral weit zurückblieben, denn diese enthalte einen vollständigen Kodex der gesamten Sittlichkeit, der auch auf das Glück der Menschheit gerichtet sei und das allgemeine Wohl verbürge, wenn sich nur alle an seine Bestimmungen halten würden. Daher lehnte er es auch ab, eine eigene Abhandlung über die Ethik zu schreiben.

Im Allgemeinen ist Locke als Erkenntnistheoretiker bekannt, ohne Zweifel ist sie in seinem Gesamtwerk viel bedeutender als die anderen Disziplinen der Philosophie. Die immer wieder entscheidende Frage, woher unsere Vorstellungen stammen, wird zunächst negativ dargestellt: Es gibt keine angeborenen Ideen; und das stärkste Argument für sie, die behauptete Übereinstimmung aller Menschen hinsichtlich der logischen Gesetze, der Moral etc., sei nicht stichhältig.

Die positive Antwort darauf lautet, dass sie aus der Empfindung empfangen werden. Locke spricht dabei von einer zweifachen – nämlich einer äußeren und einer inneren – Erfahrung. Die Wahrnehmung äußerer Gegenstände heißt »Sensation« (oder Empfindung), die der inneren Vorgänge »Reflexion« (oder Selbstwahrnehmung): Diese äußeren und inneren Wahrnehmungen sind quasi die einzigen Öffnungen, durch die das Licht der Vorstellungen in den Verstand eindringt. Locke unterteilt in weiterer Folge die zweifach angenommenen Wahrnehmungen und gelangt dabei zu einem System von vier Elementarvorstellungen: 1) Solche, die aus einem äußeren Sinn stammen, wie: Farbe, Ton, Geruch. 2) Solche, die aus mehreren äußeren Sinnen stammen, wie: Gestalt, Bewegung. 3) Die Reflexion auf die eigenen Tätigkeiten schenkt uns die Ideen des Denkens oder Vorstellens, des Wollens oder Begehrens. 4) Auf allen Wegen der äußeren und inneren Wahrnehmung gelangen die Vorstellungen der Lust und Unlust, des Daseins und der Kraft in die Seele.

Neben der Fähigkeit des Verstandes, die einfachen Ideen passiv zu empfangen, besitzt der Mensch die weitere, die von außen kommenden ursprünglichen Vorstellungen zusammenzusetzen. Durch willkürliche Kombination der einfachen Vorstellungen entstehen dabei die zusammengesetzten (complex ideas). Ihre große Auswahl ordnet er in drei Gruppen: Modi, Substanzen, Relationen.

Modi sind nach Locke Beschaffenheiten, die nicht für sich

bestehen, sondern eines Trägers bedürfen; sie sind somit Eigenschaften von Dingen. Es gibt zwei Arten von Modi, je nachdem, ob sie aus gleichartigen oder ungleichartigen Elementen zusammengesetzt sind. Der Substanzbegriff (eine der acht aristotelischen Kategorien) bedeutet nach Locke nur so viel wie »wir wissen nicht was«: Es ist die Verbindung mehrerer einfacher Vorstellungen, die als einem Ding anhängend betrachtet werden. Relationen sind nach ihm immanente und freie Produkte des Verstandes. Sie seien keine Abbilder wirklicher Dinge, denn die Vorstellung einer Relation gewinnt der Geist dadurch, dass er zwei Dinge nebeneinanderstellt und vergleicht.

In seiner umfänglichen Philosophie der Politik geht er in Hobbes'scher Manier vom Prinzip des Kontrakts aus. Auch bei ihm steht die Frage nach dem Ursprung der politischen Gewalt im Zentrum seiner Überlegungen, weil er meinte, die Frage nach der Verbindlichkeit der Rechtsordnung mit jener nach dem Ursprung der politischen Gewalt beantworten zu können. Auch bei Locke wird der Naturzustand in Form eines wechselseitigen Vertrags der Individuen überwunden, doch sieht er den Naturzustand der Menschheit nicht so negativ wie Hobbes. Denn es habe auch damals ein natürliches Recht gegeben, das die urtümliche schrankenlose Freiheit jedes Einzelnen begrenzte: So habe es stets ein Verbot des Tötens gegeben. Das wichtigste Prinzip sei das Talions-Recht gewesen. Der Gemeinschaft (dem Staat), der später an die Stelle des Naturzustandes getreten sei, komme das Recht zu, Normen aufzustellen (legislative Gewalt) und in Streitfällen zu entscheiden (judizielle Gewalt). Außerdem darf der Staat Kriege erklären und Frieden schließen. Entscheidend ist nach ihm die Trennung dieser beiden Gewalten; und da diese Trennung bei einer absoluten Monarchie nicht mehr gegeben sei, lehnte er diese scharf ab. Die Gewalt des Volkes müsse stets der Regierungsgewalt übergeordnet sein, denn sie sei nur unter der Voraussetzung übertragen worden, damit sie einem bestimmten Zweck diene, nämlich der Gewährleistung von Schutz, Eigentum und Freiheit der Bürger. Dabei fällt auf, dass er auf den Privatbesitz größten Wert legte, den er sogar als gottgewollt ansah. Im Übergang von der ursprünglichen Gütergemeinschaft zum Privatbesitz sah er einen wesentlichen Punkt des Sozialkontrakts.

Bezüglich der Religionsauffassung geht Locke eigenständige Wege: Religiöse Überzeugungen können keinen rechtlichen Regelungen unterworfen werden. So ist auch niemand verpflichtet, in der Religionsgemeinschaft zu bleiben, in die er hineingeboren wurde, d. h. ein Austritt aus einer Kirche muss für jeden jederzeit möglich sein. In seinen wichtigen »Toleranzbriefen« bestimmt er: »Bürgerliche Interessen nenn ich Leben, Freiheit, Gesundheit, Schmerzlosigkeit des Körpers und den Besitz äußerer Dinge wie Geld, Grund und Boden, Häuser, Einrichtungsgegenstände und dergleichen« (VI, 9–10). Einschränkend muss aber hinzugefügt werden, dass sein Toleranzpostulat nicht für beliebige weltanschauliche Einstellungen, sondern nur für das Verhältnis der christlichen Konfessionen untereinander gelten solle.

Für ihn steht fest, dass man die »Summe des Glaubens« den Evangelien entnehmen könne, deren Lehren sich auf zwei Elemente reduzieren ließen: den Glauben an Jesus als den Messias und eine Reihe von moralischen Prinzipien, die Jesus als für das Heil notwendig erachtete und die sich auch mit dem Naturrecht decken. Obwohl er stets für eine rational begründbare Religion eintrat und meinte, dass dieser die Erkenntnis Gottes und auch die Pflicht seiner Verehrung subsumierbar seien, nahm er doch gleichzeitig an, dass der Offenbarungsglaube und jener an den Messias nicht rational begründbar seien.

Locke vertrat ohne Zweifel einen Deismus: Ein Glaube hat rationalen Kriterien zu genügen, was speziell dann der Fall ist, wenn die Religion auf Moral und Naturrecht reduziert wird.

In seinem bedeutenden Werk zur Erkenntnistheorie (»Über den menschlichen Verstand«) widmet er das 3. Buch sprachphilosophischen und -kritischen Überlegungen. Diese sind deswegen so bedeutsam, da er selbst bekennt, dass er ursprünglich nicht im Geringsten daran gedacht habe, dass der Sprache eine so bedeutende Rolle für Fragen der Erkenntnistheorie zukomme. In typisch empiristischer Manier meinte er zwar, dass die Erkenntnis in den Dingen selbst liege, doch seien die Wörter dabei so sehr als Vermittler nötig, dass sie von der allgemeinen Erkenntnis nicht zu trennen seien. Seine Intention ging dahin, auf die irreführenden Kraft der Sprache und die Gefahren hinzuweisen, denen jeder Sprechende unterliegt. Bei einer Analyse von so genannten Sachfragen der Einzelwissenschaften wurde ihm klar, dass das eigentliche Problem stets auf der Sprachebene lag und somit die Sachfragen nur noch indirekt (auf dem Boden der Sprache förmlich) zur Geltung kamen. So gesehen wirken seine Gedanken absolut modern. Hätte er nicht nur eine sprachimmanente, sondern auch eine sprachtranseunte Betrachtung durchführen können (im Stile von B. L. Whorf etwa), so müsste man ihn als den größten Sprachphilosophen der Neuzeit preisen. Man wird förmlich an Wittgenstein erinnert, der meinte, dass die Philosophie ein Kampf gegen die Verhexung unseres Verstandes durch die Mittel unserer Sprache sei.

Und wenn Locke darauf hinwies, dass ein großer Teil der Streitigkeiten, die überall auf der Welt zu konstatieren seien, von selbst aufhören würden, wenn man sich einer »Sprachreinigung« befleißigte, dann erkennt man, dass diese Einsicht auch heute noch als Desiderat zu bezeichnen ist.

Werke: *Brief zur Toleranz; Two treatises of government; An essay concerning human understanding; The reasonableness of Christianity; Some thoughts concerning education.*

26. Isaac Newton (1643–1727)

Isaac Newton wurde nach dem Tod des Vaters, eines ärmlichen Bauern, am 4. 1. 1643 (dem Christtag damaliger Zählung) im mittelenglischen Woolsthorpe (Lincolnshire) geboren. Als kränkliches Kind bei der Großmutter aufgewachsen, wurde er als ungeeignet für die Landarbeit befunden und auf die Lateinschule geschickt. Ab 1661 in Cambridge, studierte er am Trinity College die Schriften von Galilei und Descartes und schloss 1665 sein Studium mit dem Bachelor of Arts ab. Bereits in diesen Jahren formulierte er sein Gravitationsgesetz und die Anfänge seiner Bewegungslehre. Nach der im Jahr 1669 erfolgten Ernennung zum Professor der Mathematik in Cambridge begann er mit seinen fundamentalen optischen Experimenten. Im Jahr 1672 wurde er Mitglied der Royal Society und entwickelte danach seine Farbenlehre (bis 1679) und seine Planetentheorie (1680–1684). Als Krönung seines Schaffens veröffentlichte er 1687 auf Grundlage der von ihm entwickelten Fluxionsrechnung, der heutigen Differentialrechnung, sein System der theoretischen Mechanik (Philosophiae naturalis principia mathematica). Um das Jahr 1693 überstand Newton vermutlich eine schwere Nervenkrankheit. Im Jahre 1699 wurde er Leiter der königlichen Münzstätte, übersiedelte nach London und wurde im selben Jahr auswärtiges Mitglied der Pariser Akademie. Ab 1703 Präsident der Royal Society, publizierte er 1704 sein schon lange vorher fertiggestelltes Werk Optics und wurde 1705 geadelt. Weltweit hoch geachtet starb er am 31. 3. 1727 in Kensington (London) und wurde in der Westminster Abbey bestattet.

Am Beginn der Principia finden sich neben weiteren wichtigen Definitionen Newtons berühmte Postulate einer absoluten Zeit und eines absoluten Raumes: 1. Die absolute, wahre und mathematische Zeit verfließt an sich und vermöge ihrer Natur gleichförmig und ohne Beziehung auf irgendeinen äußeren Gegenstand. Sie wird auch mit dem Namen Dauer belegt; 2. Der absolute Raum bleibt vermöge seiner Natur und ohne Beziehung auf einen äußeren Gegenstand stets gleich und unbeweglich. Dieser Raum-Zeit-Begriff sollte für mehr als zwei Jahrhunderte die Grundlage des allgemeinen Naturverständnisses bilden und erst durch die einsteinsche Relativitätstheorie als nur genähert gültig erkannt werden. Als Nächstes stellt Newton die drei Axiome seiner Bewegungslehre auf: Jeder Körper beharrt in seinem Zustand der Ruhe oder der gleichförmigen Bewegung, wenn er nicht durch einwirkende Kräfte gezwungen wird, seinen Zustand zu ändern (Trägheitsgesetz); die Änderung der Bewegung ist der Einwirkung der bewegenden Kraft proportional und geschieht nach der Richtung derjenigen Linie, nach welcher jene Kraft wirkt (in der heute geläufigen Formulierung: Kraft ist gleich Masse mal Beschleunigung); die Wirkung ist stets der Gegenwirkung gleich.

Diese Axiome bilden die Basis dessen, was heute als »Klassische Mechanik« verstanden wird. Deren Gültigkeitsbereich umfasst, abgesehen von eventuellen relativistischen Korrekturen, alle mechanischen Vorgänge mit Ausnahme der durch die Quantentheorie beschriebenen atomaren und subatomaren Prozesse.

Newtons Gravitationstheorie ist die Verallgemeinerung des Galileischen Fallgesetzes auf die Bewegung von Himmelskörpern und die Einbeziehung terrestrischer Körper in die aus der Himmelsmechanik gewonnenen Gesetze. Ihre spektakulärsten Erfolge waren die Herleitung der Keplerschen Gesetze und der theoretische Ausdruck sowie sein korrekter numerischer Wert für die von Galilei bestimmte Fallbeschleunigung an der Erdoberfläche. Damit setzte sich die newtonsche Gravitationstheorie gegen die damals sehr populäre cartesische Wirbeltheorie durch, nach welcher die Planeten durch eine in Wirbelbewegung befindliche, unmessbar feine, den Himmelsraum ausfüllende Materie auf ihren Bahnen gehalten werden.

Mit seiner Gravitationstheorie und der Fluxionsrechnung, der größten mathematischen Entdeckung seit der Antike, begründete Newton die heute als »naturwissenschaftliche Methode« bezeichnete Vorgangsweise, die er in den Principia so charakterisiert, dass man aus den Erscheinungen auf die mathematischen Gesetzmäßigkeiten schließt, um aus diesen wieder durch Verallgemeinerung weitere Erscheinungen herzuleiten. Newton schätzt seine Theorie als kausal ein, indem er als »letzte Ursache« der Gravitation sein Gravitationsgesetz ansieht. Er habe noch nicht dahin gelangen können, aus den Erscheinungen den Grund der Eigenschaften der Schwere abzuleiten, und Hypothesen erdenke er nicht. Es genüge, dass die Schwere existiere und nach dem angegebenen Gesetz wirke, welches alle Bewegungen der Himmelskörper und des Meeres zu erklären imstande sei.

In der Ansicht über die Natur des Lichtes kam es zu einer Kontroverse mit Christian Huyghens. Letzterer vertrat die Wellennatur, Newton die Teilchennatur, wobei sich die Teilchenhypothese bald durchsetzen konnte. In dieser besteht Licht aus für jede Farbe eigenen Lichtkorpuskeln, welche vom strahlenden Objekt ausgesendet werden und durch ihre jeweilige Wechselwirkung mit Materie die Brechung, Reflexion und Beugung ergeben. Heute wissen wir, dass beide Hypothesen zu Recht bestanden hatten, weil Licht aufgrund seiner Quantennatur sich je nach dem beobachteten Phänomen entweder als Wellenvorgang oder als Teilchenstrom manifestiert. Es verwundert daher nicht, dass Newtons Erklärung der Beugung – eines typischen Wellenphänomens – unbefriedigend war.

Auf die schon von Newton geäußerte Erwartung, dass eine deterministisch-kausale Beschreibung grundsätzlich aller Naturphänomene möglich sein sollte, und auf Newtons absolutes Raum-Zeit-Gefüge stützten sich die erkenntnisphilosophischen Ansätze Immanuel Kants, die, zumindest auf naturwissenschaftlichem Gebiet, eine unbegrenzte menschliche Erkenntnisfähigkeit implizierten und damit im 19. Jahrhundert, vor allem im deutschen Sprachraum, den Fortschrittsglauben an die Segnungen des anbrechenden »technisch-wissenschaftlichen Zeitalters« philosophisch untermauerten.

Werke: *Mathematische Prinzipien der Naturlehre; Optik oder Abhandlungen über Spiegelungen, Brechungen, Beugungen und Farben des Lichtes; The mathematical papers of Isaac Newton.*

27. GOTTFRIED W. LEIBNIZ (1646–1716)

Leibniz war ein universaler Gelehrter und lebte zwischen 1646 und 1716. Er stammte aus Leipzig, studierte Philosophie, Mathematik, Physik, Jura und Geschichte. Dann war er einige Zeit als Diplomat tätig und leitete die fürstliche Bibliothek in Hannover und verfasste dort eine »Geschichte des Welfenhauses«. In Berlin regte er die Gründung der Preussischen Akademie der Wissenschaften an, deren erster Präsident er wurde (1700). Zuletzt hat er sich für die Überwindung der Kirchenspaltung eingesetzt.

Sein Denken war zunächst von der scholastischen Philosophie geprägt. Den mechanistischen Naturbetrachtungen wollte er nicht folgen, denn für ihn ist das Wesen der Wirklichkeit geistig und wird folglich von letzten Zwecken bestimmt. Daher sind ihm die Zusammenschau der Wissensgebiete und das synthetische Denken wichtig. Leibniz glaubt er an metaphysische Substanzen, die untereinander in Beziehung treten. Diese benötigen den Raum, der aber immer relativ bleibt. In der Mathematik werden die Infinitesimalrechnungen bedeutsam.

Für den Metaphysiker Leibniz ist das Wesen der Wirklichkeit von geistiger Qualität. Es müssen also unsichtbare Kraftfelder existieren, denn die Materie lässt sich nicht auf die Ausdehnung reduzieren, wie Descartes gelehrt hatte. Vielmehr bestehen alle Körper aus punktförmigen Elementen, die sich als nulldimensionale Kraftzentren (Monaden) erweisen. Sie bilden substanzielle Einheiten, sind ohne Ausdehnung und nicht materiell. Aus ihnen bestehen alle Dinge und Lebewesen; sie sind aktiv, lebendig und haben geistige Qualität.

Die Monaden verändern sich in ihren Wirkungen ständig, nur ihre Form bleibt die gleiche. Diese Form gibt die Gesetze der Entwicklung und der Veränderung der Dinge vor. Unser erkennender Geist ist selbst eine Einheit, eine metaphysische Substanz und damit eine Monade. Da ich mich als Einheit erkenne, kann ich das Wesen der Wirklichkeit erfassen und verstehen. Es ist der erkennende Geist, der die Einheit der Dinge versteht und erschafft. Die Gegenstände der Erfahrung hängen von den erkennenden Subjekten ab.

Später lehrte Leibniz, dass die Einheiten schon in den einzelnen Organismen da seien, ganz unabhängig von unserem Denken. Es gibt ein substanzielles Band, das alle Monaden, aber auch alle Dinge und Lebewesen verbindet. Wir können deutlich zwischen den Monaden der Seelen und denen der Körper unterscheiden. Denn sowohl die Seele als auch die Körper bestehen aus Monaden. Ein göttlicher Schöpfer hat sie einander zugeordnet, er hat sie in einer »prästabilisierten Harmonie« erschaffen.

Jede substanzielle und geistige Monade spiegelt das Weltall und den Kosmos. Mittels der Seelenmonaden erleben wir Menschen bewusst, obwohl es auch viele unbewusste Vorgänge gibt. Wenn wir die Dinge der Außenwelt wahrnehmen, verändern sich die Zustände der Monaden unserer Seele. Die geistigen Kraftzentren der Monaden sind immer hierarchisch geordnet.

Auf der untersten Stufe gibt es die bewusstlosen Monaden in den Dingen und Gegenständen. Etwas höher stehen die Seelenmonaden, die in uns Menschen die Gefühle und Affekte bewirken. Über diesen existieren die bewussten Monaden, die uns das kritische Denken und die Selbstreflexion ermöglichen. Über allen Monaden aber existiert die göttliche »Urmonade«, die reines Bewusstsein ist. In unserer Seele finden wir eingeborene Ideen vor, die wir aktivieren können. Die stärkste eingeborene Idee ist die Gottesidee, sie findet sich bei allen Völkern und Menschen.

Wir benötigen die sinnliche Erfahrung, damit wir unsere eingeborenen Ideen aktivieren können. Nichts ist im Geiste, was nicht vorher in den Sinnen war. Die ganze Natur lässt sich kausal durch Wechselwirkungen erklären. Es gibt für uns Menschen eine Logik für die realen Welten, aber auch eine Logik für die möglichen (virtuellen) Welten. Auch die zweite ist vom göttlichen Schöpfer gedacht, aber nicht verwirklicht worden. Der göttliche Schöpfer hat allerdings die beste aller möglichen Welten geschaffen.

Für uns Menschen sind auch Räume mit vier oder fünf Dimensionen denkbar, sie sind aber noch nicht verwirklicht. Im Grunde sind auch andere Gesetze der Physik möglich, als wir sie kennen. Der realen Welt stehen also viele mögliche Welten gegenüber. Doch wenn unsere Welt die beste aller möglichen Welten ist, warum gibt es dann für uns Menschen so viele Leiden? Warum gibt es die Erdbeben, die Krankheiten, die Seuchen, die Kriege, den zu frühen Tod? Ist Gott überhaupt allmächtig (Theodizee)? Leibniz denkt hier mit den scholastischen Theologen. Er unterscheidet drei Arten von Übeln, die alle einen positiven Sinn für unser Leben haben. Die metaphysischen Übel zeigen uns unsere Begrenztheit. Die körperlichen Übel gehören zu unserem Leben, denn sie sind ein göttliches Erziehungsmittel zu unserer moralischen Besserung. Und die Übel, die wir Menschen einander antun, zeigen uns die Macht des Bösen, die dem Guten entgegensteht.

Weil wir Menschen in unseren Entscheidungen freie Wesen sind, gibt es für uns die Sünde, denn wir können uns für das Böse und das Leiden entscheiden. Unsere Entscheidungen werden nicht durch den göttlichen Willen determiniert. Allerdings sind für uns auch andere Welten denkbar, in denen es weniger Leiden gibt. Hier folgt Leibniz im Grunde der mittelalterlichen Schulphilosophie von den substanziellen Formen.

Insgesamt hat dieser Denker viel in der Mathematik und Logik angeregt. Er gilt als der letzte umfassend gebildete Wissenschaftler in der Neuzeit. Sein Denken folgt den Grundannahmen der Metaphysik und des Rationalismus.

Werke: *Neues System der Natur; Theodizee; Neue Versuche über den menschlichen Verstand; Prinzipien der Natur und der Gnade; Monadologoie. Confessio philosophi; Discourse de Métaphysique; Systeme nouveau de la Nature.*

28. Charles Louis de Montesquieu (1689–1755)

Montesquieu gilt als Vordenker des Rechtsstaates und der Gewaltentrennung. Er wurde bei Bordeaux geboren und übernahm schon früh Verwaltungsaufgaben im Parlament der Stadt. Mit 36 Jahren gab er sein Amt in der Verwaltung auf und widmete sich der wissenschaftlichen Tätigkeit. Zu dieser Zeit unternahm er Reisen nach Deutschland, Österreich, Italien und England, um die dortigen politischen Systeme zu studieren. Zuerst verfasste er seine »Perserbriefe« (Lettres persanes), danach das Werk »Betrachtungen über die Ursachen der Größe und des Niedergangs der Römer« (1734). Sein großes Werk über die Sozial- und Staatsphilosophie »Vom Geist der Gesetze« (De l'esprit des lois) erschien im Jahr 1748, sieben Jahre später starb er.

In seinen »Perserbriefen« kritisierte er als neutraler Beobachter die politische Willkür im französischen Staat, die moralische Korruption der Reichen, die christlichen Lehren und religiösen Streitigkeiten, die Macht der zölibatären Priester und Mönche sowie die Organisation des Papsttums. Das Wesen der wahren Religion bestehe in der gelebten Nächstenliebe, in der

Verwandtenhilfe und in der Verwirklichung der bürgerlichen Tugenden. Nicht die Dogmen und Riten seien im Leben wichtig, sondern allein die gelebte Moral entscheide über den Wert oder Unwert einer Religion. Miteinander konkurrierende Glaubenssysteme könnten für die Politik sogar positive Wirkungen zeigen.

In seiner politischen Vision gab Montesquieu der Republik den Vorzug vor der Monarchie. Denn für ihn war die Republik der Tempel der Ehre und der Tugend, in dem sich die einzelnen Bürger der gesellschaftlichen Ganzheit verbunden fühlen. Jeder Mensch sei dazu fähig, seinen Mitmenschen Gutes zu tun und auf diese Weise gottähnlich zu werden und zum Glück der Gesellschaft beizutragen. Für die wirtschaftliche Entwicklung sei die Zunahme der Bevölkerung notwenig. Doch die Kirchenleitung behindere die Scheidung von Ehen und trage durch das Eheverbot der Priester und der Ordensleute zum Rückgang der Bevölkerung bei. Deswegen sei die altrömische Auffassung von der Ehe der christlichen Ehelehre in allen Fällen vorzuziehen.

Mit seinen Betrachtungen über die Größe und den Niedergang der Römer ist Montesquieu zu einem Wegbereiter der modernen Geschichtsschreibung geworden. Er wollte die allgemeinen Ursachen für geschichtliche Entwicklungen erforschen, wobei er annahm, dass die Leidenschaften der Menschen zu allen Zeiten die gleichen seien. Mit seinem Werk »Vom Geist der Gesetze« wollte er die persönlichen und politischen Freiheiten der einzelnen Bürger fördern und fragte nach dem inneren Geist und den äußeren Faktoren, welche den Gesetzen eines Staates zugrunde liegen. Das natürliche Gesetz werde in der rationalistischen Tradition mit der »Natur der Dinge« begründet, und diese Natur werde mit dem göttlichen Schöpfer in Verbindung gebracht.

Nun müssen sich alle positiven Gesetze eines Staates im Rahmen der natürlichen Gesetze bewegen und die allgemeine Norm der Gerechtigkeit respektieren. Sodann müssen sie drei Ziele verfolgen, nämlich im Interesse der Selbsterhaltung den sozialen Frieden bewahren, sie müssen die Vorsorge für die Ernährung des Volkes garantieren, und sie müssen schließlich jeden Menschen zum sozialen Verhalten und zur Vergesellschaftung anleiten. Hier kritisierte Montesquieu die Lehren Hobbes', weil dieser einen ungesellschaftlichen Urzustand angenommen habe. Denn schon immer habe es unter den Menschen Regeln der Gerechtigkeit und der Billigkeit gegeben, auch längst vor der Festsetzung positiver Gesetze.

Durch den Zusammenschluss zu größeren Gruppen und Gemeinschaften sei das Grundgefühl der Schwäche bei den Einzelnen überwunden worden. Aber erst durch das Gefühl der Stärke sei es zwischen den Gruppen zu Kriegen und Kämpfen gekommen. Nun wollte Montesqieu die äußeren und die inneren Bedingungen der positiven Gesetze im Staat näher erkunden. Er dachte dabei an die Bedingungen des Territoriums, der Bodenbeschaffenheit und des Klimas, dann an die Lebensformen, Sitten und Gewohnheiten der Bürger, schließlich an die Formen der Wirtschaft und an die Ziele der Gesetzgeber. Alle diese Faktoren zusammen bilden den »Geist der Gesetze«, zu ihnen gehören auch die Religion, die Gebräuche und die Form der Regierung. Dieser allgemeine Geist (esprit generale) eines Volkes sollte nicht mutwillig verändert werden.

Wie Aristoteles kannte auch Montesquieu drei Staatsformen, nämlich die Republik, die Monarchie und die Despotie. Allein in der Demokratie liege die ganze Macht beim Volk, das aufgrund seines Wahlrechts der wahre Monarch sei. Der Wille des Volkes sei der eigentliche Souverän, doch in der Monarchie liege die politische Macht in der Hand eines Monarchen, der allerdings an eine Verfassung gebunden sei. Die Despotie aber sei eine Entartung der Monarchie, weil sich der Despot an keine Gesetze halte. Das Lebensprinzip der Demokratie aber sei die gelebte Tugend der Bürger, während in der Monarchie die Stärkeren nach der Ehre strebten. Die Despotie aber werde von Angst und Zittern bestimmt.

Die moralische Tugend sei das Prinzip der republikanischen Verfassung, doch sie dürfe nicht mit der christlichen Moral verwechselt werden. Die politische Tugend bestehe vielmehr in der Liebe zum Vaterland und in der Gleichheit aller Bürger vor dem Gesetz. In der Republik müsse das Recht am stärksten sein, in der Despotie spiele das Recht so gut wie keine Rolle. Doch wenn der Geist der Ungleichheit zur Herrschaft komme, dann verfalle die Demokratie, sie werde dann zur Aristokratie oder zur Monarchie oder zur Despotie. Auch die Aristokratie entartet, wenn

der Geist der Willkür um sich greift, und jede Monarchie verfällt, wenn der Monarch alle Gewalt direkt ausüben will.

Im demokratischen Staat muss die Macht kontrolliert und
geteilt werden, um den Missbrauch zu verhindern. So entstehen die drei geteilten Gewalten der Gesetzgebung (Legislative),
der Verwaltung (Exekutive) und der Rechtsprechung (Judika-
tive). Diese Gewalten müssen im demokratischen Staat getrennt werden, um die moralische Korruption gering zu halten.
Diese Ideen hatte Montesquieu von Locke übernommen, dessen Schriften er in England kennengelernt hatte. Er befürwortet
nun die Einrichtung von zwei Kammern der Volksvertretung,
einer Kammer des Adels (Oberhaus) und einer Kammer des
Volkes (Unterhaus). Die Gesetze sollen von der Kammer des
Volkes erlassen werden, während der Kammer des Adels die
Funktion der Kontrolle zukomme.

Nun müssen diese drei Staatsgewalten optimal zusammenarbeiten, nur so kann im Staat ein Höchstmaß an Freiheit und
Sicherheit für alle Bürger erreicht werden. Ähnlich wie Aristoteles wollte auch Montesquieu in der Politik den mittleren Weg
zwischen den möglichen Extremen gehen. In seinem Frühwerk
sah er in der Republik die ideale Form des Staates, doch in
seinem Spätwerk (Vom Geist der Gesetze) hielt er die konstitu-
tionelle Monarchie für die beste Staatsform. In ihr regiert der
Monarch auf der Basis einer Verfassung (constitution), ist dabei
aber an die Teilung der Gewalten und an die Verfassung gebunden. Dies sei der mittlere Weg der politischen Möglichkeiten.

Werke: *Persische Briefe (Lettres persanes); Betrachtungen über die
Ursachen der Größe und des Niedergangs der Römer; Vom Geist der
Gesetze (De l'esprit des lois).*

29. Voltaire (1694–1778)

Voltaire (François-Marie Arouet) wurde in Paris geboren
und im Jesuitenkolleg Louis-le-Grand erzogen. Bereits im
Jahre 1717 wurde er wegen politischer Satiren für elf Monate

inhaftiert. Im Jahre 1718 nahm er den Autornamen »Voltaire« an. Nach weiteren großen Auseinandersetzungen mit den staatlichen Zensurbehörden wurde er unter der Bedingung, Frankreich zu verlassen, auf freien Fuß gesetzt. Er ging nach England und schwärmte fortan für alles Englische – eine Begeisterung, die 1729 in seinen »Lettres sur les Anglais« einen Niederschlag fand. Obwohl das Buch vom Pariser Parlament verurteilt wurde, fand es eine weite Verbreitung. Voltaire aber verließ Paris und fand bei Mme. du Châtelet in der Champagne Aufnahme, er blieb dort für fünfzehn Jahre. 1750–1753 hielt er sich als Gast Friedrichs II. von Preußen in Potsdam auf, wo er sich primär historischen Arbeiten widmete, die er durch eine neue, wissenschaftliche Methode der Interpretation auf eine beachtenswerte Höhe brachte. Doch schon nach drei Jahren verließ er den Preußenkönig, mit dem er sich überworfen hatte. Voltaire ließ sich bei Genf auf einem Besitz nieder, den er »Les Délices« nannte, und übersiedelte 1758 nach Ferney (das auf französischem Boden lag), da er sich mit den Genfer Behörden nicht verstand. Das Jahr 1755, in dem Lissabon von einem schweren Erdbeben zerstört wurde, bedeutete in jeder Hinsicht eine Zäsur in seinem Leben und Schaffen. Er wandte sich in einem Gedicht vehement gegen alle religiösen Optimisten (damit meinte er vor allem Leibniz), die davon ausgingen, dass diese Welt die beste aller möglichen sei, und predigte fortan eine herbe Kirchenkritik.

Trotz seines bisweilen beißenden Spotts der Theologie gegenüber muss festgehalten werden, dass er, der förmlich als Synonym für die eher aggressive Variante der französischen Aufklärung mit ihrer ausschließlich praktischen Stoßrichtung gelten darf, eine Mittlerposition einnahm. Er betonte die Wichtigkeit des religiösen Faktors für das Sittliche, wurde aber nicht müde, den religiösen Aberglauben, die kirchliche Intoleranz und den Fanatismus zu bekämpfen. Im Unterschied zu den radikalen Denkern seiner Zeit hielt er stets am Gottesbegriff fest und meinte in streng pragmatischer Manier, dass der Atheismus den einfachen Menschen keinen Nutzen, wohl aber viel Schaden bringen könne. Wenn er schon in der Theorie von der Existenz Gottes überzeugt war, so noch mehr in der Lebenspraxis, denn der Glaube der Menschen an einen Gott, der das

Gute belohnt und das Böse bestraft, sei eine für die Menschheit höchst nützliche Erfindung. Trotz dieser sehr praktisch ausgerichteten Argumente hielt er den Atheismus unter moralischen Aspekten für akzeptabler als die dogmatisierte und oft auch mit Fanatismus garnierte christliche Religion:»Denn der Atheismus flößt keine blutdürstige Leidenschaft ein, der Fanatismus tut es; der Atheismus hindert die Verbrechen nicht, der Fanatismus aber lässt solche begehen.«

Viele Voltaire-Interpreten taten sich schwer, seine religiöse Ambivalenz zu verstehen, die aber – genau besehen – keine ist. Er ist im deistischen Sinn für die Annahme eines Gottes und für eine natürliche Religion, vor allem für eine solche, die als moralisch hochstehend anzusehen ist. So lässt er in einem fiktiven Dialog einen Pfarrer erklären:»Ich werde immer über Moral und nie über Glaubensstreitigkeiten sprechen.« Gleichzeitig aber spricht er sich vehement gegen religiösen Fanatismus, gegen die Unmoral der Kirche, gegen die katholische Gnadenlehre, gegen den Wunder- und Offenbarungsglauben aus. Seine religiöse Grundstimmung geht auch daraus hervor, dass er von zwei Formen der Gottesbeweise überzeugt war: einerseits vom kosmologischen und andererseits vom physiko-theologischen. Er geht von der Tatsache aus, dass etwas ist, und darum ist auch etwas von Ewigkeit her, sonst müsste es aus dem Nichts entstanden sein, was jedoch unmöglich ist. Die Welt ist nach ihm mit Intelligenz geschaffen worden, daher stammt sie auch von einer Intelligenz. Jedes Werk, das uns Zwecke und Mittel anzeigt, kündet von einem Werkmeister dahinter.

Bei der leidigen Frage nach dem Übel in der Welt und seiner Rechtfertigung gelangt Voltaire zur sonderbar anmutenden Ansicht (die an Epikur gemahnt), dass auch Gott zwar die höchste Macht verkörpere, doch sei dies keine absolute, schrankenlose. Daher konnte Gott auch die Welt nur unter den Bedingungen erschaffen, unter denen sie nun eben existiere. Diese Theorie ist, wie man sieht, von der leibnizschen meilenweit entfernt. So ist auch für ihn das einzige Mittel, Gott wegen des vielen Übels in der Welt von Schuld freizusprechen, einzugestehen, dass seine Macht nicht groß genug sei. Er schreibt:»Ich will lieber einen beschränkten Gott anbeten als einen bösen. Der Ursprung des Übels wird mich immer in einige Verlegenheit setzen; doch denke ich eben, der gute Ormuzd, der alles gemacht hat, habe es nicht besser machen können.«

Tiefschürfenden philosophischen Betrachtungen eher abhold und dafür lieber das normale Leben berücksichtigend, kommt er zu einem Gottesbegriff, der als »gesetzgeberisches Desiderat« aufgefasst werden kann: »Keine Gesellschaft kann bestehen ohne Gerechtigkeit: Verkünden wir darum einen gerechten Gott. Wenn das Gesetz des Staates die bekannten Verbrechen straft, verkündigen wir einen Gott, der die unbekannten Verbrechen strafen wird.«

Aufgrund dieser und ähnlich formulierter Aussagen fragt man sich wohl zu Recht, warum Voltaire stets als der Aufklärer par excellence dargestellt wird; als ein Mann, der am Vorabend der Französischen Revolution lebend diese in stärkster Weise theoretisch vorbereitete, der sozusagen ein Vademecum für den Ablauf der Revolution lieferte.

Auch bezüglich des größten Problems im damaligen Frankreich, des sozialen nämlich, war er überaus moderat und keineswegs einer, der das 3. Schlagwort der Revolution (die egalité) stürmisch gefordert hätte. Sein Prinzip der Gleichheit aller Menschen betraf nur deren Natur, war sozusagen eine anthropische Konstante, die keineswegs einen Niederschlag im konkreten, politischen Leben finden sollte.

Für ihn war es klar, dass es auf dieser Welt Reiche und Arme geben müsse. Auch seien die Armen nicht unbedingt zu bedauern, denn aufgrund ihrer langen und harten Arbeitspflicht kämen sie ohnehin nicht dazu, über ihren Zustand zu reflektieren. Ja, er schrieb dazu: »Ich halte es für gut, dass einige Kinder lesen, schreiben und rechnen lernen; aber die große Masse, besonders die Kinder der Handarbeiter, sollten nur das Feld bestellen können, weil man auf zweihundert bis dreihundert Arme nur eine Feder braucht!« Für ihn ist klar, dass die Menschen erst dann auch faktisch gleich wären, wenn sie gleiche Bedürfnisse und gleiche Fähigkeiten hätten, was allerdings eine absurde Annahme darstellt.

Auf dem Gebiet der Jurisprudenz zeigt sich ein ähnliches Erscheinungsbild: Hier allerdings war er ein erbitterter Gegner einer Gerichtsbarkeit, die parteiisch ausgerichtet war und sich an der herrschenden Religion orientierte. Der Fall Calas (Vater Calas war beschuldigt worden, seinen Sohn ermordet zu haben, und wurde auch hingerichtet; die übrigen Familienmitglieder furchtbaren Pressionen ausgesetzt) bot ihm eine gute Gelegenheit, seinen Wunsch nach Gerechtigkeit zu befriedigen, denn die endgültige Rehabilitation dieser Familie war auch ihm zu verdanken. In seinem »Traité sur la tolérance« (1763) führte er die Rechtsbeugungen auf religiösen Fanatismus zurück. Voltaire behandelte die Toleranzidee in diachroner Weise und wies dabei auch nach, dass dem frühen Christentum jeder religiöse Fanatismus fremd gewesen sei. Leider sind seine rechtstheoretischen Überlegungen sowohl an Theorie arm als auch von anderen Philosophen entlehnt. Vielleicht ist es korrekt, bei ihm von zwei Naturrechtsauffassungen zu sprechen: Einerseits übernahm er die Lockesche Ansicht von der Einsichtigkeit rechtlicher Bestimmungen, die also von der Vernunft getroffen werden. Andererseits war für ihn das Naturrecht so zu sehen wie das alte »ius gentium« bei den Griechen und Römern: Es sei für den Bestand einer Gesellschaft notwendig und könne daher auch nicht absolut konzipiert sein, sondern sei auf die Bedingungen einer bestimmten Zeit und Gesellschaft abgestimmt.

Man muss bedenken, dass für ihn der einzige objektive Maßstab von Normen und Gesetzen das Allgemeinwohl war. So ergibt sich daraus als Konsequenz, dass politische, ökonomische oder soziale Veränderungen auch die Vorstellung von Recht und Unrecht verändern werden – eine Ansicht, die man direkt als rechtspositivistisch bezeichnen muss. Wenn er weiterhin erklärt, dass die Gesetze einer Gesellschaft auf Gefühlen beruhen müssen, die Gott den Menschen eingegeben habe, kommt man wohl nicht umhin, eine gewisse Flachheit in seinen Überlegungen zu konstatieren. So gesehen ist die übliche Beurteilung Voltaires als eines philosophischen Schriftstellers und Satirikers, der auch viele Theaterstücke verfasste und 20.000 Briefe schrieb, der aber in puncto philosophischen Tiefgangs bei weitem nicht an Descartes, Spinoza oder Locke heranreichte, völlig berechtigt.

Auf einem Gebiet jedoch zeigte er sich als ein origineller Denker, und zwar in seinen Arbeiten zur Geschichte. Es ist keine Übertreibung, zu behaupten, dass er der Erste war, der eine Geschichtsphilosophie prägte. Es heißt, dass ihn Mme. du Châtelet durch ihre berechtigte Kritik an vielen hagiographischen Darstellungen sog. großer Männer veranlasste, diesen vernachlässigten Zweig der Wissenschaft auf eine neue Basis zu stellen. Voltaire ging methodisch so vor, dass er alle Aussagen auf ihre Glaubhaftigkeit hin untersuchte. Dabei schloss er alle Geschichten, die einen fanatischen Eifer, eine Wundergläubigkeit oder starke religiöse Gebundenheit aufwiesen, aus der Liste der glaubwürdigen Quellen aus. Doch war er sich dessen sehr wohl bewusst, dass es schwierig sein würde, die vielen und seit Jahrhunderten stets gleich tradierten Irrtümer der Geschichtsdarstellung richtigzustellen. Voltaire versuchte etwa, die in allen Darstellungen der Geschichte übliche Hagiographie bezüglich »großer« Persönlichkeiten aufzugeben und entschloss sich zu einer Darstellung all jener Umstände, die letztlich eine bestimmte Zeit charakterisierten.

Die Bedeutung historischer Einsichten lag für ihn darin, darzustellen, wie die beiden antagonistischen Strömungen Kultur und Zivilisation mit ihren aufklärerischen Intentionen einerseits und Religion und Fanatismus andererseits stets um die Vorherrschaft in den verschiedenen Gemeinschaften stritten, wobei er durchaus eine pessimistische Gesinnung an den Tag legte.

Werke: *Essai sur les mœurs et l'esprit des nations; Candide ou l'optimisme; Lettres philosophiques sur les Anglais; Sur l'homme; Dictionnaire philosophique; Questions sur l' Encyclopedie; Elements de la philosophie de Newton.*

30. David Hume (1711–1776)

Hume, ein schottischer Philosoph und Historiker, lebte zwischen 1711 und 1776. Er suchte einen Mittelweg zwischen der empiristischen und der rationalistischen Weltdeutung und brachte psychologische Fragestellungen in die Philosophie ein.

Damit veränderte er die herkömmliche Erkenntnistheorie: Unseren Vorstellungen (ideas) liegen immer Eindrücke (impressions) zugrunde, diese aber sind nicht einfach die Wirkungen von Reizen. Die sinnliche Erfahrung liefert uns den Stoff, den wir dann mittels unseres Denkens erweitern.

Verbindungen von Ideen sind unabhängig von der Existenz des Gemeinten. So bilden wir die Gottesidee, indem wir die Erfahrung der Güte und der Weisheit über alle Grenzen steigern. Wir sprechen dann von höchster Güte und Weisheit. Ursachen und Wirkungen, die sich auf Tatsachen beziehen, können nur durch empirische Erfahrung entdeckt werden. Ursächliche Erkenntnis aus der Vernunft gibt es nicht, sie muss immer aus wiederholter Erfahrung kommen. Die Inhalte wiederholter Erfahrungen schließen wir aus Denkgewohnheit zu einem Kausalgesetz zusammen. Daraufhin ordnen wir die empirisch gefundenen Naturerscheinungen wenigen Ursachen zu.

Kausalität gibt es nur im Bereich der Erfahrungen. Aber wir können von den empirischen Gegebenheiten nicht auf eine transzendente Wirklichkeit schließen. Daher dürfen wir nicht von der Existenz der Welt auf die Existenz eines göttlichen Schöpfers schließen. Religiöse Wahrheiten werden folglich nie gewusst, sie werden stets nur geglaubt. Die religiösen Lehren entstehen mit psychologischer Notwendigkeit aus den Bedürfnissen unserer Gefühle. Folglich ist die Religion vor allem das Ergebnis von Gefühlen der Angst, der Not und der Hoffnung.

Hume kritisiert alle Begriffe der Metaphysik und stellt sie auf eine empirische Basis. Was die Schulphilosophie bisher »Substanz« nannte, ist nichts anderes als die Zusammenstellung einfacher Vorstellungen, die durch unsere Einbildungskraft vereinigt werden. Auch dabei folgen wir einem psychologischen Bedürfnis. Was die Theologen als die menschliche »Seele« bezeichnet haben, ist ein Bündel von fortwährenden Vorstellungen und von wechselnden Gefühlen. Die Grundbegriffe der bisherigen Metaphysik werden somit psychologisch gedeutet.

In der Ethik ist Hume ein Determinist: Für ihn werden alle menschlichen Handlungen durch unsere Dispositionen bestimmt. Aus bloßem Denken oder aus reiner Vernunft vermögen wir keine Handlung zu verwirklichen. Die Vernunft belehrt uns über das Wahre und Falsche, das Natürliche und das Verderbliche. Aber unser Handeln kommt immer aus unseren inneren Neigungen, aus unseren Gefühlen und Leidenschaften. Wir glauben aber, dass in der Gesellschaft die Gerechtigkeit und die Vertragstreue über das Unrecht und die Gewalt siegen werden.

In der Erkenntnistheorie vertritt Hume eine gemäßigte skeptische Position, da unsere Vernunft prinzipiell für den Irrtum anfällig ist. Zwar können wir die Gefahr der Täuschung durch experimentelle Kontrolle verringern, doch unsere Urteile über die Außenwelt sind nie völlig sicher. Uns sind immer nur Ideen bekannt, aber nie die Dinge hinter den Ideen. Unsere Urteile über die Außenwelt erreichen folglich nur Wahrscheinlichkeit – dies entspricht der Position des theoretischen Skeptizismus.

Da wir aber ständig entscheiden und handeln müssen, überwinden wir den Skeptizismus aus praktischen Gründen. Trotzdem bleiben unsere Urteile über empirische Sachverhalte stets unsicher. Nur unsere Urteile über begriffliche Relationen (Logik, Mathematik) sind sicher, aber sie sagen nichts über empirische Sachverhalte. Für die Metaphysik und den Glauben an unverrückbare Dogmen bleibt in der Wissenschaft kein Platz mehr. Letzte Begründungen im Bereich unserer Erkenntnis sind uns nicht möglich. Wir können nicht begründen, dass sich unsere Vorstellungen und Urteile auf denkunabhängige Dinge beziehen, aber wir können die Entstehung unseres Glaubens an die Objektivität unserer Vorstellungen erklären.

Die Erkenntnistheorie wird also durch die Erkenntnispsychologie ergänzt. Unser Glaube an die Realität der Außenwelt ist eine Folge der Lebhaftigkeit und Eindringlichkeit von Eindrücken sowie von Assoziationen zwischen Vorstellungen und Eindrücken. Alle unsere Behauptungen über Realität sind nur im Bezug auf unsere Vorstellungen möglich. Unabhängig von unseren Erfahrungen kann es kein tragfähiges Urteil über Existenz geben, folglich können wir kein sicheres Urteil über die Existenz Gottes oder transzendenter Wesen fällen.

Unsere Urteile über die Existenz transzendenter Wesen drücken immer nur unseren Glauben aus. Die empirisch feststellbaren Dinge sind Vorstellungskomplexe, die auf Assoziationen und Eindrücken beruhen; unsere menschliche »Seele« ist dabei nichts anderes als ein relativ konstanter Komplex von Bewusstseinsinhalten, ein Bündel von Vorstellungen (cluster of conceptions). Auch unsere Idee von einer Kausalität in der Natur beruht auf assoziativen Verbindungen unserer Vorstellungen.

Unsere moralischen Tugenden beruhen auf der Einsicht, dass für unser Überleben die Gemeinschaft notwendig ist. Aber alle Tugenden hängen mit unserer direkten oder indirekten Sympathie zusammen, Nützlichkeitsüberlegungen reichen nicht für sie aus. Die staatliche Ordnung liegt im Interesse des Gemeinwohls und des Einzelwohls. Die Stärkeren setzen im Staat ihre Rechte durch, Gesetze schützen das Eigentum und die Verträge, doch es gibt keine absolute Autorität im Staat, sie ist immer relativ und von den Bürgern geliehen.

Der Glaube an Gott beruht auf Gefühlen der Angst, der Not und der Hoffnung, aber das Wesen der Gottheit bleibt für uns unerkennbar, es sind uns keine wissenschaftlichen Beweise für die Existenz Gottes möglich. Die Verehrung vieler Götter hat bei den Menschen mehr Toleranz zur Folge als ein Monotheismus. Die Frage nach der Existenz des Bösen kann auch die Religion nicht lösen.

Werke: *Dialoge über natürliche Religion; Naturgeschichte der Religion; Traktat über die menschliche Natur; Untersuchungen über den menschlichen Verstand; Untersuchungen über die Prinzipien der Moral (Essays moral and political; Philosophical Essay concerning human understanding; Inquiry concerning human understanding; Enquire concerning the principles of morals; Natural history of religion; Dialogs concerning natural religion; History of England).*

31. JEAN-JACQUES ROUSSEAU (1712–1778)

Rousseau, ein Kritiker der einseitigen rationalen Aufklärung, lebte zwischen 1712 und 1778. Er stammt aus der calvinischen Stadt Genf, trat aber in Turin zum katholischen Glauben über.

Später kehrte er zur calvinischen Religion zurück. Die Preisfrage der Akademie in Lyon, ob die Wissenschaft und die Kunst zur Verbesserung der Sitten beitragen, verneinte er in einer Abhandlung. Als philosophischer Schriftsteller verfasste er drei große Werke: »Julie ou Nouvelle Heloise« (1761), den »Contrat social« (1761) und den Erziehungsroman »Emile«.

Er war umfassend gebildet und folgte zuerst den Ideen der Aufklärung, wandte sich dann aber von der einseitigen und übertriebenen Rationalität ab und bewertete das Gefühl stärker als die Vernunft. Damit wurde er zu einem Wegbereiter der Gegenaufklärung und der Romantik. Das Staunen vor der Natur und die Sehnsucht nach dem Unendlichen prägen sein Denken. Von Natur aus ist jeder Mensch in Freiheit geboren, sie soll auch im Leben jedes Einzelnen verwirklicht werden, denn sie ist die Grundbestimmung der menschlichen Natur.

Wichtige Themen seiner Überlegungen sind die Spontaneität des Wollens, die Selbsterhaltung und die Selbstliebe. Das Übermaß an Vernunft stört unser natürliches Leben, wir müssen die Grenzen des Wissens erkennen lernen. Folglich steht die Tugend immer höher als die Wissenschaft, sie baut auf dem gesunden Menschenverstand auf. Die Zwänge der Wissenschaft stören die Spontaneität des Lebens. Und so versucht die wahre Philosophie, gemäß der Natur zu leben; sie baut auf dem Gewissen der Einzelnen auf. Tugend ist uns allen in das Herz geschrieben, doch die übertriebene Wissenschaft und der Glaube an den ständigen Fortschritt tragen zum Verfall der Tugend bei.

Rousseau ist Deist, für ihn gibt es ein höchstes göttliches Wesen. Doch er sucht nach einer »Religion des Herzens«; Dogmen sind darin völlig unwichtig. Die Religion wächst immer aus unseren Gefühlen heraus. Das Weltall wird durch einen vernünftigen Willen bewegt, dies ist der göttliche Wille, verbunden mit der göttlichen Intelligenz. Folglich ist alles in der Natur zweckmäßig geordnet, und die Menschen sind mit Freiheit begabt. Das Wissen ist die höchste Instanz für unsere Entscheidungen, aber wir sind deswegen auch für unser Handeln verantwortlich.

Alles ist gut, was aus den Händen des göttlichen Schöpfers kommt. Folglich gibt es für uns keine »Erbsünde«, wie die Kir-

chen lehren. Unsere Seele ist unsterblich, jenseits der Todes-
grenze werden unsere Taten beurteilt und die gestörte Ordnung wiederhergestellt. Was mein Gefühl als gut wertet, das ist
für mich gut. Denn unsere Gefühle täuschen uns nicht, wie der
Verstand dies tut. Daher besteht die Tugend in der Liebe zur
natürlichen Ordnung.

Das Ziel der Erziehung besteht darin, die natürlichen und
ursprünglichen Neigungen der Menschen voll zu entfalten. Es
sollen mit dem Wissen auch die moralischen Werte vermittelt
werden, die unseren natürlichen Bedürfnissen entsprechen.
Eine ganzheitliche Erziehung stärkt unser Leben, wir müssen den Weg »zurück zur Natur« wiederfinden. Die Anlagen
der menschlichen Natur sind gut, doch oft werden sie durch
widrige Umstände gestört. Alle Menschen sollen die Selbstbestimmung des Lebens und die gegenseitige Zuneigung lernen.
Dafür müssen die Lehrer für die Schüler eine persönliche Autorität sein.

Die soziale Ordnung im Staat baut immer auf der Moral
der Bürger auf. Die Unfreien müssen sich aus den gesellschaftlichen Zwängen befreien. Es sind bessere gesellschaftliche Verhältnisse möglich, die soziale Ungleichheit muss nicht so groß
sein, wie sie ist. In einem idealen »Urzustand« folgten die Menschen ihren Instinkten; sie lebten in Einfachheit, Genügsamkeit,
Muße und Zufriedenheit. Doch mit der Arbeitsteilung und der
Anerkennung des Privateigentums kamen auch soziale Ungleichheit und Unfreiheit auf. Seither herrschen die Reichen
über die Armen, die Starken machen die Schwachen zu Sklaven. Doch dies ist ein »unfairer Sozialkontrakt«.

Im Sozialkontrakt unterwirft sich der Einzelne der Rechtsordnung des Stärkeren. Dafür gewinnt er Schutz und relative
Freiheit innerhalb dieser Rechtsordnung. Das Gesetz des Staates drückt folglich einen »allgemeinen Willen« (Volonté géné-
rale) aus. Die Freiheit des Einzelnen wird durch die Gleichheit
des Rechts gesichert. Ziel des Staates ist immer das Allgemeinwohl, folglich darf der Staat nicht gegen das Wohl der Einzelnen handeln. Jeder Bürger muss sich dem Gesetz unterwerfen.

Gesetze sollen durch direkte Demokratie und durch Plebis-
zite erstellt werden. Die absolute Monarchie muss überwunden werden, denn sie knechtet den Willen des Volkes. In der

Wirtschaft soll vor allem die Landwirtschaft gefördert werden, denn sie ist die natürlichste Lebensform. Technik und Industrie, Geldwirtschaft und Kapitalanhäufung weichen von den natürlichen Ursprüngen des Lebens ab. Alle sollen ihre natürlichen Bedürfnisse hinreichend befriedigen. Das Glück der Menschen hängt nicht von ihrem Besitz, sondern von ihren inneren Einstellungen zum Leben ab. Ein Leben im Luxus stört sogar das soziale Gleichgewicht. Jeder Mensch soll nach Autarkie und Selbstgenügsamkeit streben. So verteidigt Rousseau eine vorkapitalistische Wirtschaftsform, die sich an der Bedarfsdeckung der Bürger auf niedrigem Niveau orientiert. Wenn die Starken immer mehr an Macht, Besitz und Kapital ansammeln, wird der soziale Friede erheblich gestört. Doch es ist uns möglich, wieder zu der ursprünglichen und natürlichen Lebensform zurückzukehren.

Der Staat ist wie die Familie patriarchal organisiert, in der häuslichen Gemeinschaft müssen alle ihre sozialen Pflichten erfüllen. Sie suchen nach einem gemeinsamen Ziel für ihr Leben. Die Wirtschaft hat immer moralische Grundsätze nötig, damit der Staat nicht in die Abhängigkeit von den Reichen gerät. Mit diesem ökonomischen Konservativismus ist Rousseau ein früher Sozialromantiker, der den angeblichen Naturzustand des Menschen zum Ideal erhebt. Die Denker der Romantik sind ihm in diesen Ideen gefolgt.

Werke: *Julie ou la nouvelle Heloise; Emile; Contrat social; Confessions; Abhandlung über den Ursprung und die Grundlagen der Ungleichheit unter den Menschen.*

32. Adam Smith (1723–1790)

Smith war ein originärer Ethiker und Wirtschaftstheoretiker in der Zeit der Aufklärung. 1723 wurde er in Schottland geboren, lehrte in Glasgow Moralphilosophie und gilt als der Begründer der modernen Nationalökonomie. 1790 starb er in Edinburgh. Er hat viele Ideen von Hume aufgegriffen und

weitergeführt, indem er von der Beobachtung der zwischenmenschlichen Sympathie ausging. Die »Sympathie« ist unsere
Fähigkeit, Gefühle der Mitmenschen zu verstehen und zu teilen. Wir können sowohl den Schmerz als auch die Lust der anderen nachempfinden.

Unsere moralischen Werte entwickeln wir aus unserer Fähigkeit zur Sympathie mit anderen. Zuerst versuchen wir, den
Mitmenschen in seinem Handeln zu verstehen, dann bewerten
wir sein Handeln, und schließlich formulieren wir ein moralisches Gesetz, das auf unseren moralischen Gefühlen aufbaut
(Theory of moral sentiments, 1759). Am Anfang der Menschheit
war nicht der Krieg aller gegen alle, wie Hobbes gelehrt hatte.
Die Menschen waren einander nicht wie Wölfe, denn sie töteten
einander nicht, wie auch die Tiere in Rudeln zusammenleben
und sich gegenseitig schützen. Ganz ähnlich müssen auch die
Menschen einander nicht töten, um zu überleben. Vielmehr
leben auch sie in Gruppen zusammen, um ihr Überleben zu
sichern. Nun haben alle die Fähigkeit der gegenseitigen Einfühlung. Wir können fremdes Leid und fremde Lust nachfühlen.
Folglich sollen wir so handeln, dass der unparteiische Beobachter mit uns Sympathie erleben kann. Auf der Naturgabe der
Sympathie baut unsere Gemeinschaft auf, denn mit Egoismus
allein kann kein Staat bestehen. Wir müssen körperliche Gefühle des Hungers oder der Sexualität selbst erlebt haben, damit wir sie bei anderen nachfühlen können.

Wenn wir selbst Schmerz erleiden, lernen wir das Mitleid
mit den Gequälten. Wir müssen auch die Freude selbst erleben,
um sie bei den Mitmenschen nachfühlen zu können. Unsere negativen Gefühle sind schwerer nachzufühlen als die positiven.
So führt uns die Natur zur Fähigkeit der allgemeinen Men-
schen- und Nächstenliebe hin. Diese ist das größte Gebot sowohl der Natur als auch der Religion, denn in uns allen ist die
Sehnsucht, die Gefühle der Mitmenschen spiegeln zu können.
Aber damit uns dies möglich wird, müssen wir unsere Gefühle
reduzieren.

Folglich müssen wir unsere Triebe und Affekte beherrschen
lernen, sonst können wir sie nicht mit anderen kommunizieren. Die Tugend sucht die Mitte der Gefühle, also weder den
Überschwang noch die Unterdrückung. Immer aber beurteilen

wir die Absichten unserer Handlungen daraufhin, ob sie uns und der Gemeinschaft einen Nutzen bringen. Für gute Absichten empfinden wir Sympathie, für schlechte Absichten aber Abscheu, die Bewertung unserer eigenen Handlungen und die unserer Mitmenschen vollziehen wir jedoch mit unseren Gefühlen, nicht mit dem Verstand.

Damit wird unser Gewissen zum unparteiischen Beobachter der eigenen und der fremden Handlungen. Wenn wir Handlungen mit unseren moralischen Gefühlen beurteilen, dann dürfen wir nicht das gegenwärtige Erleben überschätzen, uns aber auch nicht von egoistischen Strebungen leiten lassen. Daher üben wir im Leben ständig, unsere eigenen und die Handlungen unserer Mitmenschen zu prüfen und zu bewerten. Aus diesen Bewertungen ergeben sich dann unsere allgemeinen Gesetze für unser Verhalten, das sog. Sittengesetz.

Wir bilden allgemeine Gesetze, Maximen und Grundsätze für unser Handeln. Und wir erleben Ehrfurcht und ein Gefühl der Verpflichtung gegenüber dem allgemeinen Sittengesetz, welches die höchste Instanz unseres Handelns ist, wir können es auch als ein göttliches Gebot verstehen. Für den weisen Menschen fallen die Pflichten und die Neigungen zusammen, denn wir können diese jenen anpassen. Strenge Pflichten gibt es nur dort, wo sie für das Wohl der Mitmenschen nötig sind. Dort haben wir Strafen nötig, um sittliches Verhalten zu lernen.

Jeder Mensch strebt von Natur aus nach Glück. Wir möchten mit anderen fühlen und möchten, dass diese mit uns fühlen. Auf diese Weise kommunizieren wir unsere Gefühle und Affekte. Nun erleben aber die Armen und Hässlichen viel weniger an Mitgefühl als die Reichen und die Schönen. Doch wir werden an unserer Seele arm, wenn unser Mitgefühl mit anderen gering ist. In uns ist das tiefe Bedürfnis, dass viele mit uns fühlen, da Glück im Austausch der Gefühle besteht.

Auf dem Moralgesetz baut unsere ganze Wirtschaft auf (Inquiry into the nature and causes of the wealth of nations, 1776). Immer ist die Arbeit der Einzelnen die Quelle des Reichtums eines Volkes. Arbeitsleistungen und der Tauschwert von Gütern können gemessen werden, die Dienstleistungen der Gelehrten und der Künstler sind dagegen schwer zu messen. Die Teilung der Arbeit erhöht ihre Effizienz, die erzeugten Güter werden auf dem Markt in Geld umgesetzt. Die Waren haben einen Gebrauchswert und einen Tauschwert.

Im Mittelpunkt der Wirtschaft steht immer der Tauschwert. Die Gesetze der Bildung des Tauschwertes sind unsere Wirtschaftsgesetze. Aber die Basis einer funktionierenden Wirtschaft ist immer die optimale Freiheit des Einzelnen. Die neue Wirtschaft ruht auf dem freien Denken, der freien Gewinnbildung und dem Wettbewerb, wobei die Freiheit des anderen immer die Grenze meiner Freiheit ist. Der maximale Nutzen des Einzelnen wird auf lange Sicht zum größten Nutzen für den Staat, folglich soll es in der Wirtschaft keine Handelsbeschränkungen geben.

Nach dieser Lehre erreicht die freie Wirtschaft des Marktes die höchste Effizienz. Sie wird aber nur möglich, wenn die Freiheit des Denkens und des Handelns für alle Bürger gewährleistet wird. So müssen die Bauern aus der Leibeigenschaft befreit werden und Handel darf nicht zentral gelenkt werden. Der freie Markt bildet die Preise für die Güter, er reguliert die ganze Wirtschaft. Die freie Wirtschaft ist nur im freien Staat möglich.

Der liberale Staat schützt seine Bürger gegen die Aggression fremder Staaten und gegen das Unrecht im Inneren. Er übernimmt Aufgaben, die im Interesse der Gemeinschaft liegen (Straßenbau, Kanalbau, u. a.). Denn das Wohl des Einzelnen trägt das Wohl des Staates. Daher hat jeder Bürger das Recht, seine Meinung frei und öffentlich zu vertreten. Das persönliche Glück und das Wohlergehen des Einzelnen sind die beste Voraussetzung für eine florierende Wirtschaft, daher muss der absolutistische Staat dringend durch den liberalen Staat abgelöst werden. Dort müssen allerdings die Schwächeren vor den Stärkeren geschützt werden.

Werke: *Theorie der ethischen Gefühle; Der Reichtum der Nationen; (Theory of moral sentiments; Inquiry into the nature and the causes of the wealth of nations).*

33. Immanuel Kant (1724–1804)

Kant, der Meisterdenker aus Königsberg (Ostpreußen), lebte zwischen 1724 und 1804. Er stammte aus einer pietistischen Familie und lehrte in seiner Heimatstadt Philosophie. In seinem vorkritischen Denken befasste er sich mit einem »Möglichen Beweisgrund zu einer Demonstration des Daseins Gottes«. Die Beweisbarkeit eines notwendigen Grundes aller Dinge scheint ihm möglich. Die Metaphysik ist für ihn die Wissenschaft von den Grenzen der menschlichen Vernunft. Doch ein ontologischer Gottesbeweis erscheint ihm völlig unmöglich.

Grundsätzlich sind uns keine Erkenntnisse unabhängig von unseren Anschauungen möglich. Denn die »Welt« ist kein realer Gegenstand, sie ist vielmehr der ungegenständliche Gedanke von der Einheit raum-zeitlicher Gegenstände. Der »Raum« ist ein subjektives Denkschema, mit dem wir unsere Eindrücke ordnen. Die »Gegenstände« sind Denkinhalte, die vom erkennenden Subjekt nach einem Ordnungsschema erzeugt werden. Da die raum-zeitliche Anschauung bei allen Menschen dieselbe ist, haben unsere Erkenntnisse intersubjektive Gültigkeit.

Wie ist es möglich, dass wir uns urteilend auf Gegenstände beziehen? Welche sind die Bedingungen der Möglichkeit unseres Erkennens? Die metaphysischen Begriffe »Gott«, »Welt« und »Seele« sind nicht mehr Gegenstände möglicher Erkenntnis. Sie sind vielmehr Ideen und Gedanken, die wir im theoretischen und im praktischen Kontext unseres Lebens benötigen. In der Theorie der Erkenntnis soll die Psychologie nicht akzeptiert werden, wird gegen Hume gesagt. Unser Verstand verbindet eine Vielzahl von Beobachtungsdaten zu Einheiten.

Alle unsere Erkenntnisse fangen mit Erfahrungen an, doch sie kommen – entgegen empiristischen Lehren – mit diesen allein nicht aus, da jede Erfahrung zum einen Anschauungen, zum andern Verstandesbegriffe benötigt. Gedanken ohne Inhalte sind leer, aber Anschauungen ohne Begriffe sind blind. Begriffe müssen mit anschaulichen Inhalten zusammenhängen, aber unser Verstand ist an jeder Erfahrung beteiligt. Zu einem Gegenstand wird etwas nur aufgrund unserer Deutungen. Nun sind uns aber Grundsätze des reinen Verstandes (synthetische Urteile a priori) möglich. Denn sie geben uns die Bedingungen an, unter denen uns Beobachtungen überhaupt möglich werden. Es gibt für uns keine Wirklichkeit unabhängig von unseren Deutungen, folglich können wir niemals ein »Ding an sich« erkennen, sondern immer nur deutungsabhängige Phänomene und Erscheinungen. Wahrheit ist uns nur dann gegeben, wenn unser Urteil mit einem Ding als Erscheinung übereinstimmt.

Die traditionelle Metaphysik muss scheitern, weil den Begriffen »Gott«, »Welt« und »Seele« keine beweisbaren Wahrheiten zukommen. Der ontologische Gottesbeweis war ein Fehler in der Zuordnung der Kategorien. Unsere Vernunft erzeugt jedoch metaphysische Illusionen: Gott, Welt, Seele. Diese haben für uns eine regulative Funktion, denn sie weisen unserem Denken eine bestimmte Richtung: »Mit unserem Verstand erklären wir die Tatsachen im Bereich der gegenständlichen Erscheinungen. Aber mit der Vernunft verbinden wir die einzelnen Erklärungen zu komplexen Theorien. Alle unsere Erkenntnisse heben von den Sinnen an, sie gehen dann weiter zum Verstand und enden bei der Vernunft.«

Wir erfassen die Natur immer als interpretierte Wirklichkeit, aber nie die Natur an sich. Die Gegenstände der Erfahrungen werden immer vom erkennenden Subjekt konstruiert. Im »Reich der Zwecke« gelten die Gesetze der praktischen Vernunft. Auch wenn jenseits der Grenzen möglicher Erfahrungen Erkenntnisse unmöglich sind, benötigen wir die Idee einer jenseitigen Wirklichkeit als Boden für unsere Ethik. Deswegen konstruieren wir die Vorstellungen von »Gott«, »Welt« und »Seele«, um Bezugsfelder für unsere praktische Vernunft zu haben.

Unsere Moral folgt im Kern der Vernunft. Aber der moralische Wert einer Handlung hängt nicht von ihren Folgen und ihrer Nützlichkeit ab, sondern von der inneren Gesinnung des Handelnden. Nicht die Glückseligkeit ist das Maß der Handlung, sondern die Erfüllung der sozialen Pflicht. Unsere Pflichtgebote haben die Form eines kategorischen Imperativs.

Eine Ethik kann nicht auf persönlichen Neigungen gegründet sein, sondern immer auf moralischen Pflichten. Wir sollen so handeln, dass aus unserem Verhalten ein allgemeines Gesetz werden kann.

Zum anderen sollen wir einen Mitmenschen nie zum Mittel für die Erreichung unserer Ziele machen. Dies sind die beiden Grundformen des »kategorischen Imperativs«. Die Ethik braucht mindestens zwei metaphysische Postulate, nämlich die Existenz Gottes und die Unsterblichkeit der menschlichen Seele. Wir leben also so, als ob Gott existierte und unsere Seele die Freiheit der Entscheidung hätte. Immer hat die praktische Vernunft den Vorrang vor der theoretischen.

Das Recht im Staat und die Ethik hängen immer zusammen, beide bauen auf der Idee der Freiheit auf. Die staatliche Ordnung muss die formelle Freiheit des Einzelnen ermöglichen. Nun ist das Recht im Staat das Mittel, um die Freiheitsansprüche der Einzelnen zu harmonisieren; ohne Rechtsordnung gibt es kein friedvolles Zusammenleben. Die Idee eines ursprünglichen »Gesellschaftsvertrags« ist ein ideelles Konstrukt und meint, wir leben im Staat zusammen, als hätten wir einen solchen Vertrag geschlossen.

Der vereinigte Volkswille zeigt sich am besten in der repräsentativen, aber nicht in der direkten Demokratie. Der Rechtsstaat schützt die gleichen Rechte und Pflichten für alle Bürger. Aus der menschlichen Natur können wir keine direkten Rechte und Pflichten herleiten. Die Versittlichung der Menschen lässt sich nur in einer Kultur der »Weltbürger« erreichen.

Werke: *Träume eines Geistersehers; Kritik der reinen Vernunft; Kritik der praktischen Vernunft; Kritik der Urteilskraft; Prolegomena zu einer jeden zukünftigen Metaphysik; Grundlegung zur Metaphysik der Sitten; Die Religion innerhalb der Grenzen der bloßen Vernunft; Vom ewigen Frieden.*

34. Johann Gottlieb Fichte (1762–1814)

Fichte, Vordenker einer idealistischen Philosophie lebte zwischen 1762 und 1814. Er stammte aus der Lausitz und lehrte Philosophie in Jena und Berlin. Anfangs von Spinoza geprägt, wandte er sich später dem idealistischen Denken zu. Für ihn stand fest, dass es keine von unserem Denken unabhängige Wirklichkeit geben kann, vielmehr werden die als real betrachteten Gegenstände vom denkenden Subjekt (Ich) erzeugt. In diesem Gedanken ist Kants These von der Subjektabhängigkeit aller Erfahrungsinhalte weiterentwickelt.

Anders als Kant geht Fichte aber nicht den mittleren Weg zwischen dem Idealismus und dem Materialismus; für ihn ist nur im Idealismus das volle Bewusstsein der Freiheit zu verwirklichen. Der Materialismus widerspreche der wirklichen Freiheit, indem er die Determination des Lebens durch materielle Prozesse annimmt. Fichte, als Idealist, versteht es, von seiner Freiheit und seinem Bewusstsein vollen Gebrauch zu machen. Wir Menschen allein haben die Fähigkeit, über unser Ich zu reflektieren und den Blick auf unser Inneres zu kehren.

Erst in unserem Bewusstsein bilden wir die gegenständlichen Inhalte als unsere Vorstellungen ab. Damit liegt der Grund der empirischen Erfahrung immer im Ich und in der Tätigkeit unseres Geistes, aber nicht in den materiellen Objekten. Durch die Selbsttätigkeit des Geistes gewinnen wir Anschauungen von einer gegenständlichen Wirklichkeit. Damit ist das Ich die Bedingung für jede Erkenntnis, denn es setzt sich selbst.

Ohne das Ich sind uns keine Urteile möglich. Es bezieht sich immer auf Gegenstände und setzt damit das Nicht-Ich. Das Ich und das Nicht-Ich beschränken sich gegenseitig. Sie beginnen einen dialektischen Prozess von Setzung, Entgegensetzung und Aufhebung des Gegensatzes. Das Ich setzt sich ein Nicht-Ich entgegen und folgt dabei einem dialektischen Dreischritt von These, Antithese und Synthese. Wir können die Mannigfaltigkeit unserer Bewusstseinsinhalte allein aus dem Ich herleiten, ohne auf Empirisches Bezug zu nehmen.

Das Ich ist aber keine metaphysische Substanz, sondern reine Tätigkeit. Es strebt ständig nach der Ausfüllung einer Unbestimmtheit und Leere und setzt sich seine Grenzen in der Form der Welt der Gegenstände. Seine Freiheit kann das Ich erweitern, indem es sittliche Forderungen aufstellt. Durch unser Gefühl erleben wir die Außenwelt als real, folglich können wir an diese Realität auch nur glauben, sie aber nicht beweisen.

Die Philosophie versteht sich als Wissenschaft über die Erfahrungen, denn sie sagt uns, wie Erfahrung als Bewusstsein von Gegenständen möglich wird. Das Ich wird als überindividuelle Vernunft gesehen. Damit schreitet Fichte von der Ich-Philosophie zur Philosophie des Absoluten weiter. Unser Glaube an die Realität der Außenwelt hat vor allem praktischen Charakter, denn er hat immer mit Interessen und mit Pflichten zu tun.

Wir Menschen sind schon immer Angehörige eines »Reichs der Freiheit«, von daher erhält unser Leben erst einen Sinn. Vordergründig handelt unser Ich, doch im Hintergrund handelt immer das Absolute. Dieses erschafft als unendlicher Wille die Welt und die Gegenstände im Ich. Unser auf Gegenstände bezogenes Wissen ist immer vom unendlichen Willen des Absoluten abhängig. Der Weltschöpfer ist identisch mit dem ewigen Willen, damit geschieht die Schöpfung in der endlichen Vernunft.

Unsere endliche Vernunft bleibt indes seit jeher von der unendlichen und göttlichen Vernunft abhängig. Das Absolute ist die letzte Wirklichkeit, es ist der »Wille an sich«. Alles Sein ist ein Wissen ohne Gewusstes, auch ein Wissen vom Nichts. Doch das Absolute ist nicht in rationalen Begriffen zu fassen, es erzeugt sich in voller Unbegreiflichkeit. Wir können es nur in der mystischen Schau der unmittelbaren Anschauung erahnen. Das Absolute ist ein Licht ohne Leuchtendes.

Hier folgt Fichte der Lichtmetaphysik der Neuplatoniker. Das Absolute und Ewige bildet die letzte Einheit von allem, es ist reines Entspringen aus dem Nichts. Im Wissen um das endliche Ich erkennen wir den Widerschein des Absoluten. Die ewige Gottheit ist das durch sich seiende Eine und zeigt sich uns als reines Licht.

Daraus ergeben sich die Grundsätze der Moralphilosophie: Unser Ich ist frei und von der Natur unabhängig. Wir werden nicht von unseren Trieben bestimmt, vielmehr folgen wir unserem Gewissen als dem Bewusstsein unserer Pflichten. Das letzte Ziel der Sittlichkeit besteht darin, dass wir unsere menschliche Natur den Vorgaben der Vernunft unterwerfen können. Auch im Staat müssen immer die Vernunft und die Sittlichkeit das Regiment haben.

Die Rechtsordnung muss folglich an die Sittlichkeit gebunden werden, denn im Staat müssen die Freiheit des Denkens und der Rede gewährleistet werden. Sie sind die Voraussetzung zur Verwirklichung der sittlichen Person. Demnach beruht die Staatsgewalt immer auf der Zustimmung der Bürger. Eine zentrale Herrschaft und Leitung ist auch in der Wirtschaft nötig, der »geschlossene Handelsstaat« sei die beste Wirtschaftsform.

Der Staat muss das Recht auf Eigentum sichern, doch sein eigentliches Ziel ist die Herstellung der sozialen Gerechtigkeit. Im Interesse dieser Gerechtigkeit darf sogar die Freiheit zeitweilig eingeschränkt werden. Jeder Bürger muss seinen Pflichten folgen, denn die staatlichen Gesetze gelten für alle. Sie sind, so muss man es sich vorstellen, auf fiktive Weise von allen beschlossen worden.

Mit seinen »Reden an die deutsche Nation« (1808) hat Fichte zum Widerstand gegen die französische Besatzung des Landes aufgerufen und damit das deutsche Nationalbewusstsein geweckt und gestärkt.

Werke: *Grundlagen der gesamten Wissenschaftslehre; Die Bestimmung des Menschen; Die Anweisung zum seligen Leben; Der geschlossene Handelsstaat; Die Grundzüge des gegenwärtigen Zeitalters; Versuch einer Kritik aller Offenbarung; Über den Grund unseres Glaubens; Reden an die deutsche Nation; System der Sittenlehre; Grundlagen des Naturrechts.*

35. Georg Wilhelm Friedrich Hegel (1770–1831)

Hegel, der bedeutendste Philosoph des Deutschen Idealismus, lebte zwischen 1770 und 1831. Er erhielt seine Ausbildung im evangelischen Stift in Tübingen und lehrte Philosophie, zuletzt in Berlin. In seiner Begeisterung für die politische Macht und für die militärischen Erfolge Napoleons deutet er die menschliche Geschichte als Entfaltung des ewigen »Weltgeistes«. Von diesem Ansatz her entwickelte er die Ideologie des preußischen Staates in der Zeit der politischen Restauration. Als Theologe transformierte er die Grundlehren der christlichen Theologie in die Philosophie.

In der Religion beziehen sich die Menschen auf das »Reich des Guten«, in ihr vermischen sich Endliches und Unendliches. Jesus sei der größte Vermittler des Unendlichen, doch in jedem Menschen sind Zeitliches und Ewiges miteinander verbunden. Deswegen entfalten sich in der menschlichen Geschichte schrittweise die ewigen »Ideen«. Der objektive Geist entwickelt sich zuerst in der griechischen, dann in der jüdischen und zuletzt in der christlichen Religion.

Statt »Gott« sagt Hegel nun »Geist«. Dieser ist für ihn ein organisches Ganzes, er verbindet (synthetisiert) die Setzung (Thesis) mit ihrer Gegensetzung (Antithesis). Er wird als Totalität der gesamten Wirklichkeit verstanden. Auch die Natur betrachten wir Menschen als eine Ganzheit, denn mit unserer Vernunft erkennen wir diese Ganzheit der Wirklichkeit, mit unserem Verstand verstehen wir nur ihre Teile. Aus diesem Grund muss sich der Verstand immer der Vernunft unterordnen; die Einzelwissenschaften arbeiten der spekulativen Philosophie zu.

Unser Bewusstsein bildet eine Einheit von Selbst- und Gegenstandsbewusstsein. In unserem Erleben werden immer erkennendes Subjekt und erkanntes Objekt miteinander verbunden. Die Gottheit steht in Beziehung zur Welt, denn sie ist kein selbstgenügsames Wesen. Im Erkennen erfassen wir die Wirklichkeit an sich, denn das Absolute ist uns Menschen zugänglich. In der Erkenntnis aber kommen die subjektive Gewissheit und die objektive Wahrheit zur Deckung.

Das Vernunftwissen ist die Manifestation des Absoluten im endlichen Bewusstsein. Der Geist behauptet damit seine Selbstständigkeit gegen alle empirischen Abhängigkeiten. Unsere Erkenntnis schreitet im ständigen Dreischritt von These, Antithese und Synthese fort. Dabei wird die Logik als die Lehre von den Formen des »Weltgeistes« gedeutet, als Metaphysik und als Geistlehre (Logos). Im endlichen Bewusstsein offenbaren sich uns die absoluten Ideen, denn die Philosophie stößt immer an das Göttliche. Anders gesagt, im wahren Philosophen denkt die höchste Gottheit.

Nun zeigt sich uns die absolute Idee in drei Weisen, nämlich in der Kunst als Anschauung, in der Religion als Vorstellung und in der Philosophie als Begriff. Das Schöne ist die sinnlich wahrnehmbare Äußerung des Absoluten. In der Religion begegnet uns das Göttliche, diese muss jedoch in der Philosophie »aufgehoben« werden. Nur auf diese Weise werden die Inhalte der Religion in äußerlich veränderter Form bewahrt. Was in der Religion wahr ist, das lebt in der idealistischen Philosophie weiter.

Auch im Recht und der Sittlichkeit der Menschen, vor allem im Staat, äußert und verwirklicht sich die absolute Idee. So wird auch der Staat zur Manifestation des Absoluten. Weil das Wirkliche vernünftig ist, muss auch der Staat vernünftigen Gesetzen folgen. Deswegen wendet sich der autoritäre Staat entschieden gegen die »republikanischen Demagogen«. Der preußische Staat ist relativ vernünftig, denn in seiner Verfassung äußert sich der »Volksgeist«. Aber in diesem verwirklicht sich der große »Weltgeist« in seinem Gang durch die menschliche Geschichte. Deswegen bemühen wir uns, das Ewige im Zeitlichen und im Vorübergehenden zu erkennen.

Im autoritären Staat gibt es nur begrenzte Freiheit für den Einzelnen, da der Wille des Einzelnen sich immer dem Allgemeinwillen, der vernünftig ist, unterordnen muss. Es kann also keine volle Willensfreiheit geben, sondern nur eine von den Gesetzen begrenzte und damit relative Freiheit. Das moralische

Gut besteht nämlich in der Unterordnung des Einzelnen unter das Allgemeinwohl. Freiheit bedeutet dann die Übereinstimmung mit der allgemeinen Vernunft. Nur wenn der menschliche Wille bei sich selbst ist, dann ist er wirklich frei.

In den Gesetzen des Staates zeigt sich so immer der objektive Geist, weswegen der Wille der Einzelnen den Gesetzen des Staates gehorchen muss. Dies nennt Hegel dann die »Freiheit des Willens«, der bei sich selbst angekommen ist. Im Rechtssystem des Staates verwirklicht sich die allgemeine Freiheit, denn die Rechtsordnungen sind immer der Ausdruck des »Volksgeistes«. Der vernünftige Staat ist in Ständen organisiert und versteht sich als Organismus. Der ökonomische Liberalismus hingegen bringe dem Staat keinen Vorteil.

In der Kunst werden die ewigen Ideen geschaut und das Unendliche wird erlebt. Auch in der Religion wird das Unendliche zusammen mit dem Endlichen erfahren, denn alle Symbole und Metaphern werden auf das Ewige bezogen. So zeigt sich uns im religiösen Glauben das Selbstbewusstsein der Gottheit. Diese ist nicht mehr jenseits der Welt, sondern zeigt sich uns im Bewusstsein. Im Letzten gehen die Symbole der Religion in die Philosophie ein.

In der Geschichte der Menschheit zeigt sich die Entwicklung des »Weltgeistes«, die einer inneren Notwendigkeit folgt. Es ist eine »List der Vernunft«, dass die Menschen glauben, sie folgten ihren eigenen Zielen, denn in Wirklichkeit befolgen sie die Ziele des ewigen »Weltgeistes«. In diesem Prozess gibt es keine Zufälligkeiten, jeder Schritt der Geschichte ist notwendig. Ein Volk aber, das von den Vorgaben des »Weltgeistes« abirrt, wird von anderen Völkern besiegt und vernichtet.

So zeigt sich in der Weltgeschichte das große »Weltgericht« der Völker. In der Philosophie offenbart sich uns die absolute Idee, sie entfaltet sich in mehreren Stufen und bewahrt immer das Vergangene. Mit dieser theologischen Konzeption wurde Hegel einerseits zum Vordenker der gesellschaftlichen Veränderung (hegelsche Linke), aber anderseits zum Ideologen der politischen Restauration und des absoluten Staates (hegelsche Rechte). Hier wird erkennbar, dass sich aus metaphysischen Spekulationen durchaus Beliebiges ableiten lässt.

Werke: *Über die Differenz des Fichteschen und des Schellingschen Systems der Philosophie; Phänomenologie des Geistes; Wissenschaft der Logik; Grundlinien der Philosophie des Rechts; Enzyklopädie der philosophischen Wissenschaften im Grundriss.*

36. FRIEDRICH WILHELM SCHELLING (1775–1854)

Schelling, ein weiterer idealistischer Denker, lebte zwischen 1775 und 1854. Seine Bildung erfuhr auch er im Theologischen Stift zu Tübingen. Dann lehrte er Philosophie in Jena, Würzburg, München und Berlin. Prägend war seine Freundschaft mit Hegel und Hölderlin; sie folgten einer pantheistischen Weltdeutung im Sinne von Spinoza. Schelling wollte zuerst die Ich-Philosophie von Fichte ergänzen, deswegen tat er den Schritt von der Wissenschaftslehre zur Naturphilosophie.

Für ihn liegt immer ein »absolutes Ich« dem empirischen Ich zugrunde. Jenes zeigt sich als Aktivität, als Prozess und als Streben nach der Freiheit. Die gesamte Wirklichkeit ist auf das Absolute bezogen, dessen Wahrheit wir nur ahnen und schauen können. Wir gehen von der Erfahrung des organischen Lebens aus; dieses weist schon in die göttliche Dimension hinein. Es gibt also ein geistiges Prinzip, das der ganzen Natur zugrunde liegt; aus diesem Grunde erkennen wir Beziehungen der Mittel und der Zwecke.

Durch die intellektuelle Anschauung wissen wir zum einen von uns selbst und zum andern von der Gottheit. Diese ist absolute und geistige Aktivität. Da wir die Gottheit nur auf intuitive Weise schauen, brauchen wir uns gar nicht um rationale Beweise ihrer Existenz bemühen. In der Philosophie lernen wir, die letzte Wirklichkeit unmittelbar anzuschauen, wofür wir eine Sprache der Symbole benutzen. Die idealistische Philosophie entfaltet sich vor allem auf der Basis der religiösen und der ästhetischen Erfahrung.

Damit wird jeder rationale Diskurs relativiert, die Grenzen

zwischen der Philosophie, der Religion und der Kunst ver-
schwimmen. In der intellektuellen Anschauung ergreifen wir
die Wirklichkeit auf unmittelbare Weise. Doch das Absolute
befindet sich in einem Prozess der Entwicklung, nämlich der
»Selbstentäußerung« gegenüber der Welt. In der Gottheit sind
Geist und Natur, Idee und Realität miteinander verbunden. Die
Gegensätze verhalten sich wie zwei Pole eines Magnetfeldes
oder wie zwei Aspekte der einen Wirklichkeit.

Eine »höhere Physik« sucht nach dem Wesen der Schwere,
des Lichtes und der Materie. Durch unsere schöpferische Einbildungskraft vermögen wir die Natur ganzheitlich zu betrachten und können so das Wesen der Wirklichkeit erfassen, denn
die Natur und das Denken sind zwei Seiten der einen Wirklichkeit. In der Natur entfaltet sich das Absolute, daher sind
schon in der toten Materie die Keime des Lebendigen angelegt.
Auch wir Menschen haben Anteil an der Entwicklung der Natur, denn diese strebt unaufhörlich nach der Freiheit.

Das Wesen der Wirklichkeit besteht somit in der absoluten
Tätigkeit; es gibt darin nur Prozesse, aber keine Substanzen.
Die realen Dinge sind nur ein relativer Stillstand der Naturpro-
zesse. Doch bereits im Absoluten finden wir eine Hemmung
des Werdeprozesses und eine Entzweiung der Gegensätze. Der
Unterschied einer geistigen und einer materiellen Welt ist nur
oberflächlicher Art, denn im Absoluten fallen beide Welten zusammen (coincidentia oppositorum).

Das Absolute entfaltet sich zum einen zur idealen Welt, zum
andern zur realen Wirklichkeit; es differenziert sich in Subjekt
und Objekt. Doch die Identität des Idealen und des Realen erfassen wir am besten mit den Mitteln der Kunst: Sie allein stößt
zum ewigen Grund vor und ist allen Menschen zugänglich.
Daher muss die ästhetische die intellektuelle Anschauung ergänzen und die Philosophie muss sich der Dichtkunst annä-
hern.

Nun ersetzt die Vernunft die Substanz, denn sie ist die totale
Indifferenz des Subjektiven und des Objektiven. Die absolute
Unendlichkeit wird als die wahre Wirklichkeit erfahren. Das
Materielle wird als die andere Seite des Geistigen gesehen, denn
nichts ist bloß Materie und nichts bloß Idee. In allen Dingen der
materiellen Welt ist immer Geistiges. So entwickelt sich die Na-

tur als kunstvoller Organismus und als Kunstwerk. Hier denkt Schelling in neuplatonischer und in mystischer Tradition.

Das Werden der Welt und des Kosmos ist der Werdeprozess des göttlichen Urgrunds. Die Gottheit ist das absolute Eine, sie wird sich ihrer selbst bewusst und schaut sich als ein absolut Anderes. Die Ideen des göttlichen Selbstbewusstseins verselbstständigen sich und werden zur Wirklichkeit. So geschieht ein Abfall vom Absoluten zur Wirklichkeit, aus einem »dunklen Urgrund« gehen die Dinge hervor. Damit bildet das Verstandlose die unbegreifliche Basis der Realität, die sich nicht im Verstand auflösen lässt.

In der Gottheit entsteht eine Vorstellung, in der sie sich selbst erblickt; das ist das »Wort Gottes«. Da die Wirklichkeit aus einem unvernünftigen Grund hervorgeht, gibt es in ihr die dunklen Stellen des Leidens und der Unvernunft. Auch in uns Menschen ist ein dunkler Grund wirksam, er zeigt sich als Abfall von der göttlichen Einheit. Die Gottheit ist im Werden vom dunklen Urgrund hin zum hellen Licht. Analog sind wir Menschen im Werden, vom Stadium der Sünde hin zur Erlösung vom Bösen.

Der Mythos ist der Schlüssel zu unserer menschlichen Vergangenheit. In der natürlichen Religion lernen wir Menschen, das Göttliche in einer vorrationalen Weise zu setzen. Die Entwicklung des göttlichen Lichtes geschieht immer schon in verborgener Weise im Sein und im Wirken. Eine negative Philosophie steigt zur Idee des Göttlichen auf, kann aber sein Wesen nie erfassen. Entsprechend steigt eine positive Philosophie von der offenbaren Gottheit zur Wirklichkeit ab.

Daraus folgt, dass wir das Wesen der Wirklichkeit nur auf mystische Weise erfassen können. Erst wenn wir das Göttliche schauen, können wir adäquat über die Wirklichkeit reden. In der Philosophie gibt es immer einen Vorrang der ästhetischen Vernunft, weil wir in ihr den göttlichen Urgrund auf unmittelbare Weise erleben können. Damit hat Schelling die idealistische Philosophie in Theosophie übergeführt. Er folgt damit den Vorstellungen des Mystikers Jakob Böhme und den neuplatonischen Lehren.

Werke: *Vom Ich als Prinzip der Philosophie; Ideen zu einer Philosophie der Natur; Von der Weltseele; System des transzendentalen Idealismus; Philosophie und Religion; Philosophie der Mythologie; Philosophie der Offenbarung.*

37. Arthur Schopenhauer (1788–1860)

Es ist bedauerlich, dass man von Schopenhauers reichem philosophischen Schaffen im Allgemeinen nur zwei Elemente kennt – das eine ist seine negative Einstellung zu Frauen (»Aphorismen über die Frauen«), das andere ist seine allgemeine Misanthropie.

Wenn man sich einem wichtigen Bereich seiner Philosophie, der Ethik nämlich, zuwendet, so fällt dabei vor allem sein Prinzip des Mitleids auf. Das Mitleid ist in seinen Augen die einzige echte Erscheinungsform des Sittlichen, was auch impliziert, dass jeder Egoismus, sei er direkt oder indirekt, sei er bewusst angestrebt oder als Mitprodukt einer Handlung gesehen, als Antipode zur Moral zu gelten hat. Wenn man die Geschichte der Menschheit kurz Revue passieren lässt, so fällt wohl jedem Betrachter sofort auf, dass im Sinne Schopenhauers kaum eine Menschheitsepoche das Prädikat »moralisch« verdient. Seiner Ansicht nach findet sich das Motiv des Mitleids nur in den indischen Veden und Upanischaden sowie im frühen Christentum und in den meisten asketischen und mystischen Strömungen. Seine Begeisterung für die frühe hinduistische Philosophie hatte für die europäische Philosophie insofern eine große Bedeutung, als er sowohl das Interesse für als auch ein gesteigertes Wissen über die indische Kultur weckte.

Da er bezüglich der europäischen Geschichte nur wenigen Strömungen einen moralischen Charakter attestierte, ist es nicht verwunderlich, dass er sich gegen Kant und dessen Hochschätzung der moralischen Pflicht wandte, ja er nannte diese Pflichtenethik verächtlich »Sklavenmoral«. Diese Einstellung Schopenhauers hat aber auch zur Folge, dass er sich gegen eine Ethik wandte, die sich als Normwissenschaft versteht. Jeder imperative (normative) Charakter der Ethik und alle damit zusammenhängenden Begriffe (moralisches Gesetz, das Sollen, die Pflicht etc.) seien bloße Erbstücke einer theologischen Moral, denn für ihn gibt es nur ein nachweisbares Gesetz für den menschlichen Willen: das Gesetz der Motivation. Seiner Ansicht nach sei es stets leicht gewesen, Moral nur zu predigen. Schwierig jedoch sei es, für ethische Forderungen Begründungen zu finden und die Fundamente moralischen Handelns aufzuspüren. Dies erachtete er als seine vornehmste Aufgabe. Wer sich jedoch sein Ergebnis ansieht, kann nicht umhin, es als ungenügend zu bezeichnen: Sein stets beschworenes Phänomen des Mitleids, wodurch ich mich mittels der Erkenntnis, die ich von einem anderen habe, auch mit ihm so weit identifiziere, dass ich den Unterschied zwischen mir und ihm jedenfalls partiell aufhebe, wird von Schopenhauer als mysteriös, ja sogar als das große Mysterium der Ethik bezeichnet. Die Vernunft könne von ihr keine unmittelbare Rechenschaft geben und auf dem Weg der Erfahrung seien keine Gründe für diesen Vorgang auszumachen. Auf die berechtigte Frage, mit welchem Recht sich diese Behauptung aufstellen lasse, gibt er zur Antwort, dass die Ableitung des Mitleids aus der metaphysischen Wesensidentität aller Individuen erfolgen könne. Bezüglich der ethischen Pilatus-Frage »Was ist Freiheit?« gewann er mit seiner »Preisschrift über die Freiheit des Willens« im Jahre 1839 die höchste Anerkennung der Königlich-Norwegischen Sozietät der Wissenschaften. Um diesem metaphysischen Begriff näherzukommen, differenziert er ihn in eine physische, intellektuelle und moralische Freiheit. Selbstverständlich geht es ihm dabei nur um die moralische Freiheit, die er in einen starken Konnex zur Willensfreiheit stellt. Bisher betrachtete man seiner Ansicht nach diese Freiheit nur im Hinblick auf das Können, doch komme es darauf an, diese Freiheit in Bezug auf das Wollen zu erklären. Hier nun habe sich der ursprüngliche, rein empirische Begriff der Freiheit nicht bewährt. Ob allerdings sein Versuch, die Freiheit aus dem Gebiet der einzelnen Handlungen in eine höhere, unserer Erkenntnis nicht leicht zugängliche Region hinauszurücken, sie nämlich als transzendental zu deuten, eine tragfähige Lösung ist, sei dahingestellt. Auch er flüchtet sich in einen irrationalen Bereich, wenn er letztlich zum Ausspruch von Malebranche »la liberté est un mystère« Zuflucht nimmt.

Die zweite menschliche Tugend, jene der Menschenliebe, wird von ihm im Zusammenhang mit seiner Hochschätzung des Buddhismus und des frühen Christentums dargestellt. Dabei kritisiert er die antike europäische Philosophie, namentlich Platon, die zwar sehr wohl die Gerechtigkeit als erste und wesentliche Tugend pries (»Der Staat«), jedoch sei die allgemeine Menschenliebe (caritas) noch nicht gewürdigt worden, denn erst das Christentum habe sie gefordert und sogar auf die Feindesliebe ausgedehnt. Dies ist allerdings nur bedingt gültig, denn bereits die Stoa hat in proto-christlicher Manier eine allgemeine Menschenliebe und einen Kosmopolitismus verkündet.

Bezüglich seiner Erkenntnistheorie muss festgehalten werden, dass Schopenhauer weder die theoretische hohe Einsicht von Kant erreichte, noch für die spätere Zeit Akzente setzte. Sein Hauptprinzip »Die Welt ist meine Vorstellung« hat starke Anklänge an den »deutschen Idealismus«. Für ihn ist klar, dass die uns umgebende Welt, so sehr sie sich auch als ein Jenseits unseres Bewusstseins gibt, doch diesem angehört. Die Welt, die wir somit in unserem gesamten Dasein als Wirklichkeit erleben, ist unsere Vorstellung. So erblickt er auch Kants größten Verdienst in dem Nachweis, dass zwischen den Dingen und uns immer noch der Intellekt steht. Dies bedeutet eine strikte Zurückweisung des Empirismus mit seinem Programm »ad fontes«, da wir nie in die Lage kämen, »die Welt« objektiv, d. h. ungefiltert, wahrzunehmen, sondern nur durch unsere Vorstellung. Die Welt, in der wir leben, hat nur eine scheinbar feste, in sich gegründete Wirklichkeit. In Wahrheit haftet sie völlig an unserem Vorstellen und verschwindet auch, sobald wir uns als vorstellende Wesen wegdenken. So kann man bei Schopenhauer auch in allen Kontexten statt »Objekt« »Erscheinung« sagen, da ein Objekt außerhalb seiner Beziehung auf ein Subjekt schlechthin nichts ist. Ganz kantianisch mutet es an, wenn er die Kategorien »Raum«, »Zeit« und »Kausalität« als Formen unseres Intellekts bezeichnet und in Humescher Manier (auf der Kant fußte) den Kausalnexus in das Subjekt verlegte, so dass dabei von einem Naturgeschehen keine Rede sein könne.

In seiner Begeisterung für die altindische Philosophie meinte er aber, dass diese Erkenntnisse bereits in den Veden und Upanischaden ausgesprochen worden seien. Dabei rühmt er vor allem die Lehre von der Maia, dem »Schleier des Trugs«, der einem jedenfalls klar mache, dass wir eine Welt sehen, von der man weder sagen könne, dass sie sei, noch auch, dass sie nicht sei.

In seinem Werk »Über die vierfache Wurzel des Satzes vom zureichenden Grunde« geht er von der Annahme aus, dass alles einen Grund habe. Daher sei es berechtigt, überall nach dem »Warum« zu fragen; aus diesem Grund rühmte er auch Leibniz, von dem er behauptet, dass er zuerst den Satz vom Grund als einen Hauptsatz aller Erkenntnis und Wissenschaft aufgestellt habe. Dass es sich bei diesem seinem zentralen Satz nur um eine Annahme handelt, geht daraus hervor, dass er meint, dieser Satz sei selbst nicht zu beweisen (ähnlich wie ein Axiom). Dabei beruft er sich auf Aristoteles, der gesagt haben soll, dass man oft einen Grund für das suche, was keinen Grund habe, denn der letzte Ausgangspunkt des Beweises sei nicht wieder ein Beweis. Allerdings ist diese seine Lösung des Erkenntnisproblems maximal eine negative.

Werke: *Über die vierfache Wurzel des Satzes vom zureichenden Grunde; Die Welt als Wille und Vorstellung; Über den Willen in der Natur; Die beiden Grundprobleme in der Ethik; Parerga und Paralipomena.*

38. Auguste Comte (1798–1857)

Comte gilt als der Protagonist positivistischen Denkens und als Begründer der wissenschaftlichen Soziologie. Er studierte Mathematik und lehrte in Paris. Für ihn gibt es nur noch Platz für eine »positive Philosophie«, die sich auf empirische Erfahrungen und auf Beobachtung stützt. Sie verlässt sich auf exakte naturwissenschaftliche Methoden und nimmt von den metaphysischen Spekulationen endgültig Abschied. Da alles exakte

Wissen auf der Physik beruht, ist eine physikalische Philosophie denkbar.

Es ist dadurch möglich geworden, die Entwicklungen der menschlichen Gesellschaft mit exakten und empirischen Methoden nachzuzeichnen. Durch eine »Physiologie der Gesellschaft« lassen sich zukünftige Entwicklungen sogar voraussagen. Die Phänomene der Natur sind das einzig Reale, deswegen können wir die Tatsachen genau erkennen. Unsere wissenschaftlichen Gesetze entstehen durch die Wiederholung von Tatsachen. Durch unser fortschreitendes Wissen bekommen wir immer mehr an Macht über unsere Welt und das Leben.

Die menschliche Kultur hat sich in drei großen Schritten bzw. Stadien entwickelt: Im theologischen Zeitalter glaubten die Menschen an unsichtbare Seelenkräfte hinter den Dingen, an Geistwesen, Götter, Dämonen und an einen persönlichen Gott. Doch im metaphysischen Zeitalter ersetzen sie die Inhalte der Religion durch metaphysische Spekulationen, sie sprechen von ewigen Ideen und Wesenheiten. Erst im positivistischen Zeitalter werden die Menschen erwachsen, sie treten aus den Träumen und Spekulationen der Kindheit heraus. Jetzt sehen die Menschen der Realität ins Auge, denn sie stehen auf einer festen empirischen Basis. Die Religion und die Metaphysik lassen sie zurück. Ihnen werden in den Wissenschaften allein die »Tatsachen« wichtig, ein neues Weltbild ist im Entstehen. Dabei bilden sich mehrere Wissenschaften, die sich durch den unterschiedlichen Grad der Exaktheit auszeichnen. Am exaktesten bleibt die Mathematik, damit wird sie zur Grunddisziplin für alle anderen Wissenschaften.

Die Physik verbindet das empirische Experiment mit mathematischer Berechnung. Die Astronomie folgt der Mathematik, die Chemie verbindet die empirische Forschung mit der Mathematik. In der Biologie, die sich mit lebendigen Organismen beschäftigt, nimmt die Exaktheit der Erkenntnisse stark ab. In der Wissenschaft von der menschlichen Gesellschaft (Soziologie) ist sie nochmals geringer, aber es sind empirisch überprüfbare Gesetze auffindbar. Diese neue Disziplin lässt sich als »soziale Physik« verstehen.

Die Psychologie arbeitet auf der Basis von physikalischen, chemischen und biologischen Prozessen, eine »Seele« wird nun nicht mehr angenommen. Eine naturwissenschaftliche und experimentelle Psychologie ist anzustreben. Die Soziologie erforscht die Dynamik und die Prozesse der menschlichen Gesellschaft. Nun werden im menschlichen Leben zum einen egoistische, zum anderen altruistische Strebungen angenommen. Wenn beide ungefähr im Gleichgewicht sind, dann kann sich eine Gesellschaft gut entwickeln.

Jede Gesellschaft schreitet fort durch Arbeit und durch kritische Vernunft. Alle Menschen sollen ihre Fähigkeiten der Vernunft entfalten, um damit ihre Gefühle lenken und steuern zu können. Im theologischen Zeitalter herrschten die physisch Stärkeren über die Schwächeren, es gab die Gesellschaft der Herren und der Sklaven. Die Götter legitimierten diese Herrschaft. Doch im metaphysischen Zeitalter herrschte das sog. »Naturrecht« statt eines göttlichen Wesens über die Menschen. Hinter diesem Konzept standen die Beamten und Juristen, sie bezogen ihre Normen auf ewige Gesetze.

Im positivistischen Zeitalter dagegen herrschen die Experten der Wissenschaft, Industrie und Wirtschaft. Soziologen und Technokraten genießen die höchste Autorität. Aber auch im Staat der Experten gelten die moralischen Regeln der Menschlichkeit, die Ethik versteht sich als moralische Zensur des Wissens. Die Macht im Staat liegt bei der Wirtschaft, den Firmen, den Banken und den Kapitaleignern. Wissenschaftler und Manager ersetzen die bisherigen Könige, Priester und Adeligen. Es ist eine neue Gesellschaft im Entstehen.

Die Menschen glauben an die Kraft der Vernunft und der empirischen Erfahrung, damit verbessern sie ständig ihre Lebensbedingungen und -chancen. In einem naturwissenschaftlichen Weltbild orientieren sich alle an den Methoden und Ergebnissen der experimentellen Wissenschaften. Doch in seiner Spätphilosophie verändert Comte sein Denken, er relativiert den kritischen Verstand und räumt den Gefühlen einen wichtigeren Platz im menschlichen Leben ein.

Er befasste sich mit mystischen und religiösen Schriften, las die »Nachfolge Christi« des Thomas von Kempten. Dabei schätzte er das hohe Ethos der Religion, das in der Forderung der Nächstenliebe gipfelt: Er träumte davon, eine neue, nämlich eine positivistische Religion zu stiften, in der die humanen

Werte des Christentums verwirklicht werden. Liebe und Ordnung sind die Prinzipien dieser Religion, die Dogmen werden durch wissenschaftliche Erkenntnisse ersetzt.

Die Menschheit ist das große Wesen, das nun an die Stelle der Gottheit tritt. Die Gläubigen sollen folglich die Menschheit und den Kosmos verehren. Die großen Wissenschaftler gelten als die neuen Heiligen, verstorbene Freunde können als »Schutzengel« verehrt werden. Ein neuer Tempel wird erbaut, Ehen werden eingesegnet. Comte fühlte sich gleichsam als der Hohepriester einer neuen Weltreligion. Der Positivismus soll jedes andere Glaubensbekenntnis ersetzen.

Gesucht wird ein weltumspannender Katholizismus ohne Christentum, getragen von wissenschaftlichen Experten und der Moral der allgemeinen Humanität. Der Mythos und die Metaphysik werden nicht mehr belebt, denn eine rein wissenschaftliche Religion will die Fähigkeiten der menschlichen Vernunft mit den erlebten Gefühlen verbinden. Von der Vernunft allein kann kein Mensch leben, daher muss eine tiefe Mystik die Wissenschaft ergänzen.

Der Positivismus lässt sich als Reaktion auf die Spekulationen des deutschen Idealismus verstehen. Anstelle der hegelschen Träumereien soll die Welt nun realistisch gesehen und gedeutet werden. Es gibt nun exakte Methoden, um die Welt, das Leben und die menschliche Innenwelt zu erforschen. Vor allem Naturwissenschaftler haben dieses Modell begeistert aufgenommen, im 20. Jh. wurde es durch die Neopositivisten fortgeführt.

Werke: *Cours de philosophie positive; Discours sur l'esprit positif; Systeme de politique positive; Catechisme positiviste; Discours sur l'ensemble de Positivisme.*

39. Ludwig Feuerbach (1804–1872)

Bei Feuerbach stand die Religionsphilosophie (und -kritik) zeit seines Lebens und in allen seinen Werken so sehr im Zentrum seiner Philosophie, dass man mit Recht erklären kann, dass seine Beschäftigung mit anderen Disziplinen als marginal bezeichnet werden kann. In seiner Religionskritik ging es ihm vor allem um die psychologische Methode des Aufzeigens der menschlichen Wünsche und Hoffnungen, die als unerfüllbar angesehen und auf ein absolut konzipiertes Wesen projiziert werden; ein Wesen, das aber nicht nur als Abstraktum aufgefasst wird, da dann kaum eine Identifikation möglich wäre. Das ist es, was Feuerbach mit seinem Begriff der »Entfremdung« meint: Die Tatsache, dass die Menschen Götter (bzw. einen Gott) konzipierten, die mit immer größeren Vollkommenheitsattributen ausgestattet wurden, bis sie als übermenschliche, ihnen vor- und nicht nachgeordnete, sie erschaffende und nicht von ihnen erschaffene Wesen erschienen. Damit aber werde das Beziehungsgefüge Menschheit-Gottheit geradewegs in das Gegenteil verkehrt! Nach Feuerbach war es nicht der Gott des Alten Testaments, der sprach: »Lasset uns die Menschen machen nach unserem Ebenbild«, sondern die Menschen erklärten: »Lasset uns Götter machen nach unserem Ebenbild«. Diese Überlegung ist bereits bei den griechischen Sophisten aufgekommen. Im Laufe der Zeit sei dieses Götterbild immer mehr mit absoluten Elementen ausgestattet worden, so dass es uns Heutigen als »toto genere« Verschiedenes und in jeder Hinsicht Vorgeordnetes erscheine. Dieser Prozess der Projektion und Verabsolutierung habe dem Zweck gedient, dem Realitätsdruck entfliehen zu können und Trost in der Transzendenz zu finden, der in der Immanenz nicht erreichbar sei.

Daher erklärte Feuerbach, dass die Götter an den Gräbern der Menschen entstünden, was bedeutet, dass man in einem Götterglauben hoffte, das so ersehnte Weiterleben nach dem Tod zu gewährleisten. So gesehen sei jede Religion ein Ausdruck des kindlichen Wesens des Menschen, denn das Kind, das seine Wünsche noch nicht selbsttätig erfüllen kann, wendet sich mit Bitten an jene Wesen (Mutter und Vater), von denen es sich einerseits abhängig fühlt und die es andererseits als überaus mächtig ansieht. Religionen hätten ursprünglich den gleichen Zweck erfüllt wie später die Entwicklung diverser Wissenschaften (siehe Francis Bacons Devise: »Wissen ist Macht!«). Doch bleibt jede wissenschaftliche Erkenntnis weit hinter den Verheißungen von Religionen zurück. Als unreflektierter Fortschrittsoptimist hoffte Feuerbach, dass die sich rasch entwickelnden Wissenschaften diese Diskrepanz zum Verschwinden bringen werden; und es werde eine Zeit kommen, in der man an die Stelle der Götter, die ja letztlich nur die in die Transzendenz projizierten (und somit auch unerfüllbaren) Wünsche der Menschen verkörpern, die menschliche Gattung setzen wird; an die Stelle der Religionen aber die Bildung. So wird es seiner Meinung nach auch einmal dazu kommen, dass es die Menschheit als unbegreiflich empfinden wird, dass sie einst aus Unwissenheit die Gebote der Moral als Gebote von Göttern auffasste, die eine Belohnung oder Bestrafung für die Befolgung oder Übertretung dieser Gebote vorsahen.

Nach Feuerbach wird sich auch die Einstellung gegenüber Theismus und Atheismus in das Gegenteil verkehren: Es wird einmal der Theismus als destruktiv und der Atheismus als konstruktiv erscheinen. Denn der Glaube an Gott als Bedingung alles Sittlichen sei der Glaube an die Nichtigkeit des Sittlichen. Der Atheismus hingegen sei das Positive: Er opfere das Gedanken- und Phantasiewesen »Gott« dem wirklichen Leben und gebe damit der Menschheit die Bedeutung zurück, die ihr der Theismus geraubt habe. Somit kann man einen wesentlichen Zug der feuerbachschen Ethik gegenüber vielen, vor allem religiös bestimmten darin sehen, dass er gemäß seiner Hauptintention, nämlich Gott als Phantasie- und Spekulationsprodukt zu erweisen, die Wirklichkeit des tatsächlichen Geschehens gegenüber der reinen Begriffsspekulation in den Vordergrund schob. Feuerbach mühte sich, den Menschen als den tatsächlich Agierenden und Wertenden zu sehen und nicht von einer ideal klingenden, anthropischen Definition vom »Wesen des Menschen« auszugehen.

Diese Ansicht zeigt sich vor allem am entscheidenden Punkt

seiner Ethik, am Verhältnis des Sittlichen zur Frage der Glückseligkeit. Für ihn ist, vergleichbar mit vielen Philosophen der nacharistotelischen Ära, die Eudämonie die Basis für sittliches Handeln. Dieser Hang (eher Trieb) zur Glückseligkeit ist zwar für ihn das Grundanliegen jedes Menschen, doch richtet er sich nur auf ein Individuum. Daher gilt für ihn, dass die Moralnormen ein internes Regulativ besitzen. Die vornehmste Aufgabe der Moral besteht auch für ihn darin, den eigenen Glückseligkeitstrieb mit dem der anderen in Übereinstimmung und Einklang zu bringen. Mein Wunsch nach mehr Macht und mehr Geld findet folglich dort seine Grenze, wo dieser mein Wunsch mit dem eines anderen Menschen kollidiert.

Bezogen auf einen einzelnen Menschen geht er sogar so weit, ein gewichtiges, christliches Prinzip, nämlich das strikte Verbot des Selbstmords, in Zweifel zu ziehen; eine Ansicht, die zu seiner Zeit (im Unterschied zu der griechischen und römischen Antike) wohl kaum vertreten wurde. Bei ihm ist der Selbstmord als letzter Ausweg aus einer verzweifelten Situation ebenfalls Ausdruck des Glückseligkeitstriebs.

Obwohl ihm von anderen Linkshegelianern, wie Marx und Engels vorgeworfen wurde, ebenso wie andere Philosophen auch die Welt nur verschiedentlich interpretiert, d. h. die sozial-praktische Dimension nicht beachtet zu haben, so muss dem doch entgegengehalten werden, dass er häufig und in sehr scharfer Form die sozialen Missstände seiner Zeit geißelte und einen Kausalnexus zwischen Unmoral und Armut aufstellte. Dass er dabei stets eine heftige Kritik an den christlichen Glaubensgemeinschaften vorbrachte, ist fast schon als selbstverständlich zu bezeichnen. Ob diese in allen seinen philosophischen Betrachtungen hervortretende Kritik an der Theologie es rechtfertigt, ihn als »Antichristen« und »größten Religionszerstörer« aller Zeiten zu bezeichnen, darf dennoch bezweifelt werden.

Werke: *Das Wesen des Christentums; Gedanken über Tod und Unsterblichkeit; Vorlesungen über das Wesen der Religion.*

40. John Stuart Mill (1806–1873)

Der Philosoph, Sozialreformer und Nationalökonom John Stuart Mill zählte zu den führenden Intellektuellen Europas im 19. Jahrhundert und verkörperte wie kein anderer englischer Denker seiner Zeit die besten Seiten der Viktorianischen Ära. Mills typisch englischer Wesensart entsprachen die Fähigkeit, Gedankengänge nüchtern und sachlich zu verfolgen, sowie sein ausgeprägter Gerechtigkeitssinn. Auch waren ihm Züge einer puritanischen Strenge nicht fremd, vor allem wenn es darum ging, sich für eine vernünftige Moral der universalen Menschenliebe starkzumachen. Besonders zeichnete den beharrlich arbeitenden, körperlich zarten und anfälligen Menschen John Stuart Mill jedoch die innige Verschränkung von Theorie und Praxis aus. Handeln galt ihm als Bewährungsprobe für das Gewicht des Denkens; Theorie war niemals Selbstzweck. Sogar in reichlich abstrakte Fragen der Erkenntnistheorie flossen Überlegungen zu möglichen gesellschaftlichen Rückwirkungen ein. So fehlt in keiner seiner Schriften die Anbindung an die praktischen Ziele eines sozialen Reformers.

Als leitender Angestellter der Ostindischen Handelsgesellschaft, als prominenter Publizist und als angesehener Abgeordneter im britischen Unterhaus suchte Mill seinen sozialphilosophischen, ökonomischen und bildungspolitischen Vorstellungen Geltung zu verschaffen. Inspiriert von seiner Seelenfreundin, Mitstreiterin und späteren Frau Harriet Taylor setzte er sich für die rechtliche, bildungspolitische und soziale Gleichstellung der Frau ebenso leidenschaftlich ein wie für das Recht auf freie Meinungsäußerung oder für die Vereinigungsfreiheit der Arbeitnehmer. Der Politiker Mill stand für ein sozial-liberales Programm der Sicherung sozialer Rahmenbedingungen als Voraussetzung jeder Selbstbestimmung.

Beeinflusst von der Philosophie Auguste Comtes und erzogen in der empiristischen Tradition eines Francis Bacon, John Locke und David Hume, begründete Mill die englische Strömung des Positivismus. Der Positivismus ist eine philoso-

phische Richtung, die den Anspruch erhebt, allein die Sinneserfahrung als Erkenntnisquelle zu nutzen. In Folge sind nur solche Sätze zulässig, die sich ausschließlich auf Beobachtungen
stützen. Damit nimmt der Positivismus die klare Gegenposition
zu jeder Art von metaphysischem Denken ein. Die Philosophie
solle sich, fordert Mill, an den wissenschaftlich erkannten Tatsachen und an den Methoden der Naturwissenschaften orientieren. Da wir über keinen unmittelbaren Zugang zur Wirklichkeit oder zur moralischen Sollensforderung verfügen, können
wir wissenschaftliche Aussagen und ethische Regeln nur über
den Weg der Beobachtung, des Experiments und der Erfahrung
erwerben und begründen.

Mills zweibändiges Hauptwerk der theoretischen Philosophie von 1843 »A System of Logic, Ratiocinative and Inductive«
(System der deduktiven und induktiven Logik) sucht die logischen Prinzipien letztlich psychologisch zu erklären. Dieser Ansicht zufolge beruhen die Verbindungen von Begriffen
auch im Falle der logischen Grundsätze (wie des Satzes vom
ausgeschlossenen Widerspruch) auf Gewohnheit. Logische
Ableitungen sind daher wie alle von der Erfahrung abhängigen Erkenntnisse hypothetisch. Und selbst mathematische
Wahrheiten gründeten in der Verallgemeinerung von Beobachtungssätzen, erschienen jedoch aufgrund der Vielzahl an empirischen Belegen als notwendig. »Logik« versteht Mill im alten,
umfassenderen Sinn als Wissenschaftstheorie, der die Aufgabe
zufällt, die Erkenntnisansprüche konkurrierender Theorien zu
prüfen. Das betrifft fachphilosophische Auseinandersetzungen
genauso wie unterschiedliche Positionen in Moral, Politik und
Religion. Hinsichtlich des wissenschaftlichen Vorgehens gibt
Mill klar jener Methode den Vorzug, die vom Besonderen auf
das Allgemeine, vom Einzelereignis auf gesetzmäßige Ursache-
Wirkungs-Beziehungen schließt. Trotz aller Vorläufigkeit ihrer
Ergebnisse führe diese Erklärungsweise zu einer Erweiterung
unseres Wissens.

Mills sozial- und rechtsphilosophisches Hauptwerk »On Liberty« (Über die Freiheit) aus dem Jahr 1859 darf als klassische
Verteidigung des Selbstbestimmungsrechts des einzelnen Bürgers gegen Einschränkungen durch staatliche Gesetze und
Maßnahmen gelesen werden. Das Recht eines jeden Individu-

ums, seine Überzeugungen frei zu bilden und das eigene Leben nach diesen Überzeugungen frei zu gestalten, hat Vorrang vor dem Staatswohl. Mills Plädoyer für die individuelle Freiheit folgt dem Grundsatz, »dass der einzige Zweck, um dessentwillen man Zwang gegen den Willen eines Mitglieds einer zivilisierten Gemeinschaft rechtmäßig ausüben darf, der ist: die Schädigung anderer zu verhüten«. Daraus resultiert aber auch die Pflicht des Staates, Unmündige zur Übernahme ihrer Freiheit zu befähigen – etwa durch die Gewährleistung angemessener Bildungsmöglichkeiten und die Entlastung der ärmeren Schichten von den Ausbildungskosten. Hier wird ein zweites Anliegen von Mills Freiheitsschrift deutlich: die Notwendigkeit starker, selbstbewusster, innerlich freier Persönlichkeiten. Denn auch bei größtmöglicher Sicherung seiner äußeren politischen Freiheiten bleibt der Entfaltungsspielraum des Individuums vom Druck der öffentlichen Meinung und von anderen gesellschaftlichen Konformitätszwängen bedroht. Deshalb betont Mill die Bedeutung des autonomen, unabhängigen Individuums, das sich nicht von der Gesellschaft vorschreiben lässt, wie es glücklich werden soll, sondern vielmehr den Mut aufbringt, seinen eigenen Lebensweg zu finden.

Durch die Freundschaft seines Vaters zu Jeremy Bentham war Mill im geistigen Umfeld der »Radicals«, wie sich die Anhänger der auf Benthams Ideen fußenden politischen Bewegung nannten, aufgewachsen. Für sie war die Konkretisierung von Benthams utilitaristischer Maxime »das größte Glück der größten Zahl« für die unterschiedlichen gesellschaftlichen Bereiche – vor allem in der Reform der Gesetzgebung und des Erziehungswesens – ein zentrales Anliegen. Wie jede andere ethische Theorie trifft der Utilitarismus verbindliche Aussagen über das Ziel und die Prinzipien des moralisch richtigen Handelns. Dabei geht er von zwei grundlegenden Annahmen aus: Erstens bemisst sich die moralische Richtigkeit einer Handlung an ihren wahrscheinlichen Folgen (und nicht etwa an der Absicht, in der sie ausgeführt wird). Zweitens besteht der Maßstab zur Beurteilung der Handlungsfolgen in deren Bedeutung für das Wohlergehen aller von der Handlung betroffenen Personen. Seine historischen Wurzeln hat der Utilitarismus in der christlichen Ethik der Nächstenliebe; seinen Reiz macht die Nähe zu konkreten Situationen aus. Der Utilitarist argumentiert im Wesentlichen auf der Basis von Erfahrungen über die Folgen einer Handlung.

Mit seiner Abhandlung »Utilitarianism« (Der Utilitarismus), die ab 1861 als Essay in drei Folgen, 1863 auch in Buchform erscheint, hebt Mill die ethische Diskussion um den Utilitarismus auf das bis heute tragende Niveau. In zwei entscheidenden Punkten geht Mill darin über den Ansatz Benthams hinaus: Zum einen setzt er dessen einseitiger Lust-Unlust-Psychologie, nach der der Mensch außer seiner Lust nichts dauerhaft zu erstreben vermag, ein deutlich reicheres Bild des Menschen als eines offenen und entwicklungsfähigen Wesens entgegen. Deshalb bestimmt er das »Glück«, das es zu optimieren gelte, nicht primär aus der Quantität, sondern aus der Qualität der Lustempfindung. Es sei auch menschengemäßer, ein unzufriedener Sokrates zu sein als ein zufriedener Narr. Zudem verpasse man sein Glück sehr leicht, wenn man geradewegs danach strebe. Zum anderen suchte Mill Gerechtigkeitsprinzipien aus Nützlichkeitserwägungen abzuleiten, was ihn aber rasch an die Grenzen seines ethischen Ansatzes führte.

Werke: *A system of logic; Principles of political economy; An examination of William Hamiltons philosophy; Auguste Comte and Positivism.*

41. Sören Kierkegaard (1813–1885)

Kierkegaard, der dänische Philosoph und Vordenker der Existentialphilosophie, wurde in Kopenhagen geboren, wo er die meiste Zeit seines Lebens verbrachte. Er studierte lutherische Theologie, strebte aber kein kirchliches Amt an. Schon früh lernte er die rationalistische und idealistische Deutung der christlichen Lehre durch Hegel kennen, der er nicht folgen konnte. Bei einem Aufenthalt in Berlin hörte er Vorlesungen von Schelling, dessen Denken ihm aber fremd blieb. In seiner Jugend litt er stark unter religiösen Problemen, die ihn tief erschütterten. Er wollte diese Konflikte durch literarische Arbeit vermindern. Doch ihm genügte nicht eine an der Ethik orientierte Form der Religiosität, wie sie Kant vertreten hatte.

Kierkegaard strebte nach einer stark emotional geprägten Form der Religion, die sich am persönlichen Erleben festmachen ließ. Dieses existentielle Erleben wurde ihm fortan wichtiger als alle theologischen Lehren, denn in der christlichen Religion gehe es zuerst um die Lebensgeschichte jedes einzelnen Menschen und um sein ewiges Seelenheil. In seinem Werk »Entweder-Oder« grenzte er sich scharf von einem sinnenfreudigen und an der gelebten Moral orientierten Christentum ab. Diese Ideen entwickelte er in seiner Schrift »Philosophische Brocken« weiter. Auch in seinen Werken »Der Begriff der Angst«, »Krankheit zum Tode« und »Einübung ins Christentum« suchte er nach einer wahren Philosophie des Glaubens, die jeden Zweifel hinter sich lässt.

Gegen Abälard und Descartes wird gesagt, die Philosophen begännen nicht mit dem Zweifel, sondern mit der Suche nach der bleibenden Wahrheit. Diese Wahrheit verbinde sich mit dem Erleben und mit Gewissheit. Weil aber das endliche Denken die umfassende Wahrheit niemals erreichen könne, gelange die Philosophie allein zu keiner letzten Gewissheit. Das Besondere und Individuelle werde nicht im Absoluten aufgefangen, wie Hegel lehrte, sondern es behalte seine Selbstständigkeit, ja sogar Superiorität über dem Allgemeinen. Folglich gehe es in der Philosophie um solche Wahrheiten, welche die Entscheidungen der Menschen beeinflussen und ihre Lebensform verändern.

Der philosophische Zweifel mache den Schüler vom Lehrer unabhängig. Doch er könne einen Menschen auch in die Verzweiflung führen, wenn er den ganzen Geist erfasse. Dann verzweifelt ein Mensch an seinem Leben und sieht darin keinen Sinn mehr. Der am Christentum orientierte Lehrer führe jedoch den Schüler zu einer persönlichen Entscheidung, denn er zeige ihm die Möglichkeit der Wahl und der Umkehr vom Bösen und damit die Möglichkeit der Erlösung. In der ästhetischen Existenzweise folge der Mensch vor allem seinen sinnlichen Antrieben, den Gedanken an den Tod müsse er verdrängen. Doch in der moralischen Existenzweise könne die Angst vor dem Tod überwunden werden, weil sich das Leben an allgemeinen moralischen Prinzipien festmache.

Diese ethische Daseinsweise könne noch einmal durch die religiöse Lebensform übersprungen werden, denn der religiöse Mensch vertraue sich vollkommen Gott an. Er nimmt das Paradox in Kauf, dass er sein wahres Selbst findet, indem er seine Person dem Göttlichen übergibt. Diese Paradoxie gehöre wesentlich zur christlichen Religion, denn in der Christusgestalt werde das paradoxe Verhältnis von Endlichem und Unendlichem in den Mittelpunkt gestellt. Christus sei zugleich Gott und Mensch, diese Paradoxie sei nicht auflösbar. Einerseits können wir das Wesen der Gottheit nicht erkennen, andererseits aber haben wir ein existentielles Wissen von ihr. Dieses Paradox bleibt ein Ärgernis für den Verstand, es kann nur im religiösen Glauben erfasst werden.

Die Verzweiflung am fehlenden Sinn des Lebens führe als geistige Krankheit zum frühen Tod. Doch durch den Sprung in den religiösen Glauben könne jede Form der Verzweiflung überwunden werden. Diese entstehe immer dann, wenn ein Mensch seine Abhängigkeit von Gott nicht annehmen wolle. Sobald er aber diese Abhängigkeit annimmt und sein Leben in Gott gründet, kann er der Verzweiflung entkommen. Das idealistische Denken Fichtes sei eine Form der Verzweiflung, weil es eine Selbstsetzung des Ich annehme. Diese Form der Philosophie sei heidnisch, denn die Inhalte der Religion lassen sich nicht in der Philosophie aufheben.

Die Wahrheit der Subjektivität werde immer mit Leidenschaft ergriffen, denn alles wesentliche Erkennen betreffe die menschliche Existenz. Nur das Erkennen mit einem Bezug zur Existenz sei ein wesentliches Erkennen, das zufällige Erkennen aber verzichte auf die Reflexion der Innerlichkeit. Es muss eine objektive Wahrheit geben, welche für die subjektive Wahrheit die Bedingung darstellt. Diese subjektive Wahrheit aber beziehe sich auf das persönliche Erleben und auf die Religion. Daher suchte Kierkegaard nicht den rationalen Gott der Philosophen, sondern den persönlichen und menschenähnlichen Gott der Bibel. Wer sich zum Paradox eines Mensch gewordenen und leidenden Gottes bekenne, der müsse sein Leben in moralischer Hinsicht neu orientieren.

So dachte Kierkegaard im Grunde nur theologisch; er glaubte an die existentielle Umgestaltung des menschlichen Lebens auf der Basis religiöser Überzeugungen. Mit der rationalen Philosophie wollte er brechen, die Lehren der Religion galten für ihn absolut. Deswegen sah er in den Paradoxien der Religion etwas Positives, das den Sprung in den blinden Glauben fordert. Mit diesen Ideen gilt Kierkegaard als ein Vorläufer der Existenzphilosophie und der Lebensphilosophie. Er glaubte nicht mehr an allgemeine Wahrheiten der idealistischen Denker, sondern orientierte sein Denken am Dasein konkreter Menschen. Die personale Existenz bekam den Vorrang vor der rationalen Essenz der Wirklichkeit.

So steht die Existenzphilosophie im deutlichen Gegensatz zur Wesensphilosophie Hegels und Husserls. Sie nimmt Ansätze von Feuerbach, Nietzsche und der Hermeneutischen Philosophie vorweg. Die meisten Vertreter der späteren Existenzphilosophie folgten Kierkegaard in seinem Subjektivismus der Wahrheit, aber nicht seinem Sprung in den religiösen Glauben. Viele vertraten einen unreligiösen und existenzphilosophischen Personalismus (Heidegger, Jaspers), was als eine säkularisierte Form des Denkmodells von Kierkegaard gesehen werden kann. Insgesamt aber ist diese Denkform die bewusste Abkehr von der kritischen Rationalität im Sinne Kants und der europäischen Aufklärung.

Werke: *Entweder-Oder; Philosophische Brocken; Der Begriff Angst; Krankheit zum Tode; Einübung in das Christentum.*

42. Karl Marx (1818–1883)

Karl Marx wurde 1818 als Sohn eines Rechtsanwalts in Trier (Mosel) geboren. Er besuchte dort das Gymnasium und begann 1835 das Studium der Rechtswissenschaften an der Universität Bonn, setzte sein Studium aber bald in Berlin fort, wo er sich immer stärker auf Philosophie und Geschichte konzentrierte. 1841 promovierte er an der Universität Jena mit der Doktorarbeit: Über die Differenz der demokritischen und epikuräischen Naturphilosophie. Als er eine Stelle als Redakteur bei der liberalen »Rheinischen Zeitung« in Köln annahm, geriet er in zunehmende Schwierigkeiten mit der Zensurbehörde, weil er in seinen Artikeln brennende soziale Fragen und absurde Gesetze kritisch aufgriff. 1843 gab er diese Tätigkeit wieder auf, heiratete Jenny von Westphalen, die Tochter eines Freundes der Familie aus Bonn, und übersiedelte nach Paris. Dort lernte er den Fabrikantensohn Friedrich Engels (1820–1892) kennen, mit dem er fortan sein ganzes Leben lang eng zusammenarbeitete. 1845 wurde Marx aus Frankreich ausgewiesen, übersiedelte nach Brüssel und wurde Mitglied des Kommunistenbundes. Im Revolutionsjahr 1848 übersiedelte er wiederum nach Köln, wo er kurzfristig Chefredakteur der »Neuen Rheinischen Zeitung« war. In diesem Jahr schrieb er zusammen mit Engels die berühmte politische Kampfschrift, das »Manifest der Kommunistischen Partei«. 1849 wurde er wiederum ausgewiesen und ging als Staatenloser ins Exil nach London, wo er bis zu seinem Tod 1883 unermüdlich tätig war; dies sowohl publizistisch durch das Verfassen zahlreicher Zeitungs- und Zeitschriftenartikel als auch wissenschaftlich (sein nationalökonomisches Hauptwerk »Das Kapital« erschien in einem 1. Band 1867) und nicht zuletzt auch politisch im Rahmen der Internationalen Arbeiter-Assoziation. Dort trug er u. a. einen politischen Richtungsstreit mit dem Anarchisten Michail Bakunin aus.

Die bedeutsamsten geistesgeschichtlichen Quellen, aus denen Marx und Engels entscheidende Anregungen erhielten, waren die deutsche Philosophie Hegels und Feuerbachs, die englische Nationalökonomie von Smith und Ricardo sowie der französische Frühsozialismus (Proudhon, Babeuf u. a.).

Der Hauptgedanke der Geschichts- und Gesellschaftslehre von Marx und Engels liegt in der Annahme einer letztlich bestimmenden Triebkraft in der Geschichts- und Gesellschaftsentwicklung. Diese Triebkraft ist die materielle Produktionsweise, d. h. die Wechselbeziehungen zwischen den Produktivkräften (Produktionsmitteln) und den Produktionsverhältnissen (Eigentumsformen). Mit dieser Geschichtsdeutung (»Historischer Materialismus«) ist die Auffassung verknüpft, dass die Geschichtsentwicklung in verschiedenen Phasen abläuft und eine Höherentwicklung auf ein bestimmtes Endziel darstellt. Die bisherigen Phasen (»Gesellschaftsformationen«) verliefen von der Urgesellschaft, über die antike Sklavenhaltergesellschaft, die mittelalterliche Feudalgesellschaft bis zur bürgerlichen Gesellschaft mit ihrer kapitalistischen Wirtschaftsorganisation. Letztere wird durch eine »Revolution« abgeschafft werden, die das Privateigentum an Produktionsmitteln ein für alle Mal beseitigen wird. Denn darin sah Marx das Urübel aller menschlichen Leiden, Unterdrückung und Entfremdung.

Ein weiterer wichtiger Gedanke in dieser Gesellschaftstheorie ist die Lehre von den sozialen Klassen. Klassen entstanden im Verlauf der Menschheitsgeschichte mit dem Privateigentum, der Arbeitsteilung und der Möglichkeit, sich fremder Arbeitskraft zu bedienen. Sieht man von der Urgesellschaft ab, gab es in allen bisherigen Gesellschaftsformationen soziale Schichten (Stände) oder Klassen, die Ausbeuter von Arbeitskraft unterdrückter Schichten waren. In der kapitalistischen, bürgerlichen Gesellschaft seiner Zeit sah Marx als herrschende Klasse die Bourgeoisie. Sie war im Besitz der wichtigsten Produktionsmittel. Ihr gegenüber stand die im Gefolge der ersten industriellen Revolution neu entstandene Klasse der lohnabhängigen Arbeiter, die Klasse des Proletariats, dessen Arbeitskraft das Bürgertum extensiv ausbeutete.

Die künftige Entwicklung schien für Marx gesetzmäßig voraussagbar: Durch zunehmende Konzentration des Kapitals im Besitz und der Verfügungsmacht relativ weniger Angehöriger der bürgerlichen Klasse kommt es zu einer immer stärkeren Verelendung der an Zahl immer größer werdenden Klasse des Proletariats. Durch Überangebot an Arbeitskräften kann der Preis für die Arbeit (der Lohn) immer weiter gedrückt werden. Das Proletariat wird schließlich so weit verarmt sein, dass es die schon genannte proletarische Revolution auslösen muss. Die herrschende bürgerliche Klasse wird gestürzt und das Privateigentum an Produktionsmitteln abgeschafft werden; nach einer Übergangsphase (Diktatur des Proletariats) wird eine klassenlose, kommunistische Gesellschaft entstehen. In dieser Gesellschaft wird es keine Klassenkämpfe, keine Armut, keine Ausbeutung und Unterdrückung mehr geben, die Menschen werden solidarisch miteinander zusammenleben. Dies wird letztlich im Weltmaßstab der Fall sein.

Marx hat in seinem wirtschaftstheoretischen Hauptwerk »Das Kapital« manche plausible Ursache für das Scheitern einer kapitalistischen Wirtschaftsordnung angeführt, seine Voraussage über ihren Zusammenbruch in den damaligen Industrieländern hat sich jedoch nicht erfüllt. Vielleicht auch deswegen, weil er diesen Zusammenbruch prophezeit hat und sich gerade aufgrund seiner vorgeblich wissenschaftlich begründeten Prophezeiung die Kapitaleigentümer auf Kompromisse mit den Lohnabhängigen einließen.

Werke: *Die ökonomisch-philosophischen Manuskripte; Die Deutsche Ideologie; Manifest der Kommunistischen Partei; Die Klassenkämpfe in Frankreich; Zur Kritik der politischen Ökonomie; Das Kapital; Zur Kritik des Gothaer Programms; Kritik der Hegelschen Rechtsphilosophie; Das Elend der Philosophie; Die heilige Familie oder Kritik der kritischen Kritik.*

43. WILHELM DILTHEY (1833–1911)

Dilthey entwarf eine Theorie der Geisteswissenschaften und des Verstehens von sprachlichen Texten, er gilt als Anreger der Hermeneutischen Philosophie. Geboren wurde er in Bieberich am Rhein, er lehrte Philosophie in Basel, Kiel, Breslau und Berlin. In seinem Denken wollte er über die traditionelle Hermeneutik hinausgehen, indem er auch die Kunst, die Religion und das Recht in eine Theorie des Verstehens einbezog. Das Verstehen von Texten beschrieb er als ein Nacherleben des Entstehungszusammenhangs dieser sprachlichen Zeugnisse. Später glaubte er, dass jedes Verstehen auch mit den Zusammenhängen eines objektiven Geistes zu tun haben könnte. Dahinter stand die romantische Idee, dass sich in den Erscheinungen der Natur oder der menschlichen Geschichte das Absolute und Ewige zeige. Folglich könne das Verstehen von Natur und Geschichte als Entschlüsselung von Symbolen aufgefasst werden, welche das Leben ausdrücken. Die Theorie der Geisteswissenschaften wird als ein Teil der Philosophie des Lebens gesehen. Demnach gehen unsere Begriffe und Urteile direkt aus dem Leben hervor, sie stammen aus den vorrationalen Schichten unserer Person: des Fühlens, des Wollens und des Ahnens. Daher sei das Leben etwas Letztes, das nicht mehr erklärt werden könne, denn es entziehe sich dem begrifflichen Denken und könne nur auf unmittelbare Weise erfasst werden. Was die Romantiker das Absolute und Ewige nannten, ist bei Dilthey das Leben. Die Einzelwissenschaften erfassen nur die Regularitäten der Welt, aber nie den Sinn des Daseins. Dieser Lebenssinn erschließe sich erst in den Lebenszusammenhängen als ein Ausdruck des sich ständig wandelnden Lebens.

Für Dilthey gibt es keine ewigen Wahrheiten und keine unveränderlichen Werte, denn sie seien immer von Lebensvorgängen abhängig und müssten daher stets historisch interpretiert werden. Ein historischer Relativismus ersetzt die überzeitlichen Maßstäbe. Das Verstehen wird als Grundform der Geisteswissenschaften gesehen, während das Modell des Erklärens den Naturwissenschaften zugeschrieben wird. Dabei wird das Verstehen als ein Nacherleben seelischer Vorgänge interpretiert, die Hermeneutik gehöre damit in den Bereich der beschreibenden, aber nicht der naturwissenschaftlichen Psychologie. Nur in einer beschreibenden Psychologie werde der ganzheitliche Charakter des Lebens voll berücksichtigt, eine experimentelle Psychologie könne nur biologische Vorgänge erklären.

Im Bewusstsein des Verstehenden müsse bereits ein Erfahrungsschatz gegeben sein, der das Nacherleben der in den sprachlichen Texten ausgedrückten Erfahrungen von Mitmenschen möglich macht. Wer nicht über diese Erfahrung verfüge, wie z.B. ein Kind, könne bestimmte Texte vor Erwachsenen nicht verstehen. Wir eignen uns im Prozess unserer Sozialisation ein »Vorverständnis« an, mit dem wir dann fremde Erfahrungen und Texte zu verstehen beginnen. Nun bestehe zwischen dem ganzheitlichen Vorverständnis und dem Verstehen der einzelnen Texte bzw. Erfahrungen ein inhaltlicher Zirkel, der sog. »Hermeneutische Zirkel«. Dieser sei kein logischer

Kreis, da die allgemeine Disposition nicht aus den einzelnen Erfahrungen abgeleitet werde.

Verstehen ist die Art und Weise, wie wir fremde Lebensäußerungen im Allgemeinen erfassen. Und beim Verstehen von Texten beziehen wir uns auf sprachliche und schriftliche Äußerungen von Mitmenschen. Später gelangte Dilthey zur Überzeugung, dass es nicht genüge, das Verstehen als ein Nacherleben von Erlebniszusammenhängen zu deuten. Vielmehr müssten auch die Zusammenhänge eines »objektiven Geistes« berücksichtigt werden. Dazu werden objektiv gewordene Ergebnisse geistiger Akte wie z.B. juristische oder moralische Gesetze gezählt. Anders als Hegel sah Dilthey den objektiven Geist als Niederschlag von Lebenserfahrungen, er dachte nicht mehr an einen objektiven Weltgeist. Die Gestalten des objektiven Geistes seien allesamt Schöpfungen des gemeinsamen Lebens; dazu gehören Lebensformen, Rechtsordnungen, soziale Regeln sowie Formen der Religion und der Kunst.

Da der objektive Geist von veränderbaren Lebensformen abhängt und geschichtlich bedingt ist, hat auch das Verstehen von Texten immer geschichtlichen Charakter, es führt uns in eine relative Deutung von vergangenen Ereignissen. Es war die Tendenz der Hermeneutik, die Auswirkungen der Naturwissenschaften für das soziale Leben gering anzusetzen, denn durch die analytische Zerstückelung von Lebensprozessen gehe die Lebendigkeit verloren. Freilich brauche das hermeneutische Verstehen als Ergänzung immer auch das naturwissenschaftliche Erklären. Nun wirke die geisteswissenschaftliche Erfahrung auf das verstehende Subjekt zurück, damit komme es beim Verstehen von Fremden zu einer Umformung des eigenen Selbst, indem Elemente des fremden Erlebens in das eigene Erleben aufgenommen werden.

Wer beispielsweise Texte der Dichtkunst versteht, erfährt eine Bereicherung seines Lebens. Das Verstehen wird ganzheitlich auf den denkenden, den fühlenden, den wollenden und den handelnden Mitmenschen bezogen. Diese relativierende Tendenz kommt auch in der Auseinandersetzung mit der herkömmlichen Metaphysik zum Tragen. Für Dilthey sind die verschiedenen Weltanschauungen wie Naturalismus oder Idealismus der Ausdruck verschiedener Charaktertypen. In ihnen muss wohl mit theoretischen, aber auch mit emotionalen, wertenden und praktischen Komponenten gerechnet werden. Aufgabe der Hermeneutik sei es, die verschiedenen Weltanschauungen als Ausdruck von bestimmten Charakterstrukturen zu interpretieren. Die Frage nach der Wahrheit oder Falschheit müsse aufgegeben werden, denn dafür gäbe es keine objektiven Kriterien.

So betrachtet ist die Hermeneutik keine Methode der kritischen oder unterscheidenden Philosophie, sondern sie erweist sich als eine historische und psychologische Betrachtungsweise von fremden Erfahrungen, soweit sich diese in Texten und Schriften ausdrücken. Denn metaphysische, erkenntnistheoretische oder moralische Lehren werden nicht nach dem Gesichtspunkt der Wahrheit oder der Falschheit betrachtet, sie werden vielmehr als Austausch bestimmter Charakterstrukturen oder emotionaler Vorgänge gesehen. Die verstehende Psychologie (E. Spranger) und die verstehende Soziologie (M. Weber) haben diese Denkansätze weiterentwickelt, sie sind dann auch in der Existenzphilosophie zum Tragen gekommen. Doch die grundsätzliche Trennung zwischen Methoden des Verstehens und des Erklärens blieb weiterhin umstritten.

Werke: *Einleitung in die Geisteswissenschaften; Aufbau der geschichtlichen Welt in den Geisteswissenschaften; Ideen über eine beschreibende und zugleich zergliedernde Psychologie; Die Typen der Weltanschauung.*

44. Friedrich Nietzsche (1844–1900)

Das facettenreiche Schrifttum dieses »Experimentalphilosophen« gleicht der großartigen Bergkulisse des Oberengadin, wo Friedrich Nietzsche in Sils-Maria von 1881 bis 1888 seine Sommermonate in bescheidener Untermiete zu verbringen pflegte. Bei klarer Sicht verleitet es zum geistigen Höhenflug, während ein Wetterumschwung genügt, um sich im zerklüfteten Gebirgsmassiv zu versteigen. Treffend illustriert das Bild der Wanderschaft das Denken Nietzsches, wenn man darunter einen beständigen Aufbruch ins Ungewisse und Neue versteht, der jede erreichte Position wieder hinter sich zurücklässt. Auf den Spuren Nietzsches zu wandeln, taugt nicht zum Sonntagsspaziergang; schon eher bedarf es der Abenteuerlust zur Erkundung eines Labyrinths, vielleicht um die Bekanntschaft des Herrn Minotaurus zu machen, von dem man Gefährliches erzählt.

Wie kein Zweiter vor und nach ihm vermochte Nietzsche ein aphoristisches Feuerwerk an Geistesblitzen zu entzünden. Seine Schrift gewordenen Gedanken spiegeln die experimentelle Mobilität ihres Entstehungsprozesses wider. In der Ausarbeitung eines Gedankens zu einem philosophischen Denkgebäude hingegen sieht Nietzsche einen »Mangel an Rechtschaffenheit« am Werk. Denn jedes System friert die Perspektive seines eigenen Ursprungs ein, ja entzieht den Ideen ihre Lebendigkeit und versteinert damit zu einem Fossil. Das Bedürfnis nach Einheitlichkeit leugnet das Beunruhigende und Wechselhafte der Welt. Der intellektuellen Verarmung einer einzigen Gesamtbetrachtung hält Nietzsche die Vielzahl möglicher Perspektiven entgegen. Daher findet sich im Bergwerk seiner Schriften auch nahezu jegliches Metall. Und so wenig sich Nietzsches Anschauungen nachträglich zu einem widerspruchsfreien System formen lassen, so aussichtslos ist auch der Versuch einer Festlegung seiner Person als Philosoph, Künstler, Psychologe, Kulturkritiker oder Philologe. Masken und Perspektiven wechselt er so behände, dass er seinen Interpreten immer schon einen Schritt voraus ist. Der studierte Philologe Nietzsche erwartet das eigenständige Mit- und Weiterdenken seiner Leserschaft, ganz im Sinn einer »Goldschmiedekunst und -kennerschaft des Wortes«, die »langsam, tief, rück- und vorsichtig, mit Hintergedanken, mit offen gelassenen Türen, mit zarten Fingern und Augen lesen« lehrt.

Nietzsches Perspektivismus ist auch erkenntnistheoretisch bedeutsam. Von Anbeginn stellt er die Möglichkeit, wahre Erkenntnis zu gewinnen, radikal in Frage. Diese Skepsis durchdringt bereits seine frühe Sprachkritik. Jedes Wort ist bloß Bild, eine Metapher ohne ein verbürgtes Band zum Sein der Sache. Es drückt lediglich eine subjektive Reaktion auf die Dinge aus. In der sozialen Kommunikation setzen sich die Metaphern derjenigen durch, die über die anderen herrschen. Die Wahrheit zu sagen heißt somit nichts anderes, als nach den sozialen Regeln der vorherrschenden Sprache zu lügen: »Wahrheiten sind Illusionen, von denen man vergessen hat, dass sie welche sind.« Wenn nun Erkenntnis wesentlich Schein ist, dient das Erkenntnisvermögen einem anderen Zweck: nämlich der »Bemächtigung der Dinge«. Und ebendieser Aneignungsprozess erfolgt in der Art und Weise der Interpretation. Die Welt ist uns nur als vielfältig deutbare, zurechtgeschobene, ausgedichtete zugänglich; sie »existiert nicht als Welt ›an sich‹, sie ist essentiell Relations-Welt: sie hat, unter Umständen, von jedem Punkt aus ihr verschiedenes Gesicht«. In dem weiten Rahmen dieser Interpretationen lässt sich freilich keine greifbare »eigentliche« Wirklichkeit ausmachen. Die Notwendigkeit perspektivischer Schätzungen sieht Nietzsche als Grundbedingung allen Lebens. Diese Einsicht lässt sich durchaus auch auf der Ebene der Erkenntnis fruchtbar machen: »Es gibt nur ein perspektivisches Sehen, nur ein perspektivisches ›Erkennen‹; und je mehr Affekte wir über eine Sache zu Wort kommen lassen, je mehr Augen, verschiedene Augen wir uns für dieselbe Sache einzusetzen wissen, umso vollständiger wird unser ›Begriff‹ dieser Sache, unsere ›Objektivität‹ sein.«

Gerade in der Überwindung des romantischen Hanges zum Mythos trägt Nietzsches persönlicher Denkweg die Zeichen einer radikalen Aufklärung, die in der Figur des Freigeistes philosophische Gestalt annimmt. Zu dessen wesentlichen Merkmalen gehört die zunehmende Loslösung und Entfremdung von den Fesseln der Tradition. Die Demaskierung und Rückführung der »ersten und letzten Dinge« auf ihren menschlichen, allzu menschlichen Gehalt finden in der Wissenschaft und der damit verbundenen Historisierung ein wichtiges Instrument. Die Freigeister »müssen wieder gute Nachbarn der nächsten Dinge werden« und lernen, ohne ideale Konstrukte und absolute Werte auszukommen, die durch ihre lebensfeindliche Entwertung der einzigen real existierenden Welt – des Kräfteflusses im Werden – die menschliche und soziale Entwicklung blockiert und verhindert haben. Allzu lange habe man die Menschen glauben machen wollen, es gebe die allgemein gültige Wahrheit des Lebens; und allzu lange habe man sie mit jenseitigen Heilsverspre-

chen davon abgehalten, ihr Glück im Diesseits zu suchen. Demgegenüber wäre, so kontrastiert Nietzsche im 347. Aphorismus
der Fröhlichen Wissenschaft, »eine Lust und Kraft der Selbstbestimmung, eine Freiheit des Willens denkbar, bei der ein Geist
jedem Glauben, jedem Wunsch nach Gewissheit den Abschied
gibt, geübt, wie er ist, auf leichten Seilen und Möglichkeiten
sich halten zu können und selbst an Abgründen noch zu tanzen.
Ein solcher Geist wäre der freie Geist par excellence.« Es ist das
gefährliche Vorrecht des Freigeistes, »auf den Versuch hin zu
leben« und aus seinem Leben selbst ein Experiment zu machen
auf der Suche nach seinem unvertretbar eigenen Weg. Was den
»gebundenen Geistern« nie gelingen kann, bleibt dem Freigeist
vorbehalten: nämlich neue Werte zu schaffen. »Für die Zukunft
des Menschen lebt der Freigeist so, dass er neue Möglichkeiten
des Lebens erfindet und die alten abwägt.«

Aus der Perspektive des Freigeistes lassen sich zentrale
Denkmotive Nietzsches wenigstens schlaglichtartig beleuchten,
obgleich in der gebotenen Kürze allzu vieles in unerwähnter
Verborgenheit belassen werden muss. Aus der Gegenüberstel-
lung von gebundenem versus freiem Geist kann Nietzsches
umfangreiche genealogische Moralkritik bis hin zur »Umwer-
tung aller Werte« unter Einschluss seiner Kritik am Christentum entfaltet werden. Hierher gehört die Proklamation des
Todes Gottes durch den tollen Menschen ebenso wie Nietzsches klarsichtige Diagnose der entfalteten Moderne als einer
Epoche des Nihilismus. Der Freigeist nimmt ja versuchsweise
selbst die Möglichkeit der grundsätzlichen Ziel- und Sinnlosigkeit des Daseins vorweg, ohne bei einem Willen zum Nein
stehenzubleiben. Denn Nietzsche will zum Umgekehrten hin
– zu einer Bejahung der Welt, wie sie ist, »ohne Abzug, Ausnahme und Auswahl« – und seine Formel dafür lautet »amor
fati« (Liebe zum Unausweichlichen). Untrennbar verbunden
ist damit der Gedanke der ewigen Wiederkunft des Gleichen,
dem Nietzsche das »größte Schwergewicht« für das Handeln
und Sein des Menschen zumisst. Als existentielles Experiment
verstanden, wird dieser zum Prüfstein für die Authentizität des
Lebens. Schließlich zählt auch der Übermensch, den Nietzsches
Zarathustra im Sinn einer erzieherischen Selbstüberwindung
des Menschen lehrt, zu den höchsten Variationen des Freigeis-

tes. Aber vor allem soll der Mensch am Leitfaden der Vernunft des Leibes über sich »hinweg tanzen«. Und vielleicht ist es gerade das Moment der Posse an den im Grunde ja undenkbaren Gedanken Nietzsches, das den Weg zu einer fröhlichen Wissenschaft weist: »Lernt lachen, lernt tanzen, lernt Heiterkeit. Seid freie Geister, lebt südlich, lebt im Wind, im samtenen und stürmischen. Im Mistral und Schirokko. Wie die Grillen.« (Renate Reschke)

Die Wirkungsgeschichte Nietzsches seit der Wende zum 20. Jahrhundert steht in größtem Kontrast zu dem schwachen Echo, das seinen Schriften zu Lebzeiten vergönnt war. Kaum ein anderes philosophisches Werk dürfte auf so vielen Feldern des geistigen Lebens rezipiert worden sein: von Philosophie und Psychologie über Literatur, Bildende Kunst und Musik bis hin zu Soziologie, Politik und Theologie. Selten allerdings auch dürfte ein Philosoph in gleichem Maße in den Niederungen der Gesinnung und der Politik benutzt und missbraucht worden sein. Wegen des unterstellten Einflusses auf die nazistische Propaganda und den Holocaust haftet Nietzsches Philosophie der schier unauslöschliche Makel an, Wegbereiter des Nationalsozialismus gewesen zu sein. Hierin wird Nietzsche das zum Vorwurf gemacht, was vermeintliche, ideologisch verblendete Adepten aus dem von seiner Schwester Elisabeth Förster-Nietzsche verwüsteten und gefälschten Nachlass herausgeholt haben. Die textkritische Edition von Nietzsches gesamtem Schrifttum seit 1967 sowie zahlreiche Einzeluntersuchungen sprechen eine eindeutige Sprache gegen dieses Vorurteil. Nietzsches pointiert anti-antisemitische Äußerungen – er spricht vom »Giftgeschwür« der verfluchten deutschen Antisemiterei – enthalten auch eine klare Absage an den Nationalismus. Vielmehr prophezeit Nietzsche eine europäische Einigung und sieht im »guten Europäer« eine der vielen Spielarten seines Ideals des Freigeistes, der Weltoffenheit und die Überwindung nationaler Beschränkungen verkörpert.

Werke: *Menschliches, Allzumenschliches; Morgenröte; Die fröhliche Wissenschaft; Also sprach Zarathustra; Jenseits von Gut und Böse; Zur Genealogie der Moral; Der Antichrist; Götzendämmerung; Ecce homo.*

45. EDMUND HUSSERL (1859–1938)

Husserl, der Vordenker der Phänomenologie, wurde in Proßnitz in Mähren geboren, er studierte Philosophie und lehrte sie in Göttingen und in Freiburg. Zu seinen Schülern zählten Heidegger und Hannah Arendt. Heidegger hatte ihn 1933 als Rektor wegen seiner jüdischen Herkunft von der Universität verwiesen. Husserl deutete die Logik anfänglich auf psychologische Weise, doch unter dem Einfluss Freges wandte er sich vom Psychologismus in der Philosophie ab. Nun wollte er in den Phänomenen der Welt allgemeine Wesenheiten sehen und daraus abgeleitet allgemeine Erkenntnisse gewinnen. In den »Ideen zu einer reinen Phänomenologie und phänomenologischen Philosophie« (1913) verband er Ideen der Transzendentalphilosophie mit Gedanken von Franz Brentano. Dabei bezog er sich auf Grundannahmen von Descartes, indem er nach den idealen Strukturen der Wirklichkeit suchte.

In seinen »Logischen Untersuchungen« (1900) kritisierte er die psychologische Deutung der Logik, wie sie vor allem von Mill vertreten wurde. Für Husserl konnten die Gesetze der Logik nicht durch induktive Erkenntnis zustande kommen, sondern sie werden unabhängig von der Erfahrung als wahr eingesehen. Ein Urteil ist dann wahr, wenn die volle Übereinstimmung zwischen dem im Urteil Gemeinten und dem Gegebenen besteht. Die Philosophie solle sich nun nach der langen Frage nach den Bedingungen der Möglichkeit der Erkenntnis der Sachen wieder den Sachen und Phänomenen selbst zuwenden. Die Aufgabe der Phänomenologie bestehe nun darin, in den Phänomenen die allgemeinen Sachverhalte als Gegenstände der intellektuellen Anschauung sichtbar werden zu lassen.

Um die Wesensschau zu ermöglichen, bedarf es der phänomenologischen Reduktion, bei der von den Umständen der Erkenntnis völlig abgesehen wird. Mit Brentano glaubte Husserl an die Intentionalität des Bewusstseins, nach der unsere Vorstellungen und Urteile immer auf einen Gegenstand zielen. Die Logik wird als eine Wissenschaft bestimmt, die es mit dem

Zusammenhang idealer Sachverhalte zu tun hat. Einem rationalistischen Erkenntnisideal folgend, sei die Philosophie als strenge Wissenschaft möglich. Dabei muss klar zwischen dem Akt und dem Inhalt der Erkenntnis unterschieden werden. Wissen im vollen Wortsinn liegt nur vor, wenn ein Urteil mit Evidenz gefällt wird; diese Evidenz stellt sich dann ein, wenn das im Urteil Gemeinte vollkommen erreicht wird.

Indem die Philosophie diesen Anspruch aufrechterhält, vertritt sie den unvergleichbaren Anspruch der Menschheit auf reine und absolute Erkenntnis, denn wer den Anspruch auf eine definite Wahrheit aufgibt, verfällt sehr schnell dem skeptischen Relativismus. Dieser wird ähnlich wie der naive Naturalismus und der Historismus entschieden abgelehnt. Als Gegenposition dazu wird das Konzept der Wesensschau vertreten, das Reich der Wahrheit wird mit den Methoden der Deutungen unmittelbar geschaut werden. Es sei die Aufgabe der Philosophie, die erschauten Wesenheiten dann mittels der Sprache wiederzugeben.

In seiner späteren Entwicklung näherte sich Husserl der Transzendentalphilosophie Kants. Da im Erkenntnisprozess alle Gegenstände durch das erkennende Subjekt konstruiert werden, muss auch die Art und Weise ihrer Konstruktion näher betrachtet werden. Die Konstruktion der Gegenstände durch das erkennende Subjekt erfolge durch psychische Akte und Erlebnisse. Unser Ich erfasse und deute die verschiedenen Welten, die in die große Welt überhaupt eingebettet seien. Sie seien dem reinen Bewusstsein zugeordnet, denen grundsätzlich ein Vorrang vor dem gegenständlichen Sein zugesprochen wird. So versteht sich die Phänomenologie als transzendentale Bewusstseinsforschung, sie folgt dabei dem Prinzip, dass jede originär gegebene Anschauung eine Quelle unserer Erkenntnis sei.

Die Gegenstände der Erkenntnis werden nun als Inhalte der intentionalen Akte erfahren. Doch dürfe das reine Bewusstsein, zu dem in der transzendentalen Reduktion zurückgegangen wird, nicht mit dem psychologischen Bewusstsein verwechselt werden. Husserl musste mit dem Vorwurf leben, dass er die Existenz der Außenwelt unabhängig vom erkennenden Subjekt nicht voll anerkenne und damit eine solipsistische Theorie vortrage. So vertrat er immer konsequenter die Subjektphilosophie von Descartes und wich von den Grundeinsichten Kants deutlich ab. Dieser hatte betont, dass wir uns nicht auf uns selbst beziehen können, ohne uns vorher oder gleichzeitig auf Gegenstände zu beziehen.

Damit tendiert die Phänomenologie deutlich zu einer Psychologisierung der Transzendentalphilosophie und läuft damit Gefahr, den Unterschied zwischen Philosophie und Psychologie zu verwischen. In seiner letzten Denkphase veränderte Husserl unter dem Einfluss der beginnenden Existenzphilosophie seine Sichtweise. Er betrachtete nun die idealen Strukturen der Wesensschau nicht mehr als Gegenbenheiten, sondern als Resultate von Idealisierungen, die immer im Kontext von Lebenswelten geschehen. Jede Lebenswelt aber sei von Deutungen durchsetzt, die uns meist nicht mehr bewusst sind. Weil der Sinn der Wirklichkeit durch diese Idealisierungen verdeckt werde, entstehe bei den Menschen häufig ein Krisenbewusstsein.

Der Philosophie falle die Aufgabe zu, die Welt der Wissenschaft als ein konstruiertes Gebilde zu verstehen und das Denken auf das erkennende Subjekt zu beziehen, welches die Welt konstruiert. Dieses Subjekt verwirkliche sich im Deuten und Bewerten von Objekten, im Entwerfen von Vorhaben und im Verwirklichen von Zwecken. Die Welt der Erfahrungen wird als Horizont von Dingen und Werten, von Zielen und Taten gesehen, die erst durch die geistige Reflexion Sinn und Geltung bekommen. So bedeutet die phänomenologische Wende zum Objekt zunächst die Abkehr vom Primat der Erkenntnistheorie und der philosophischen Methodologie. Diese Denkschule wollte »zurück zu den Sachen«, wobei später auch Wertungen und das Wesen der Wirklichkeit zu den »Sachen« gezählt wurden.

Husserl begann mit einer stark platonisch gefärbten Phänomenologie, er bezog sich dann auf die Transzendentalphilosophie Kants und wandte sich zuletzt dem Bedenken der Lebenswelt zu. Er hat eine lange geistige Entwicklung durchgemacht und gilt als Anreger mehrerer Denkschulen, die Existenzphilosophie ist seinen Ansätzen nur zum Teil gefolgt.

Werke: *Logische Untersuchungen; Ideen zu einer reinen Phänomenologie und phänomenologischen Philosophie; Formale und transzendentale Logik; Cartesianische Meditationen; Die Krisis der europäischen Wissenschaften und die transzendentale Phänomenologie.*

46. Bertrand Russell (1872–1970)

Lord Bertrand Russell war ein politisch engagierter Denker, der den Schreibtisch verließ und auf der Straße protestierte, wenn es um die Grundwerte der Gesellschaft ging. Mit allen Mitteln setzte er sich dafür ein, die atomare Aufrüstung in Europa zu verhindern und den Weltfrieden zu bewahren. Voll Leidenschaft rang er darum, die Kriegsverbrechen aufzudecken und die Täter vor Gericht zu bringen, unabhängig von ihrer politischen Orientierung. Ihm ging es um einen wehrhaften Humanismus, der die Grundrechte jedes Menschen verteidigt.

Von seiner Ausbildung her war er Mathematiker und Philosoph, er neigte der positivistischen bzw. realistischen Erkenntnistheorie zu. Damit hat er gewichtige Anregungen für die moderne Logik gegeben. Denn er sah in der Logik die universelle Mathematik (»Principia mathematica«, zus. mit N. Whitehead, 1910f). Die Philosophie entnimmt ihre Probleme und Aufgaben den Naturwissenschaften, für die sie als Wegbereiterin fungieren soll. Sie analysiert und klärt die Prinzipien und die Begriffe der Einzelwissenschaften.

Die Beziehungen zwischen den Dingen gehören zu ihrem Wesen, wir können im Erkenntnisprozess deutlich zwischen dem Subjekt und dem Objekt unterscheiden. Die Welt besteht aus Sinnesdaten (sense data), die wir logisch miteinander verbinden. Die Sinnesdaten verschiedener Gegenstände bilden den »Geist« des Beobachters. Werden die Sinnesdaten in Bezug auf einen Gegenstand von mehreren Personen beobachtet, dann sprechen wir dem Gegenstand Realität zu. Wir glauben, dass es materielle Gegenstände gibt, obwohl wir sie nicht strikt beweisen können.

Russell steht in der Tradition eines liberalen Humanismus, das Ringen um eine weltweite humane Zivilisation ist ihm ein Lebensziel. Unser moralisches Verhalten orientiert sich zum einen am Grundgefühl der Liebe, zum andern am Glauben an die Kraft der Vernunft. Jede Form von blindem Dogmenglauben und von autoritärem Verhalten stört das Zusammenleben der Menschen. Vor allem der religiöse Fanatismus hat grausames Verhalten ganz ohne Schamgefühl zur Folge. Die Kritik der aufrechten Philosophie gilt allen geschlossenen Glaubenssystemen, mögen sie religiös oder politisch motiviert sein.

Als atheistischer Denker hält Russell die religiöse Sprache für sinnleer und spricht ihr jeglichen logischen und empirischen Gehalt ab. Dennoch hat diese Sprache starke emotionale Wirksamkeit unter den Menschen und kann Gläubige zu blindem Hass gegen Andersdenkende anstacheln. Deswegen verabschiedet er sich vom Christentum und lebt in der Tradition der englischen Freidenker. Er sieht in der menschlichen Daseinsangst die Grundlage jeder Religion.

Die Religion erweist sich in moralischer Sicht immer als ambivalent: Zum einen reduziert sie die Angst, aber zum anderen verstärkt sie diese. Sie tradiert auf der einen Seite die humanen Werte der Nächstenliebe, auf der anderen Seite fordert sie zu militanter Intoleranz auf. Doch die rationale Kritik trifft nicht nur die Religion, sie trifft auch den naiven Fortschrittsoptimismus, die Grundannahmen der Psychoanalyse, den politischen Dogmatismus und Totalitarismus. Die Philosophie vermag partiell dazu beizutragen, dass wir uns vor geschlossenen politischen Systemen zu schützen vermögen. Jesus war vielleicht ein großer Weiser, ähnlich wie Buddha, Laotse, Konfuzius; er hat um die Werte der Nächstenliebe und der sozialen Gerechtigkeit gerungen. Doch die Kirchen haben seine Intentionen weitgehend in das Gegenteil verkehrt, so haben sie nur einen geringen Beitrag zur Humanisierung unserer Kultur geleistet. Der moralische Fortschritt der Gesellschaft ist immer von freien und aufrechten Denkern vorangebracht worden. Die Kirche hat sich der Beendigung der Sklaverei und der Inquisition heftig widersetzt, die Emanzipation der Frauen und die Entfaltung der Naturwissenschaften hat sie massiv behindert.

Eine humane Moral beruht auf dem gesunden Menschenverstand (common sense) und sieht im Glück jedes Einzelnen die höchste Norm. Einige der christlichen Werte sollen weitergegeben werden, etwa die Verehrung, die Ergebenheit und die Nächstenliebe. Doch jede autoritäre und fanatische Religion muss überwunden werden. Allein das Bekenntnis zur kritischen Vernunft und zum freien Denken bringt uns in der gesellschaftlichen Entwicklung voran.

Die Verehrung gilt in der Religion einem göttlichen Wesen, die Ergebenheit bezieht sich auf das Unvermeidbare. Die Forderung der Liebe aber gilt allen Menschen, auch den Gegnern. Die Ergebenheit und die Liebe werden durch den Glauben an ein höchstes Gut bestärkt. Ohne diesen Glauben werden die sozialen Tugenden kaum lebbar sein. Das Christentum hat die sinnliche Lust abgewertet und die Lebensfreude reduziert. Die kritische Vernunft hilft dabei, die sinnliche Lust neu zu bewerten, denn sie ist die Grundlage unseres Glücks.

Als Freidenker glaubt Russell, dass in Zukunft jede Form der Religion absterben wird, denn sie gehört dem Kindesalter der menschlichen Vernunft an. Sie hat die Menschen behindert, den Kindern eine vernünftige Erziehung zu geben, die Ursachen der Kriege zu beseitigen und eine positive Einstellung zum Leben zu gewinnen. Ein atheistischer Humanismus hingegen baut auf den Einsichten der kritischen Vernunft sowie auf den gleichen Rechten und Pflichten für alle auf.

Russell ist überzeugt, dass das kritische Denken allein ausreichen wird, um die Gesellschaft vor autoritärem Verhalten, vor Aggression und Zerstörung zu bewahren. Einige humane Grundwerte der Religion können auch ohne religiösen Glauben verwirklicht werden. Aber die Philosophie muss sich politisch engagieren, um gegen Unrecht und Unterdrückung zu streiten.

Werke: *The problem of philosophy; Our knowledge of external world; The analysis of mind; The analysis of matter; The inquiry into meaning and truth; A history of western philosophy; Physics and experience; Human knowlegde; Why I am not a christian.*

47. KARL JASPERS (1883–1969)

Karl Jaspers wurde 1883 in Oldenburg geboren und besuchte dort das Gymnasium. Nach anfänglichen Studien der Rechtswissenschaften wechselte er zum Studium der Medizin. Im Alter von 19 Jahren musste er erfahren, dass er aufgrund einer unheilbaren Lungenkrankheit nur eine geringe Lebenserwartung hatte. Es gelang ihm jedoch, Behandlungsmethoden für seine Krankheit zu entwickeln und der ständigen Gefahr ihres tödlichen Ausgangs entgegenzuwirken. Das Medizinstudium beendete Jaspers mit einer Doktorarbeit über Heimweh und Verbrechen an der Universität Heidelberg. Dort wirkte er ab 1909 an der Psychiatrischen Universitätsklinik als Forschungsassistent und habilitierte sich zunächst für Psychologie, bevor er 1922 auf einen Lehrstuhl für Philosophie berufen wurde. Weil seine Frau jüdischer Herkunft war und seine Philosophie mit der nationalsozialistischen Weltanschauung in Widerspruch stand, wurde er nach der Machtergreifung der Nationalsozialisten in Deutschland 1933 aus der Universitätsverwaltung ausgeschlossen und 1937 zwangspensioniert, 1938 wurde ihm ein Publikationsverbot auferlegt. Nach Ende des 2. Weltkrieges beteiligte sich Jaspers am Wiederaufbau der Heidelberger Universität. 1948 nahm er eine Berufung an die Universität Basel an, wo er bis zu seinem Tod 1969 eine reiche publizistische Tätigkeit entfaltete und viele bedeutende Bücher schrieb.

Jaspers gilt zusammen mit Martin Heidegger als einer der beiden großen deutschen Existenzphilosophen, obgleich sich seine Philosophie in wesentlichen Punkten von jener Heideggers unterscheidet. So u. a. durch den Umstand, dass er nach dem 2. Weltkrieg in Abkehr von seiner existenzphilosophischen Denkphase eine Philosophie der Vernunft und Politik entwickelte. Sein Philosophieren zeichnet sich durch ein liberales Ethos der Humanität aus, wie es im Denken Heideggers nicht zu finden ist. Die Gebiete der Philosophie, zu denen er Beiträge geleistet hat, sind weit gespannt.

Mit dem Buch »Allgemeine Psychopathologie« (1913) schuf

Jaspers eines der ersten wissenschaftstheoretischen Werke in der Psychiatrie. Die anerkannte Leistung darin liegt in der Kritik an der einseitigen Fixierung auf gehirnphysiologische und neurobiologische Ansätze bei der Erklärung psychischer Krankheiten. Für deren Erforschung hält er geisteswissenschaftliche Verfahren einer deskriptiven und verstehenden Psychologie für ebenso bedeutsam wie Methoden, die am Erkenntnismodell der Naturwissenschaften orientiert sind.

In der Wissenschaftslehre diskutierte Jaspers (im Gefolge von Max Weber) die Verstehen-Erklären-Dichotomie und stellte prüfende Erwägungen über die Reichweite dieser beiden Methoden in den Humanwissenschaften an. Auch das Problem der Wertfreiheit und der Wertgebundenheit der Wissenschaft erörterte er auf einem ansprechenden Niveau. Fragen der Abgrenzung von Wissenschaft, Philosophie und Religion beschäftigten ihn zeit seines Lebens immer wieder, und Überlegungen dazu gingen in viele seiner Werke ein.

In Bezug auf die Sinnfrage der menschlichen Existenz entwarf Jaspers eine philosophisch-anthropologische Konzeption, in der zwischen verschiedenen Verwirklichungsdimensionen des Menschseins unterschieden wird: den objektiven, empirisch erforschbaren Dimensionen (der Mensch als Körper-, Verstandes- und Vernunftwesen) sowie der nicht-empirischen, existentiellen Dimension der unvertretbaren Individualität und Freiheit.

Als prinzipielle Möglichkeiten des Verwirklichens der jeweils eigenen unvertretbaren »Existenz« bzw. des »eigentlichen Selbstseins« hob Jaspers das Durchleben von »Grenzsituationen« des menschlichen Daseins (Tod, Leiden, Kampf, Schuld) hervor sowie die zwischenmenschliche Kommunikation mit einem anderen Menschen.

Zur Kultur- und Geschichtsphilosophie leistete Jaspers mit der These von einer kulturellen Achsenzeit in der Menschheitsgeschichte einen originellen Beitrag. In diesem Zeitabschnitt, den Jaspers zwischen 800 und 200 v. Chr. ansetzte, entstanden unabhängig voneinander in verschiedenen Weltgegenden (Palästina, Griechenland, dem Iran, China und Indien) kulturelle Werte und Traditionen, die für die weitere Entwicklung der gesamten Menschheit bis in die Gegenwart prägend sind.

In der Religionsphilosophie und Metaphysik sind Jaspers' Konzeptionen der Transzendenz, des Umgreifenden und des philosophischen Glaubens viel diskutierte Gedanken. Sein Versuch, mit einer prinzipiell nicht vergegenständlichbaren Transzendenz (absolutes Sein, umgreifendes Sein, Gott) eine Zwischenposition zwischen konfessionellem Theismus und Atheismus sowie Agnostizismus zu beziehen, fordert immer wieder zur kritischen Auseinandersetzung mit seinen religionsphilosophischen Ideen heraus.

Für Jaspers' Philosophie der Vernunft und Politik ist die These zentral, dass sich die gesamte Menschheit in einer politisch-existentiellen Grenzsituation befinde, weil mit den Entwicklungen der modernen Technik zwei katastrophische Möglichkeiten real geworden seien: (a) die Selbstausrottung der Menschheit durch die Atombombe und (b) die Errichtung eines weltweiten Systems des Totalitarismus. Jaspers legte deswegen mit seinem Philosophieren humanitär-politische Ziele nahe, wie etwa: die »Umkehr« bloßer Machtpolitik in eine humanitäre, vernunftgeleitete Politik, das Anstreben eines Weltfriedenszustandes, die konsequente Orientierung an der Idee einer freiheitlich-pluralistischen Demokratie als politische Ordnungsvorstellung.

Werke: *Psychologie der Weltanschauungen; Der philosophische Glaube; Die großen Philosophen; Nietzsche und das Christentum; Einführung in die Philosophie; Rechenschaft und Ausblick; Philosophie und Welt; Vernunft und Existenz; Existenzphilosophie; Von der Wahrheit; Vernunft und Widervernunft in unserer Zeit.*

48. Ludwig Wittgenstein (1889–1951)

Wittgenstein stammte aus einer böhmischen Industriellenfamilie und wurde in Wien geboren; er lebte zwischen 1889 und 1951. Im großbürgerlichen Milieu lernte er viele Künstler kennen. Er studierte Maschinenbau zuerst in Berlin, dann in Cambridge. Dort war er ein Schüler und später ein Freund von

Bertrand Russell; durch Moore wurde er in die Denkmodelle der analytischen Philosophie eingeführt.

Im Ersten Weltkrieg unterbrach er sein Studium, war an der Ostfront und dann in italienischer Gefangenschaft. Dort schrieb er sein Werk »Tractatus logico-philosophicus«, das 1922 veröffentlicht wurde. Nach dem Krieg war er längere Zeit als Volksschullehrer tätig, dabei verfasste er ein »Wörterbuch für Volksschulen« (1926). In Wien nahm er kurzzeitig Gespräche mit den Neopositivisten des »Wiener Kreises« auf. 1929 kehrte er nach Cambridge zurück und lehrte dort Philosophie.

In seiner ersten Denkphase (Tractatus) folgt Wittgenstein einem neopositivistischen und empiristischen Konzept von Wissenschaft. Er sucht nach mehr Klarheit und Exaktheit in der Sprache der Wissenschaft auf der Basis des logischen Empirismus. Denn, was sich sagen lässt, das lässt sich klar sagen. Und über das Nichtsagbare muss in den Wissenschaften geschwiegen werden.

Viele Probleme der bisherigen Philosophie stammen aus den Missverständnissen der Sprache. Denn sie ist immer die Grenze unserer Vernunft. Wir machen uns Bilder von den Tatsachen, doch jedes Bild ist ein Modell der Wirklichkeit. Ein sprachlicher Satz ist somit ein Bild oder ein Modell der Wirklichkeit. Eine Tatsache ist das Bestehen von Sachverhalten; und unsere Welt ist alles das, was der Fall ist. In der Wissenschaft unterscheiden wir zwischen den Elementarsätzen und den komplexen Sätzen.

Die Wahrheit von Sätzen wird immer mit einem Sinnkriterium verbunden. Ein empiristisches Kriterium besagt, dass nur empirisch verifizierbare Sätze einen Sinn haben. Hingegen bleiben alle anderen Sätze ohne Sinn, sie haben keinen Platz im System der Wissenschaft. Der Sinn eines Satzes wird durch wahr oder falsch bestimmt. Ein Satz zeigt, wie es sich verhält, wenn er wahr ist. Die Logik ist das Spiegelbild der Welt, aber ihre Sätze sind immer Tautologien.

Damit sagt die Logik nichts über die Wirklichkeit aus, denn sie ist »transcendental« (Tractatus, Satz 6.13). Da es außerhalb der Welt nur Tatsachen, aber keine Werte gibt, muss ihr Sinn und jeder Wert außerhalb allen Geschehens und Soseins liegen. Da also die Ethik »transcendental« ist, lässt sie sich nicht exakt aussprechen. Beim Tod eines Menschen verändert sich die Welt nicht, sie hört auf. Damit ist der Tod kein Ereignis des Lebens, er wird nicht erlebt.

Wird unter Ewigkeit die Unzeitlichkeit verstanden, dann lebt der ewig, der in der Gegenwart lebt. Unser Leben wird so endlos und unser Gesichtsfeld ohne Grenzen. Das ewige Leben ist dann genauso rätselhaft wie das gegenwärtige. Die Lösung des Rätsels des Lebens in Raum und Zeit muss außerhalb von Raum und Zeit liegen (Tractatus, Satz 6.4312). Wie die Welt ist, das ist für das Höhere völlig gleichgültig, denn das Göttliche offenbart sich nicht in dieser Welt.

Dass die Welt überhaupt ist, das ist das Mystische, dieses wiederum versteht Wittgenstein als die Anschauung der Welt unter dem Gesichtspunkt des Ewigen. Die Welt wird als etwas Begrenztes gefühlt, als eine Frage, die man nicht aussprechen kann. Wenn wir alle wissenschaftlichen Fragen beantwortet haben, dann sind unsere Lebensfragen noch gar nicht berührt. Die Antwort liegt dann darin, dass es keine Frage mehr gibt. Das Problem löst sich mit seinem Verschwinden.

Es gibt im Kontext des Lebens Unaussprechliches; dieses zeigt sich, es ist das Mystische (Tractatus, Satz 6.522). Eine wissenschaftliche Philosophie darf von ihren Regeln her nur das sagen, was sich klar sagen lässt. Wer aber metaphysische Sätze formuliert, hat gewissen Zeichen in seinen Sätzen keine Bedeutung gegeben und sie erfüllen kein empirisches Sinnkriterium. Wovon man auf exakte Weise nicht sprechen kann, darüber muss man in der Wissenschaft schweigen – mit diesem Satz schließt der Tractatus.

In seiner Spätphilosophie verändert er sein empiristisches Sinnkriterium. Er tat dies unter Bezugnahme auf Einsichten der pragmatischen Philosophie und entwickelt ein neues Sinnkriterium und vollzieht eine »pragmatische Wende«: Den Sinn eines Begriffs erkennen wir durch seinen Gebrauch in der Sprache. Unsere Sprache ist immer ein von Regeln geleitetes Spiel. Nun spielen wir im Leben aber nicht nur eines, sondern viele »Sprachspiele«. In jedem dieser Spiele wird der Sinn der Begriffe anders festgelegt.

Nun sind unsere »Sprachspiele« immer mit unseren »Lebensformen« verbunden; in ihnen drücken wir bestimmte Einstellungen zum Leben und zur Welt aus. Wenn wir sprechen, vollziehen wir eine Handlung: wir führen Sprachhandlungen aus (»Philosophische Untersuchungen«, § 23). So ist die Philosophie immer ein Kampf gegen die Verhexung unseres Verstandes mittels der Sprache. Ziel der Philosophie ist es, der Fliege den Ausweg aus dem Fliegenglas zu zeigen.

Die Bedeutungen unserer Begriffe ergeben sich aus ihrem Gebrauch in der Sprache. Die Grammatik beschreibt den Gebrauch der Wörter in der Sprache, ähnlich wie bei einem Spiel. Wir spielen immer verschiedene »Sprachspiele«: ein wissenschaftliches, ein ästhetisches, ein moralisches, ein religiöses u. a. Für sie gibt es unterschiedliche Sinnkriterien. Damit bekommen auch religiöse Sprachspiele wieder Sinn und Bedeutung, ihre Inhalte werden von bestimmten Lebensformen geprägt.

Mit diesem Bezug zur pragmatischen Philosophie hat Wittgenstein das enge positivistische Sinnkriterium verlassen. Die Sprache ist immer ein Teil unserer Lebensform und unseres Verhaltens. Sprachspiele vergehen und entstehen, sie werden durch das Leben erzeugt. Für das religiöse Sprachspiel gibt es ein moralisches Sinnkriterium, denn es impliziert immer moralische Werte. Nun lässt sich überprüfen, ob ein religiöser Sprecher seine moralischen Werte lebt oder nicht. Im Grunde kann sowohl die Ethik als auch die Religion nur gelebt werden. Es gibt folglich eine wortlose Religion, für die das Reden unwesentlich ist.

Wittgenstein ist ein bedeutender Vordenker der Sprachanalyse und der analytischen Philosophie.

Werke: *Tractatus logico-philosophicus; Philosophische Untersuchungen; Zettel; Vorlesungen und Gespräche über Ästhetik, Psychologie und Religion.*

49. MARTIN HEIDEGGER (1889–1976)

Im Jahr 1927 hat Martin Heidegger sein Hauptwerk »Sein und Zeit« publiziert, das zu einem der einflussreichsten philosophischen Bücher des vorigen Jahrhunderts geworden ist. Darin hat er eine wesentliche Station seines eigenen Denkweges markiert, der in der katholischen Theologie begann und wesentlich von Edmund Husserl geprägt wurde. Nach seiner Abwendung von der Theologie wandte sich Heidegger der phänomenologischen Philosophie Husserls zu. Unter dem Motto »Zu den Sachen selbst!« hatte dieser versucht, unhinterfragtes, die Erkenntnis aber leitendes Vorwissen außer Kraft zu setzen und zu einem ursprünglichen Sehen und damit zu einer originären Wirklichkeitssicht zu gelangen.

Heidegger möchte im Unterschied zu seinem Lehrer weder eine Bewusstseins- noch eine Transzendentalphilosophie entwickeln, sondern bemüht sich um eine hermeneutisch geprägte Phänomenologie. Das bedeutet für ihn, dass er nach dem »Sinn von Sein« fragt und diese Leitfrage auf die menschliche Seinsweise, das »Dasein«, lenkt. Der Seinssinn für das Dasein liegt nicht außerhalb, sondern in diesem selbst. Was die angesprochene reflexive Struktur betrifft, so geht Heidegger nicht von Akten des Bewusstseins eines Subjektes aus. Vielmehr ist seiner Meinung nach das Dasein bestimmt durch das »Existential« des »In-der-Welt-Seins«. Dem Dasein ist im praktischen Seinsvollzug Welt erschlossen, die in Handlungszusammenhängen auf es bezogen ist. Dadurch sind dem Dasein Erfahrungen mit Dingen und das »Mitsein« mit anderen Menschen erst möglich. Insofern Heideggers »Daseinsanalytik« dem Dasein verhilft, sich selbst besser zu verstehen, ist sein Vorgehen hermeneutisch.

Der Sinn von Sein ist bei Heidegger die Zeit. Diese denkt er nicht naturwissenschaftlich als Folge von abzählbaren Punkten, sondern als ekstatische Ganzheit von Gewesenheit, Gegenwärtigkeit und Zukünftigkeit. Besonderes Augenmerk legt Heidegger auf die Zukunft des Todes, der das Dasein immer mitbestimmt, insofern er jederzeit möglich ist. Dem entspricht die Stimmung der Angst, die keinen konkreten Inhalt hat, aber das Dasein durchstimmt und so dessen Weltbezug prägt. »Sein und Zeit« ist ein Fragment geblieben. In den fehlenden Teilen wollte Heidegger, der seine »Daseinsanalytik« als »Fundamentalontologie« verstand, auf der Basis von philosophie-geschichtlichen Analysen die Zeitlichkeit des Seinsverständnisses herausarbeiten. Die Zeitlichkeit des Seins sowie die geschichtlich differente Entfaltung des Seins hat Heidegger später in unterschiedlichen Schriften entwickelt. Er spricht selbst von einer »Kehre« in seinem Denken, nach der im Unterschied zu seiner früheren Philosophie die Geschichtlichkeit des Seins (im Unterschied zu der des Daseins) im Zentrum seiner Überlegungen steht.

Zu dieser Entwicklung seines Denkens hat Heidegger vor allem die Auseinandersetzung mit der Dichtung Friedrich Hölderlins und mit der Philosophie der Vorsokratiker geführt. Heidegger versucht nunmehr, das Sein nicht mehr vom menschlichen Dasein her zu denken, sondern umgekehrt den Menschen aus dem Seinsbezug. Er interpretiert die abendländische Metaphysik als Verfallsgeschichte, die mit dem Begriff »Seinsvergessenheit« zu charakterisieren sei. Man habe den Grund alles Seienden wieder als Seiendes – gewöhnlich als das Göttliche – aufgefasst. So sei es nicht möglich gewesen, das Sein als dynamischen und geschichtlichen Grund für den Aufgang eines Weltzusammenhanges zu verstehen.

Mit seiner Interpretation des griechischen Begriffs für Wahrheit als »Entborgenheit« sieht Heidegger den Sinnzusammenhang von Welt geschichtlich relativ. Es gibt gleichsam Epochen unterschiedlicher Erschlossenheit von Wirklichkeit. Heidegger spricht von dem »Ereignis«, durch das ein je anderer Anfang Welt jeweils anders »entborgen« sein lässt.

Den Anfang, der das gegenwärtige Denken prägt, sieht er in der abendländischen Metaphysik gegeben, zu der er die so genannten vorsokratischen Denker wie Parmenides und Heraklit nicht hinzuzählt. Dieser Anfang habe in den Nihilismus geführt, wie ihn Heidegger bei Friedrich Nietzsche beschrieben findet. Ein weiteres Charakteristikum der aktuellen seinsgeschichtlichen Epoche bestehe in der »Vernutzung« des Seienden in Technik und Ökonomie, wie sie durch die Aufklärung möglich geworden sind. Vor diesem Hintergrund kritisiert er die moderne Technik als »Gestell«, die es erlaubt, die Welt zu verrechnen. Aufgabe des Denkens in dieser Situation ist es, einen anderen Anfang vorzubereiten, und zwar mit Bezug auf die Dichter, allen voran Friedrich Hölderlin, dessen Hymnendichtung vom Zuspruch des Seins bestimmt sei.

In der jüngeren Heidegger-Rezeption ist unter anderem Heideggers Eintreten für den Nationalsozialismus auf besonderes Interesse gestoßen. Heidegger hatte 1933 das Rektorat der Universität Freiburg/Br. übernommen. Dies hat er zwar ein Jahr später zurückgegeben, sich zeit seines Lebens aber nie eindeutig von seinem Engagement distanziert. Über die Funktion des Rektors hinaus ist dabei auch die Selbstinterpretation Heideggers in politisch motivierten Schriften von Bedeutung. Dort liest Heidegger seine eigenen Bestimmungen aus der Daseinsanalytik teilweise anthropologisch und macht sie so für ideologisch gefärbte Bestimmungen des Menschen dienstbar.

Trotz vieler Vorbehalte gegen Heidegger einerseits wegen seines nationalsozialistischen Engagements und andererseits wegen seiner oft hermetischen Sprache hat sein Denken sowohl auf die Philosophie als auch auf die Theologie große Wirkung ausgeübt. So haben die französischen Existentialisten Gedanken aus »Sein und Zeit« weitergeführt, und die gegenwärtige französische Phänomenologie greift immer wieder auf Heidegger zurück. Auch Hans-Georg Gadamer hat seine philosophische Hermeneutik in Bezug auf Heidegger entwickelt. Im Bereich der Theologie hat Rudolf Bultmann Heideggers Begriff der Geschichtlichkeit aufgegriffen und für seinen Ansatz der »Entmythologisierung« fruchtbar gemacht. Bernhard Welte, Johann Baptist Lotz und Karl Rahner versuchten, das Seinsdenken Heideggers mit der Gottesfrage zu verknüpfen.

Werke: *Sein und Zeit; Vom Wesen des Grundes; Kant und das Problem der Metaphysik; Was ist Metaphysik? Einführung in die Metaphysik; Holzwege; Vom Wesen der Wahrheit; Was heißt Denken?; Vorträge und Aufsätze; Die Frage nach dem Ding; Wegmarken.*

50. Karl R. Popper (1902–1994)

Karl Raimund Popper wurde 1902 in Wien geboren. Er studierte an der Wiener Universität, wo er mit einer Dissertation zur Methodenfrage der Denkpsychologie 1928 promovierte. Unter dem Einfluss der damals an der Wiener Universität dominierenden Philosophie des Neopositivismus wandte er sich Problemen der Wissenschaftslogik zu. Als 1934 sein Buch »Logik der Forschung« erschien, wurde er international bekannt. 1937 nahm er eine Berufung nach Christchurch in Neuseeland an. Dort schrieb er sein sozialphilosophisches Hauptwerk (»Die offene Gesellschaft und ihre Feinde«), das ihn zu einem Klassiker der politischen Philosophie des 20. Jahrhunderts werden ließ. Durch die Berufung nach London (an die London School of Economics and Political Science) kam Popper im Jahr 1946 wieder nach Europa zurück. In unermüdlicher Lehr-, Vortrags- und Publikationstätigkeit verbreitete er seine philosophischen Gedanken und wurde zum Begründer einer einflussreichen Denkrichtung, des »Kritischen Rationalismus«. Er starb 1994 in London.

Ein zentraler Gedanke von Popper auf dem Gebiet der Erkenntnislehre besteht in der These von der prinzipiellen Fehlbarkeit und Irrtumsanfälligkeit des menschlichen Erkenntnis- und Vernunftvermögens. Jede Art von Erkenntnis ist immer nur als »Vermutungswissen« anzusehen. Popper lehnt das Letztbegründungsmodell der Erkenntnis ab, wie er es im klassischen Rationalismus von Descartes und im Empirismus von Locke und Hume gegeben sieht. Dieses Begründungsmodell beruht auf der Überzeugung, es gäbe ein absolut sicheres Fundament oder eine allerletzte Instanz, von der aus Erkenntnisse absolut gerechtfertigt und ein für alle Mal als wahr erwiesen werden können (Sinneserfahrung, Evidenzerlebnisse usw.).

Ebenso wichtig in Poppers Erkenntnislehre ist die Idee der rationalen Kritik und des konsequenten Kritizismus. Anstatt Erkenntnisse, Problemlösungsvorschläge, Überzeugungen usw.

positiv zu rechtfertigen, gilt es, sie möglichst konsequent der Kritik auszusetzen. Nicht durch Berufung auf sichere Gründe, sondern nur durch kritische Prüfung und Diskussion können wir Fehler und Schwächen in unseren Erkenntnissen und Überzeugungen frühzeitig erkennen und ausmerzen. Auf diesem Weg verbessern wir unsere Erkenntnisse und Überzeugungen kontinuierlich und schrittweise.

Einen weiteren Beitrag zur Erkenntnislehre lieferte Popper in einer späteren Denkphase. Unter Berufung auf die Evolutionstheorie vertrat er die Auffassung, dass das menschliche Erkenntnisvermögen von vornherein durch angeborene Selektionsaspekte geprägt ist, welche durch die Evolution vermittelt sind (»Evolutionäre Erkenntnistheorie«).

In der Wissenschaftstheorie betonte Popper auf der Grundlage seiner Erkenntnislehre, dass der Erkenntnisgewinn in den Wissenschaften ein Prozess ist, der stets mit einem Problem beginnt. Es werden Problemlösungsvorschläge in Form von spekulativen Vermutungen, Hypothesen und Theorien entworfen und einer scharfen wissenschaftlichen Kritik unterzogen. Durch Kritik und Konfrontation mit alternativen Hypothesen und Lösungsvorschlägen werden Irrtümer und Fehler im Rahmen der ursprünglichen Theorie erkannt. Sie muss entweder umgebaut oder durch eine bessere ersetzt werden. Notwendige Bedingung für das Funktionieren dieser allgemeinen Forschungsmethode (trial and error-Verfahren) ist ein Theorienpluralismus. Pluralistische Theorienkonkurrenz fördert die effektivste Kritik an einzelnen Problemlösungsvorschlägen, so dass sich schließlich der beste Problemlösungsvorschlag durchsetzen und bewähren kann.

Die Basis von Poppers Auffassung des Erkenntnisfortschrittes in der Wissenschaft bildet das Kriterium der prinzipiellen Falsifizierbarkeit von wissenschaftlichen Theorien. Wissenschaftler haben sich bei der Prüfung von wissenschaftlichen Erkenntnisansprüchen von vornherein nicht zu fragen, welche Gründe und Ereignisse eine Theorie bestätigen (verifizieren), sondern müssen sich vielmehr die Frage stellen, welche möglichen Tatsachen als Widerlegungen (Falsifikationen) in Betracht kommen. Die positive Bewährung einer Theorie besteht darin, dass sie allen bisherigen Widerlegungsversuchen standgehalten hat. Sie kann damit vorläufig als wahre wissenschaftliche Erkenntnis akzeptiert werden.

Die Sozialphilosophie und politische Theorie, die Popper entwickelt hat, ist von liberal-demokratischen Wertvorstellungen geprägt. Zu seinen Hauptgedanken gehört das Plädoyer für eine politische Methode, die im Gegensatz zu radikalen Revolutionskonzepten bloß schrittweise gesellschaftliche Veränderungen durch vorsichtige, aber dennoch konsequente Reformen vornimmt (»piecemeal social engineering«). Jeder Eingriff in eine bestehende soziale Ordnung bringt neben den geplanten Konsequenzen stets auch nicht eingeplante und unvorhersehbare Folgen mit sich, deshalb lehnt Popper utopische und ganzheitliche (holistische) Entwürfe zur Gesellschaftsveränderung ab. Die Zukunft ist offen und kann nicht zu einem bestimmten Zeitpunkt ganzheitlich geplant werden. Die politische Zielvorstellung Poppers ist die pluralistische, demokratisch-liberale »Offene Gesellschaft«. Er sieht diese zumindest teilweise bereits in den pluralistisch-demokratischen Gesellschaften westlichen Typs verwirklicht. Kriterien für die »Offenheit« einer Gesellschaft im Unterschied zu »geschlossenen«, totalitären Gesellschaften sind unter anderem: das Maß an individueller Freiheit der Bürger, Rechtsstaatlichkeit, Institutionen zur öffentlichen Kontrolle von politischer und wirtschaftlicher Machtkonzentration sowie Weltanschauungs- und Parteienpluralismus.

Werke: *Logik der Forschung; The open society and its enemies; Der Zauber Platons; Falsche Propheten; The poverty of historism; The logic of scientific discovery; Conjectures and refutation; The growth of scientific knowledge; Alles Leben ist Problemlösen.*

51. Jean-Paul Sartre (1905–1980)

Sartre, ein existentialistischer und marxistischer Denker, wurde 1905 in Paris geboren; mütterlicherseits war er mit Albert Schweitzer verwandt. Im Haus seines Großvaters lernte er eine autoritäre Religion mit einem ängstigenden Gottesbild kennen. Aus diesem Grund lehnte er schon früh religiöse Lehren und Glaubensformen ab und rang zeit seines Lebens um eine atheistische Form einer humanistischen Moral. Während eines Aufenthaltes in Deutschland hatte er die Phänomenologie Husserls kennengelernt. Ihre Denkansätze verarbeitete er in seinem frühen Werk »Die Transzendenz des Ego«.

Danach befasste er sich mit den existentialistischen Lehren Heideggers, die er in seinem Hauptwerk »Das Sein und das Nichts« zusammenfasste und weiterentwickelte (1943). Darin bekennt er sich zur phänomenologischen Betrachtungsweise der Welt und des Lebens. Auch für ihn ist das Phänomen dasjenige, das sich in absoluter und von Deutungen unabhängiger Weise zeigt. Von Phänomenen können wir aber nur reden, wenn wir etwas annehmen, das uns erscheint und sich zeigt. Es muss ein Ansich geben, auf das sich unser Bewusstsein intentional richtet, das aber nicht von unserem Bewusstsein erzeugt wird. Somit verweisen die Phänomene auf ein transphänomenales Sein.

Der Rückschluss von der Intentionalität des Bewusstseins auf etwas, das die Phänomene transzendiert, wird als ontologisches Argument bezeichnet. Damit bewegt sich Sartre in der Nähe des apriorischen Gottesbeweises von Descartes. Das bewusste Ich als »Für sich« steht dem »An sich« gegenüber. Der Gegensatz von Sein und Nichts werde erst in unserem Bewusstsein erzeugt, er habe aber keinen objektiven Charakter. Die Wirklichkeit an sich sei durch und durch positiv, in ihr gäbe es kein Nichts. Durch das menschliche Ich gehe ein Riss, der die bruchlose Einheit des An-sich-Seins zerstöre. In der Möglichkeit des zerstörenden Bruchs mit der Welt liege die Freiheit jedes Menschen, der keiner entrinnen könne.

So sei jeder Mensch zur Freiheit der Entscheidung verurteilt, denn er müsse immer zwischen mehreren Möglichkeiten wählen. Der ursprüngliche Entwurf des Ich sei absolut frei und nicht durch Motive determiniert. Das Ich habe letzte Zwecke entworfen, in deren Kontext gegenwärtige Tatsachen oder vergangene Ereignisse oder Erwartungen in der Zukunft überhaupt erst Bedeutungen erhalten. Die Setzung meiner letzten Zwecke kennzeichne mein Sein, dieses ist identisch mit dem ursprünglichen Hervorbrechen meiner Freiheit. Dieses Hereinbrechen der menschlichen Freiheit mache die menschliche Existenz aus.

Nun lässt sich die menschliche Existenz aber nicht auf die Natur zurückführen, weil es gar keine fertige Natur gäbe. Die Existenz wird nicht durch das Zusammenspiel von Wesenheiten geformt, sondern jeder Mensch gestaltet sie in freier Wahl. Daher lässt sie sich nicht vollständig in Begriffe fassen, sondern bleibt in einer dynamischen Unbestimmtheit. Da wir die freie Wahl eines Menschen nicht wissenschaftlich erklären oder voraussagen können, müssen wir sie als absolut zufällig ansehen. Dann aber bleibt unsere freie Wahl absurd und ohne Sinn, doch diese Sinnlosigkeit des Daseins müsse ganz ohne den Bezug auf Religion und göttliche Wesen bestanden werden.

Sollte ein Gott existieren, dann ist der Mensch ein Nichts. Wenn aber der Mensch sich seiner freien Existenz bewusst wird, dann wirft er alle Götter und Dämonen weit von sich. Die vielen Höllen, von denen die Religionen sprechen, bereiten wir Menschen uns gegenseitig, indem wir uns Mitgefühl und Liebe verweigern. Wir leben wie in einem Raum mit verschlossenen Türen, darin können wir dem objektivierenden Blick der Mitmenschen niemals entkommen. Durch den Blick des anderen werden wir zu Objekten gemacht und verlieren unsere autonome Wahlmöglichkeit. Wenn aber kein Gott existiert, dann muss die Sinnleere des Daseins ertragen werden; freilich gibt es dann auch keine bleibenden Regeln der Moral. Wenn kein Gott existiert, setzen wir unsere Lebenswerte und Normen selbst.

In seinem Werk »Kritik der dialektischen Vernunft« versuchte Sartre, das idealistische Denken auf der Basis des Historischen Materialismus zu überwinden. Das philosophische Denken müsse als gestaltender Faktor des sozialen und der politischen Veränderung eingesetzt werden. Marx habe die praktischen Folgen des kritischen Denkens klar erkannt. Doch der reale Marxismus sei erstarrt, weil er die Spontaneität des freien Denkens nicht zulasse. In der gegenwärtigen Situation sei es sinnvoll, ökonomische und soziologische Betrachtungsweisen mit Erkenntnissen der Psychologie bzw. der Psychoanalyse zu verbinden. Die Synthese von Marxismus und Freudscher Psychoanalyse könne eine tiefgreifende Veränderung von ungerechten Gesellschaften zur Folge haben.

Jede Kritik an der bestehenden Gesellschaft braucht Entwürfe von gerechten und menschlichen Formen des Zusammenlebens. Nun dürfen beim Studium einer Gesellschaft nicht die Rollen und Absichten einzelner Personen und Gruppen außer Acht gelassen werden. So hat sich Sartre von einer existentialistischen immer mehr zu einer marxistischen Philosophie hin entwickelt, die er mit den Grundeinsichten der Psychoanalyse verbinden wollte. Auf diesem Weg sind ihm in Frankreich viele Intellektuelle gefolgt. Sartre wurde oft mit Voltaire verglichen, weil er maßgeblich ein sozialkritisches Bewusstsein verbreitete und einer der Ideengeber der Studentenrevolution von 1968 in Paris war. Vom realen Marxismus und Leninismus seiner Zeit hat er sich klar distanziert.

Seine breite Wirksamkeit erzielte Sartre ähnlich wie Voltaire mit seinen Dramen, die einen atheistischen und existentialistischen Humanismus intendierten. Dazu gehören u. a.: »Die Fliegen«; »Bei geschlossenen Türen«, »Tote ohne Begräbnis«, »Der Ekel« (Roman), »Der Teufel und der liebe Gott«. Durch eine engagierte Literatur sollten philosophische Ideen einem breiten Publikum zugänglich werden.

Werke: *Die Transzendenz des Ego; Das Sein und das Nichts; Kritik der dialektischen Vernunft; Der Ekel; Die Mauer; Die Fliegen; Bar Jona; Bei verschlossenen Türen; Tote ohne Begräbnis; Der Teufel und der liebe Gott.*

52. ALBERT CAMUS (1913–1960)

Camus, ein existentialistischer Denker, wurde in Algerien geboren; sein Vater fiel im Ersten Weltkrieg. Das Gymnasium besuchte er in Algier, danach begann er mit dem Studium der Philosophie. In seiner Abschlussarbeit befasste er sich mit der Beziehung zwischen dem Hellenismus und dem Christentum in den Werken von Plotin und Aurelius Augustinus. Danach

begann er, literarische Werke zu verfassen. Im Jahr 1940 übersiedelte er nach Paris, wo er als Zeitungsredakteur und später
als Lektor in einem großen Verlagshaus tätig war. In dieser Zeit
entstanden seine literarischen Werke »Der Fremde« und »Der
Mythos von Sisyphos«.

Nach dem Krieg entstanden seine Werke »Caligula«, »Die
Pest«, »Die Gerechten« und »Der Mensch in der Revolte«. Camus hatte sich zu dieser Zeit marxistischen und existentialistischen Ideen angenähert, doch im Bezug zur Religion vertrat
er einen toleranten und humanistischen Atheismus. Er wollte
ohne Religion leben, aber mit religiösen Menschen für eine
gerechtere Welt zusammenarbeiten. So engagierte er sich angesichts der Aufstände in Ostberlin und Ungarn gegen die
kommunistische Herrschaft. Im Jahr 1960 kam er bei einem Au-
tounfall in der Nähe von Paris ums Leben. Camus erzielte seine
Wirksamkeit vor allem durch seine Dramen und Romane, die
in ganz Europa verbreitet wurden. Sie drücken die Befindlichkeit vieler kritischer Intellektueller nach der Zeit des Zweiten
Weltkriegs aus.

In seinen Jugendjahren artikulierte Camus die Freude am
sinnlichen Leben, an der Freiheit des Denkens und an der tiefen Schönheit der Natur. Er war durch sein Studium von der
antiken Kultur und von der Philosophie Epikurs begeistert,
die ein maßvolles Genießen der sinnlichen Lust empfahl. Seine
Lebenswelt war ganz ohne Götter und Dämonen, ihm genügte
die Unendlichkeit zwischen der Sahara und dem Mittelmeer.
Ohne Grenzen lieben zu dürfen, das war für ihn die ganze
Herrlichkeit und Größe des Lebens. Doch er sah auch schon in
dieser Zeit das Elend vieler Mitmenschen und den Schmerz der
Unterdrückten. Er sah, dass der Kampf gegen das Elend und
Unrecht zu den Daseinsbedingungen des Menschen (conditio
humana) gehöre.

Die Armut bringe viele Menschen in den wortlosen Tod, ihr
Leben bleibe ohne Sinn und Bedeutung. Doch der Blick auf das
Elend der anderen bewegte ihn dazu, in den Lauf der Geschichte eingreifen zu wollen. Seine Vernunft sagte ihm, dass nicht
so viele Menschen leiden müssen und dass das Elend anderer
nachhaltig verringert werden kann. Auch wenn das Leben insgesamt ohne Sinn und absurd sei, so müsse diese Absurdität

aufrechten Hauptes ertragen werden. Der Kampf gegen das Unrecht sei nämlich der Motor, der das Absurde erträglich macht und den Gang der Geschichte aufrecht hält.

Wenn es keinen Gott gibt, dann gibt es auch keinen göttlichen Weltplan und kein Ziel des Lebens. Dann aber sind wir genötigt, der Absurdität unseres Lebens selbst einen starken Sinn zu geben. Der Kampf gegen das Leiden der Kinder und gegen den Schmerz der Unterdrückten gibt unserem Leben und unserer Geschichte einen deutlichen Sinn. Es gibt unter uns auch die Nächstenliebe und Nächstenhilfe ganz ohne religiösen Glauben, es gibt die Solidarität mit den Schwächeren ganz ohne Hoffnung auf einen Lohn im Himmel. Es gibt auch eine Humanität ganz ohne den Glauben an Gott oder göttliche Welten. Es gibt somit ganz offensichtlich den moralischen »Heiligen ohne Gott«, der mitfühlend und solidarisch mit den Schwächeren lebt.

Im mythischen Bild des antiken Gottes Sisyphos kämpfen sozial sensible Menschen gegen das Unrecht in ihrer kleinen Welt, sie wälzen die Steine des Elends, denn der Protest gegen den Schmerz gibt ihrem Leben einen Sinn. Der existentiell denkende Zeitgenosse ist in dieser Welt der Stärkeren fremd, er leidet unter der Gleichgültigkeit seiner Umwelt und des großen Kosmos. Doch die Herrenmenschen der Gesellschaft verweigern den Schwächeren das Mitgefühl und das Mitleid, viele von ihnen töten fremdes Leben in großer Zahl. Zerstörungswut treibt sie an, ihre Mitmenschen zu Opfern ihrer Manie zu machen, doch latent zerstören sie sich selbst (Caligula). Wer die Absurdität dieses Daseins erkannt hat, macht aus ihr die wildeste aller Leidenschaften.

Zum Absurden gehört die »Sünde ohne Gott«, denn es gibt auch im sinnlosen Dasein die klaren Regeln des menschlichen Zusammenlebens. Diese Regeln sind an keine göttlichen Gebote gebunden, wir erkennen sie mit unserem Verstand aus den Bedürfnissen unserer menschlichen Natur. Deswegen gibt es auch den »Heiligen ohne Gott«, der diesen Regeln mit innerer Überzeugung zu folgen trachtet. Existentiell leben heißt dann, das Absurde zum Klingen zu bringen und zu ertragen. Nur wer diese ungerechte Welt mit innerer Überzeugung verneint, gibt seinem Dasein die Form eines Schicksals. Es wird kein Ende der Mühsal geben, aber jedes böse Schicksal kann durch Verachtung überwunden werden. Deswegen verachtet der atheistische Humanist das Absurde und besteht es zugleich. Er will nur Mensch sein, und ganz Mensch.

Aus diesem Grund hält der gottlose Mensch der Erde die Treue, er flüchtet nicht in himmlische Sinnwelten. Vielmehr engagiert er sich, um die vergifteten Herzen zu heilen, damit das Unrecht in dieser Welt geringer werde. Er arbeitet auch mit religiösen Menschen zusammen, damit weniger Kinder leiden und weniger Unschuldige getötet werden. Der sensible Existentialist möchte nicht nur für sich allein glücklich leben, er strebt mit Leidenschaft auch nach dem Glück der Gedemütigten. So engagiert er sich für eine gerechtere Welt, dieses Engagement gibt seinem sinnlosen Dasein einen zeitlich begrenzten Sinn.

In der metaphysischen Revolte protestiert der Mensch gegen seine conditio humana, doch in der sozialen Revolte möchte er Situationen des Unrechts verringern und abmildern. Der Nihilismus als die Verweigerung eines innerweltlichen Lebenssinnes sei eine Verstümmelung des Menschen. Prometheus hasst die Götter und liebt die Menschen, damit schafft er eine andere Weltordnung. Er lehrt die Menschen, zu leben und zu sterben und sich zu weigern, wie ein Gott sein zu wollen. Denn die Herren und die Schlächter der Geschichte leben fast immer in der Rolle von Göttern. Durch das Medium der Kunst sollte es gelingen, möglichst viele Zeitgenossen für eine gottlose Form der Humanität sensibel zu machen.

Existentiell denkende Zeitgenossen leben wie im Exil, sie leiden am Unrecht der Unterdrückung. Sie hören die Schreie der Gemarterten und der Gefangenen, doch sie glauben an ein »Reich der Menschen«, das nicht von einem Gott kommen wird. Aus der Kraft der Hoffnung auf dieses mögliche Reich gestalten sie ihr Leben, dieses Reich wird ein friedvolles Zusammenleben der Menschen möglich machen. In diesem Reich der Erde werde sich der Schmerz mit der Liebe verbinden, die Zerstörung muss in der Geschichte nicht das letzte Wort haben. Camus hat mit seinen Ideen eine große Breitenwirkung erzielt, er hat mehrere Generationen nach dem Krieg geistig mitgeprägt und politisch sensibilisiert.

Werke: *Der Fremde; Der Mythos des Sisyphos; Brief an einen deut-*
schen Freund; Das Missverständnis; Caligula; Die Pest; Die Ge-
rechten; Der Mensch in der Revolte; Das Sein; Der Fall; Das Exil
und das Reich.

53. JOHN RAWLS (1924–2002)

John Rawls lehrte Philosophie an der Harvard Universität.
Mit seiner »Theorie der Gerechtigkeit« hat er die praktische
Philosophie stark angeregt. Er sah den Utilitarismus als nicht
ausreichend, um die komplexen Lebensprobleme moderner Gesellschaften hinreichend lösen zu können. So bezog er sich auf
die Vertragstheorie des Staates, wie sie von Locke, von Rousseau und von Kant formuliert wurde. Mit dem Bezug auf die
moderne Theorie des Spiels und der Entscheidung versuchte
er, zwei Prinzipien der sozialen Gerechtigkeit zu entwickeln,
mit denen das friedvolle Zusammenleben in modernen Gesellschaften auf Dauer gesichert werden könne.

Bereits in seinen frühen Schriften »Justice and fairness«
(1958), »Distributive justice« (1968) »Constitutional liberty«
(1963) und »Civil disobedience« (1966) hatte er die Grundlinien
seiner Theorie entwickelt, die er dann in seinem Werk »Theory
of justice« (1971) zusammenfasste. Darin versteht er die soziale
Gerechtigkeit als Fairness in der Verteilung der Lebenschancen
für alle Mitglieder einer Gesellschaft. Er geht davon aus, dass
die Menschen in den frühen Kulturen in ihren Kleingruppen
annähernd die gleichen Grundrechte und sozialen Pflichten
hatten. Verschiedene Stufen des Reichtums und der Macht
wurden nur dann als gerecht empfunden, wenn alle Mitglieder
der Gruppe davon einen Vorteil erkennen konnten.

Im Besonderen ging es darum, dass auch die sozial Schwächeren durch die Stärkeren hinreichend gesichert werden
konnten. Nun weist die Theorie vom Gesellschaftsvertrag darauf hin, dass die Verteilung der begrenzten Güter nach Grundsätzen erfolgen muss, die für alle Beteiligten annehmbar sind.
Nach der utilitaristischen Auffassung ist eine Gesellschaft dann

gerecht, wenn ihre Institutionen für die Gesamtheit ihrer Mitglieder die größtmögliche Summe an Befriedigung hervorbringen. Doch nach der Theorie der Gerechtigkeit akzeptieren die Menschen von Anfang an den Grundsatz der gleichen Freiheit für alle, ohne die Ziele dieser Freiheit im Einzelnen zu kennen. In ihr hat die Vorstellung von persönlichen Rechten den Vorrang vor der Idee des moralisch Guten.

Nun lässt sich eine Theorie der Gerechtigkeit als eine Beschreibung unseres natürlichen Sinnes für Gerechtigkeit (sense of justice) verstehen. Die beiden Grundsätze der allgemeinen sozialen Gerechtigkeit lauten dann: a) Jeder Mensch soll das gleiche Recht auf das umfangreiche System gleicher Grundfreiheiten haben, das mit dem gleichen System für alle anderen voll verträglich ist. b) Soziale und wirtschaftliche Ungleichheiten sind so zu gestalten, dass in vernünftiger Weise erwartet werden kann, dass sie jedem Menschen zum Vorteil dienen und dass sie mit Positionen und Ämtern verbunden sind, die jedem Mitglied der Gesellschaft grundsätzlich offenstehen. So postuliert diese Theorie der Gerechtigkeit die faire und gerechte Verteilung von sozialen, wirtschaftlichen und kulturellen Chancen.

Daraus folgt, dass alle sozialen Werte wie Freiheit, Chancen, Einkommen, Vermögen und die sozialen Grundlagen der Selbstachtung gleichmäßig verteilt werden müssen, sofern nicht eine ungleiche Verteilung der Güter der Gemeinschaft größere Vorteile erbringt. Diese Theorie zielt auf eine Gleichheit der Chancen und eine Gerechtigkeit des Verfahrens. So legt die Verfassung im Staat eine Form des fairen Konkurrenzkampfes um die politische Macht und um die Ämter fest. Die Herrschaft des Gesetzes soll die optimale Freiheit aller Mitglieder einer Gesellschaft ermöglichen. Nun muss der Staat die Rahmenbedingungen dafür schaffen, dass die Verteilungsgerechtigkeit auch zwischen den verschiedenen Generationen möglich wird.

Nun zeigt sich, dass in einem Staat die gleiche Freiheit für alle nur dann zu verwirklichen ist, wenn von allen Staatsbürgern die gleichen Pflichten übernommen werden. Dadurch können auch die Rechte von Minderheiten geschützt werden. Gegen ungerechte Gesetze gibt es die Möglichkeit des zivilen Ungehorsams, mit dem eine Korrektur ungenügender Gesetze erreicht werden soll. In dieser Theorie wird das moralisch Gute als das Vernünftige gesehen. Mit den Fähigkeiten unserer kritischen Vernunft können wir erkennen, was für uns das moralische Gute ist und mit welchen Mitteln wir es für uns selbst und für unsere Mitmenschen verwirklichen können. Wir alle haben die Fähigkeit zur Selbstachtung, zum moralischen Lernen und zur Scham gegenüber unsozialem Verhalten. Mit der Entfaltung unseres natürlichen Sinnes für Gerechtigkeit wird es uns möglich, eine wohlgeordnete Gesellschaft zu erreichen.

Unser moralisches Verhalten orientiert sich an Autoritäten und Bezugspersonen, an Grundsätzen, Gesinnungen und inneren Überzeugungen. Fragen der Moralpsychologie können aus der Theorie der sozialen Gerechtigkeit nicht ausgeklammert werden. So soll das Gut der Gerechtigkeit die Autonomie der einzelnen Personen bewahren und zur Objektivität von Entscheidungsverfahren beitragen. Dabei können Gefühle des Neides und der Missgunst die faire Verteilung von Gütern und Chancen nachhaltig stören, aber mit diesen Störungen muss gerechnet werden. Sie können durch rationale Einsichten vermindert werden. Der soziale Friede ist eine unabdingbare Voraussetzung für das Lebensglück der Staatsbürger. Bei allen Entscheidungsverfahren müssen wir unser natürliches Streben nach der Erfahrung der sinnlichen Lust mitbedenken. Wenn die menschliche Person als Einheit gesehen wird und wenn allen Menschen die Fähigkeit zum sozialen Lernen zugemutet wird, dann kommen wir den Zielen der sozialen Gerechtigkeit in der Form der Fairness bei der Verteilung der Güter und der Lebenschancen näher. Mit den Kräften der kritischen Vernunft können wir unser Zusammenleben so gestalten, dass alle Mitglieder einer Gesellschaft eine relative Zufriedenheit mit ihrer Lebenssituation erreichen. Diese Theorie der sozialen Gerechtigkeit gehört zu den Klassikern der modernen Sozialphilosophie, sie hat dem politischem Handeln wertvolle Impulse gegeben.

Werke: *Justice and fairness; Constitutional liberty; Distributive justice; Theory of justice.*

54. Jürgen Habermas (geb. 1929)

Als Wortführer der Frankfurter Schule der Sozialphilosophie unterscheidet Jürgen Habermas zwischen zwei Arten der Vernunft, nämlich der instrumentellen und der praktischen Vernunft. Die erste wird vor allem zur technischen und sozialen Herrschaft über Mitmenschen eingesetzt, die zweite dient der schrittweisen Emanzipation aus unvernünftigen Wertsystemen und politischen Zwängen. Die praktische und emanzipatorische Vernunft hilft uns, die Verabsolutierung der technischen Vernunft zu erkennen und zu relativieren. Sie trägt wesentlich zur Selbstaufklärung der kritisch Denkenden bei und verwirklicht sich als permanente Kritik an den Ideologien der Herrschaft mit absoluten Geltungsansprüchen. Sie zeigt, dass unser technisches und instrumentelles Wissen immer relativ ist.

Mit Max Scheler unterscheidet Habermas drei Typen von Wissen und Erkenntnis, die immer mit lebensweltlichen und gesellschaftlichen Interessen verknüpft sind. Das sind zuerst die empirisch-analytischen Wissenschaften, die von einem technischen Erkenntnisinteresse und vom erfolgsorientierten Handeln ausgehen. Das sind zweitens die historisch-hermeneutischen Wissenschaften, die einem praktischen Erkenntnisinteresse folgen und auf einen Konsens im Handeln im Kontext des tradierten Selbstverständnisses zielen. Die dritte Form ist die »Kritische Theorie« als unterscheidende Sozialwissenschaft, die einem emanzipatorischen Erkenntnisinteresse folgt. Sie orientiert sich an der Psychoanalyse und hat eine therapeutische Funktion, indem sie der Fundierung der Erkenntnis im Interesse der Gesellschaft dient. Ihr Ziel ist das von sozialen Zwängen emanzipierte Subjekt in der dauerhaften Selbstreflexion.

Jede Form der Erkenntnis baut auf gesellschaftlichen und lebensweltlichen Interessen auf, die als Bedingungen der Möglichkeit eines Erkenntnisfortschritts dienen. Damit wendet sich die Kritische Theorie der Gesellschaft gegen die Verabsolutierung der instrumentellen und der hermeneutischen Vernunft, sie grenzt sich vom Kritischen Rationalismus und von der Hermeneutischen Philosophie klar ab. Für sie gibt es keine nichthinterfragbaren Traditionszusammenhänge, wie sie den Denkern der Hermeneutik wichtig waren. Allein durch das unterscheidende Denken können wir zwischen guten und schlechten lebensweltlichen Traditionen unterscheiden.

Das Kriterium für diese Unterscheidung liefert uns die Form der Kommunikation, in der die kulturellen Traditionen entstanden sind. So unterscheidet Habermas in seiner Theorie des kommunikativen Handelns zwischen einer verzerrten, weil repressiven Form der Kommunikation und dem herrschaftsfreien und nichtverzerrten Diskurs. Dabei wird als regulative Idee die formale Antizipation eines idealisierten Gesprächs angenommen, bei dem alle Gesprächspartner gleichwertig fungieren. Dieses formale Konstrukt wird als Zielrichtung eines kulturellen Lernprozesses gesehen, denn es wird angenommen, dass die menschlichen Bedürfnisse aller am Gespräch Beteiligten am besten in der herrschaftsfreien Kommunikation befriedigt werden können. Diese Annahme wird von der psychologischen Forschung weitgehend bestätigt.

So wird die faktische Kommunikation von Menschen am Modell der idealen Kommunikation gemessen und beurteilt, um sowohl persönliche als auch kulturelle Lernprozesse voranzubringen. Das gute Leben in der Form der herrschaftsfreien und gleichwertigen Kommunikation wird im Rahmen einer universalen »Pragmatik« formuliert. Dabei wird auf die Theorie der Sprechakte von Austin und Searle zurück gegriffen. Im Diskurs werden vom Sprecher und vom Hörer bestimmte Geltungsansprüche erhoben, und zwar im Bezug auf Verständlichkeit, auf den Wahrheitsgehalt der Aussagen, auf die Richtigkeit der Regelverwendung und auf persönliche Ehrlichkeit. Die Wahrheit von Aussagen und die Richtigkeit von moralischen Normen werden im kritischen Diskurs ermittelt.

Bei diesem unterscheidenden Diskurs wird der vorher bestehende Konsens in bestimmten Traditionen der Weltdeutung und der Handlungsorientierung vorübergehend aufgehoben, korrigiert und weiterentwickelt. Das Kriterium für die Wahrheit von Aussagen oder die Gültigkeit von Normen kann nur im Konsens zwischen kompetenten Diskursteilnehmern erarbeitet werden. Sie müssen zwischen Sein und Schein sowie zwischen Sein und Sollen unterscheiden können. Eine moralische Norm gilt dann als richtig, wenn sie universalisierbar ist. Sie muss allen Diskursteilnehmern begründet werden und ihrem gemeinsamen Interesse dienen.

Nur in einer unverzerrten und gleichwertigen Diskursform lässt sich feststellen, ob eine Norm allgemeine Gültigkeit hat und ob einer Aussage ein Wahrheitsgehalt zukommt oder nicht. Daher muss eine moralische Norm das gemeinsame Interesse aller Diskursteilnehmer im Auge haben. Die unterstellten Bedingungen der idealen Diskurssituation geben auch die Leitlinien einer idealen und humanen Weltgesellschaft vor. In ihr sollen alle Völker und Gruppen mit den gleichen Chancen an der diskursiven Bildung eines Konsenses im Bereich der Normen und der Wahrheit beteiligt sein. Dieser Diskurs geschieht heute vielfältig in den internationalen Organisationen der UNO und UNESCO.

Im Bereich des staatlichen und zwischenstaatlichen Rechts sollen nur jene Normen Geltung bekommen, denen möglicherweise alle Betroffenen im freien Diskurs zugestimmt haben bzw. zustimmen können. So verbinden sich die Regeln des Rechtsstaates immer mit den Regeln des herrschaftsfreien Diskurses in der Demokratie, beide unterliegen einem kontinuierlichen kulturellen Lernprozess. Durch die globale Vernetzung kommt heute immer mehr eine pluralistische Weltgesellschaft in unser Blickfeld, darin werden erste Ansätze zu einer weltbürgerlichen Solidarität erkennbar. Für die neoliberale Wirtschaft im Welthorizont muss eine Folgenabschätzung zu jeder Zeit in Betracht gezogen werden, denn die vielen kulturellen Gesichter vertragen sich nicht mit einer wirtschaftlich und politisch völlig deregulierten Weltgesellschaft.

Was die religiösen Weltdeutungen betrifft, so schaffen sie ein starkes Gegengewicht zu den szientistischen und naturalistischen Weltdeutungen. Sie verdienen in ihren moralischen und kognitiven Inhalten eine grundsätzliche Wertschätzung seitens der Zivilgesellschaft. Freilich sind sie genötigt, sich an den kulturellen Lernprozessen der einzelnen Gesellschaften zu beteiligen. Die Grundwerte des sozialen Lebens können durch bestimmte Religionslehren nämlich verstärkt werden, aber diese Werte sind nicht auf die religiöse Begründung angewiesen.

Ihre Absicherung ergibt sich vielmehr aus den verschiedenen Diskursverfahren in demokratischen und herrschaftsfreien Lebenswelten.

Werke: *Erkenntnis und Interesse; Wahrheit und Rechtfertigung; Theorie des kommunikativen Handelns; Faktizität und Geltung; Zwischen Naturalismus und Religion; Nachmetaphysisches Denken; Technik und Wissenschaft als Ideologie.*

55. RICHARD RORTY (GEB. 1931)

Rorty verbindet die Ansätze der Pragmatischen Philosophie mit den Erfordernissen des postmodernen Denkens. Für ihn ist die Philosophie keine exakte Wissenschaft, da sie über keine Kriterien der Verifikation verfügt. Sie gleicht vielmehr einer Kunst, die unsere sprachliche Repräsentation der Welt zu analysieren und zu klären versucht. In allen Kulturen hält sie den Diskurs über die adäquaten Formen der Weltdeutung offen. Denn mit unserem Bewusstsein spiegeln wir niemals die Welt, sondern wir deuten unser Leben im Kontext bestimmter Erfahrungen und Lebenswelten.

Aus heutiger Sicht sind viele Theorien der Analytischen Philosophie über die sprachliche Repräsentation der Welt zu eng. Nach dem Wissensstand der heutigen Physik lassen sich die alten Unterscheidungen zwischen dem Subjekt und dem Objekt nicht mehr so dualistisch ziehen. Auch die scharfe Trennung zwischen dem Geist und der Materie kann nicht mehr aufrechterhalten werden, denn wir müssen in allen Bereichen mit den Wechselwirkungen zwischen dem erkennenden Subjekt und dem vermessenen Objekt rechnen. Die alten Trennungen waren die Folgen eines verfehlten Sprachgebrauchs.

Damit nähert sich Rorty den Sichtweisen von Wittgenstein nach seiner pragmatischen Wende an, zu der dieser von William James angeregt worden war. Nun müssen wir in der postmodernen Situation davon ausgehen, dass wir es mit verschiedenen Formen der Beschreibung der Welt zu tun haben, mit vielen

»Sprachspielen«, die miteinander konkurrieren. Ihre Leistungs-
fähigkeit zeigt sich in ihren praktischen Folgewirkungen auf
das menschliche Leben. Erst in unserer Lebensgestaltung erkennen wir, welche Deutungsmodelle der Welt und der Wirklichkeit sich besser oder schlechter bewähren. Auch im Prozess der
wissenschaftlichen Erkenntnis kommen wir über die grundsätzliche Relativität aller Erkenntnismodi nicht hinaus.

Gerade aus dem empiristischen Ansatz ließ sich lernen,
dass nicht alles mögliche Wissen auf empirische Erfahrung
zurückgeführt werden kann. Diese Erfahrung reicht nicht aus,
um einen vollständigen Beweis wissenschaftlicher Theorien
zu erbringen. Ein solcher Beweis ist erst recht für alle philosophischen Theorien über die Welt und unser Dasein unmöglich.
Die neuen Erkenntnisse der Naturwissenschaften zeigen uns,
dass die empiristischen Vorurteile gegen metaphysische Fragen gar nicht berechtigt waren.

Die Aufgabe der Wissenschaft liege darin, durch die empirische und die logische Prüfung der einzelnen Disziplinen einen maßvollen Fortschritt in der stets relativen Erkenntnis zu
gewinnen. Der Bezug auf letzte und endgültige Wahrheiten
muss in allen Bereichen aufgegeben werden, denn die Philosophie kann nur die Verknüpfung zwischen unseren Sprechwei-
sen und Weltdeutungen aufzeigen. Der Blick auf die Alltags-
sprache hilft uns, diese Deutungen zu erkennen und mittels
der modernen Logik zu vertiefen. Dadurch wird es möglich,
Irrwege des traditionellen Denkens als solche zu erkennen.

Die Sprache bleibt ein zentrales Thema auch des empirischen
Denkens. Die Realisten der Erkenntnis bauen wahre Einsichten
auf Objektivität auf, während die pragmatischen Denker die
Wahrheit jeder Erkenntnis auf der sozialen Solidarität gründen. Die Regeln der Rationalität werden in jeder Kultur durch
relative Normen definiert. Im Prozess der fortschreitenden Erkenntnis sind erkannte Wahrheiten nie ganz von Absichten,
Intentionen und Machtinteressen zu trennen. Das beharrliche
Streben nach Objektivität könnte sich auch als Angst vor dem
Tod der Gemeinschaft erweisen. Doch die Hoffnungen der
europäischen Aufklärung, die zur Entstehung der modernen
Demokratien geführt haben, können in der Postmoderne auf
moderate Weise weiter entfaltet werden.

Rorty möchte dazu beitragen, den Horizont der philosophischen Diskussion zu erweitern, denn er hält das Denken in festen Mustern und Schablonen für unnütz und nicht kreativ. Es geht um die entscheidende Frage, welche philosophische Position für die Forschergemeinschaft und die Gesellschaft die besten Folgen nach sich zieht. In jedem kreativen Denkprozess werden menschliche Selbstbilder verändert, denn Philosophie reagiert immer auf soziale und kulturelle Prozesse. Sie versucht, alte Denkmuster mit neuen Interpretationen zu verbinden, um der gelebten Freiheit in der Demokratie nützlich zu sein.

Heute geht es darum, die Einseitigkeiten der Analytischen Philosophie zu überwinden. Denn bei genauem Hinsehen ist es nicht möglich, die Philosophie der Sprache in Analogie zu den Naturwissenschaften als exakte Disziplin zu verstehen. Der »linguistic turn« hatte die Geschichte der Philosophie zu wenig beachtet, dies muss heute korrigiert werden. Pragmatische und existentialistische Denkweisen können sich ergänzen, auch die Lebensphilosophie und der Idealismus behalten ihre Bedeutung. Daher achten pragmatische Denker sowohl auf die Entstehungszusammenhänge als auch auf die Folgewirkungen von philosophischen Ideen. Sie denken niemals ahistorisch und kontextfrei.

Die Diskussion um die soziale Gerechtigkeit stellt sich heute in der Zeit der wirtschaftlichen Globalisierung neu. Wenn wir weiterhin auf rasante Weise Arbeit und Kapital in die Dritte Welt verlagern, wird sich das Gefälle des Wohlstands zwischen allen Ländern verringern. Doch dann könnten die Demokratie und die Freiheit der Lebensformen in den westlichen Ländern ernsthaft gefährdet sein, denn es wird zu wenig Geld geben, um die sozialen Einrichtungen für alle Staatsbürger sicherzustellen. Kritische Philosophie verschließt vor diesen Problemen nicht die Augen, sie ringt mit vielen anderen Disziplinen um maßvolle und pragmatische Lösungen. Eine Ethik des Diskurses kann uns dabei helfen, global und interkulturell um mehr soziale Gerechtigkeit zu ringen.

Werke: *Der Spiegel der Natur; Solidarität oder Objektivität; Kontingenz, Ironie und Solidarität; Eine Kultur ohne Zentrum; Hoffnung statt Erkenntnis; Stolz auf unser Land; Philosophie und die Zukunft.*

II.
JÜDISCHE KULTUR

1. PHILO VON ALEXANDRIA (20 V. CHR.–50 N. CHR.)

Philo von Alexandria lebte zwischen 20 v. Chr. und 50 n. Chr. und war damit ein Zeitgenosse des Jesus von Nazareth. Er verband den jüdischen Gottesglauben mit der philosophischen Idee des einen Weltgottes. Zunächst wurde er in der stoischen Schule gebildet, er studierte aber auch platonische und neupythagoräische Lehren. Dabei kam er zu der Überzeugung, dass die jüdische Kultur älter und wertvoller sei als die griechische. Der jüdische Glaube sei die wahre Weisheit, die Philosophie der Griechen müsse ihr dienen. Von den Stoikern lernte er, die jüdische Bibel allegorisch zu lesen.

Damit hatte dieser Denker großen Einfluss auf die Entwicklung des frühen Christentums. Für ihn liegt die Aufgabe der Philosophie darin, den einen Weltgott zu schauen, da dieser der Urgrund der Welt ist und über allen Geistwesen steht. Er ist über die vielen Götter der Völker erhaben, ist weise und vollkommen, der Ursprung von allem und über der Welt. Wir Menschen können das Geheimnis dieses Weltgottes nicht erfassen, es übersteigt unser Erkennen. Wir können immer nur sagen, wer er nicht ist. Eigenschaften und Namen können wir ihm nicht zusprechen. Dieser eine Weltgott existiert außerhalb der Welt und des Kosmos, er ist mit dem einen Seienden identisch. Als Weltschöpfer ist er tätige Kraft und reine Vernunft, er wirkt im Weltall und hat auch die Materie geschaffen. Weil diese mit dem Bösen befleckt ist, kommt er nicht mit ihr in Berührung. Die Welt hat er nach ewigen »Ideen« geschaffen, in ihr existieren viele Geistwesen (logoi) und göttliche Kräfte (dynameis). Aus ihnen wurde die materielle Welt, die ein Abfall vom Prinzip des Guten darstellt. Die Gottheit steht außerhalb der Welt; die vielen Geistwesen sind die Vermittler zwischen dem Weltgott und uns Menschen.

Nun wirkt die höchste Gottheit durch die vielen Geistwesen, durch die himmlischen Mächte und Kräfte. Sie ist voller Macht und Güte und lenkt das Weltgeschehen. Die Mittelwesen zwischen der Gottheit und der Welt sind die göttlichen Kräfte, die Engel und Dämonen, die Seelen der göttlichen Helden und der himmlische »Hofstaat«. Der große Vermittler aber zwischen dem Weltgott und uns Menschen ist der göttliche »Weltgeist« (Logos). Er gilt als Bote und Fürsprecher für uns, aber auch als Wagenlenker über den Engeln und Geistwesen. Als göttliche Weisheit wohnt er in der höchsten Gottheit.

Damit ist der göttliche Logos die Quelle für unsere menschliche Weisheit. Die Schöpfung der Welt geschieht durch den göttlichen Logos, dieser ist wie ein »zweiter Gott«, wie ein »erstgeborener Sohn« der Gottheit. Er ist nicht geworden, aber auch nicht ungeworden; als die Spitze der Schöpfung ist er der göttliche Statthalter in der Welt. Er begleitet die Gebete der Priester und bewirkt für die Menschen die Verzeihung ihrer Sünden. Das göttliche Schöpfungswerk wird durch die Vernunftkraft des Logos fortgesetzt, durch ihn erlangen wir Menschen Gnade und ein langes Leben.

Im einen Weltgott sind drei göttliche Kräfte zu erkennen, nämlich das ewig Seiende, die göttliche Güte und die göttliche Kraft. Wir Menschen sehen die eine Gottheit als »himmlische Dreiheit«, die wir nur in der Ekstase schauen können. Aus den Wundern der Schöpfung können wir mittels der Vernunft den göttlichen Schöpfer erschließen. Doch die volle Gotteserkenntnis erreichen wir erst in der mystischen Schau. Unser menschlicher Geist (nous) ist eine Absplitterung vom göttlichen Geist, deswegen strahlt auf unseren Gesichtern immer der göttliche Lichtglanz.

Wir Menschen haben einen freien Willen, folglich sind wir für unsere Entscheidungen selbst verantwortlich. Für unsere guten Taten erhalten wir göttlichen Lohn, für die Übeltaten aber werden wir ewig bestraft. Die Sünde ist ein Teil des menschlichen Lebens, wir können ihr nicht entfliehen. Im Kosmos über der Mondbahn leben und wirken die guten Engel und Geistwesen, im Kosmos unter der Bahn des Mondes aber leben die wilden Dämonen und die Seelen der bösen Menschen. Beide Kräfte wirken auf uns Menschen.

Deswegen gibt es drei Typen von Menschen: die nach der

sinnlichen Lust Strebenden; die nach den geistigen Werten Strebenden; und zuletzt die Priester und Propheten, die in der Ekstase die göttliche Welt schauen. Diese letzten sind bereits Bürger einer übersinnlichen Welt. Das moralische Ziel jedes Menschen ist es, sich von der Sinnenwelt zu lösen und sich in der mystischen Schau mit der Gottheit zu vereinigen. Wer seine sinnliche Leidenschaft überwindet, erlebt das höchste göttliche Gnadengeschenk.

Der asketisch lebende Mensch steht an der Grenze zwischen der Sinnenwelt und der Gottheit; er lebt in tiefer Sehnsucht nach dem Weltgott. Aus eigener Kraft kann er sich aus der Macht des Bösen nicht befreien, deswegen braucht er für ein gutes Leben immer die göttliche Gnadenkraft. Die Schriften der jüdischen Bibel sollen fortan allegorisch gelesen werden; sie haben einen wörtlichen und einen tieferen Sinn. Nur Mystiker schauen die göttlichen Geheimnisse.

Damit hat Philo eine universale Theologie des jüdischen Glaubens entworfen, die sehr bald von den frühen Christen übernommen worden ist. Er machte als Erster aus dem jüdischen Volksgott Jahwe einen universalen Weltgott, und er entwickelte die Lehre vom göttlichen Logos und die Vorstellung von der göttlichen Dreiheit. Das Judentum ist diesen griechischen Lehren kaum gefolgt, doch das entstehende Christentum hat sie mit Begeisterung angenommen. Damit ist Philo der eigentliche Vordenker der gesamten christlichen Gotteslehre, Paulus von Tarsos hat seine Lehren weiterentfaltet.

Werke: *De vita Mosis; De specialibus legibus; De aeternitate mundi; De providentia; De vita contemplativa; De sommnis; De Cherubim.*

2. Salomo ibn Gabirol (11. Jh.)

Salomo ibn Gabirol stammte aus Malaga in Spanien und lebte im 11. Jahrhundert. Er verfasste mehrere Werke in hebräischer Sprache, Lehrgedichte und philosophische Schriften. Andere Bücher verfasste er in arabischer Sprache, die später ins Hebräische übersetzt wurden. In der »Königskrone« und in der »Lebensquelle« befasste er sich mit Fragen der Religion; das zweite Werk wurde im 12. Jh. ins Lateinische übersetzt. Die christlichen Scholastiker nannten den Denker Avencebrol.

Gabirol will ein philosophisches System aufbauen, das auf rationaler Schlüssigkeit beruht und sich nicht auf alte Autoritäten beruft. Die Lehren der Religion sollen dabei keine prägende Rolle spielen, denn sie engen die Freiheit der Gedanken stark ein. Die Wissenschaft besteht aus drei Teilen, nämlich der Lehre über die Materie und die Form, dann die Lehre vom Willen der Menschen und schließlich die Lehre vom ersten Wesen. Denn der göttliche Wille ist es, der zwischen dem höchsten Wesen und der Welt der Dinge vermittelt.

Die konstitutiven Bestandteile der Wirklichkeit sind die Materie und die Form. Diese aristotelische Lehre verbindet Gabirol aber mit der neuplatonischen Weltdeutung, wie er es in der arabischen Denktradition gelernt hatte. Zwischen dem höchsten göttlichen Wesen und der Welt der Körper existiert eine Vielzahl von Geistwesen bzw. Mittelwesen. Das Sein der niedrigen Wesen fließt immer aus dem Sein der höheren Wesen bzw. des einen höchsten Wesens. Hier folgt Gabirol der plotinischen Emanationslehre.

Die Materie ist das Allgemeine und Unbestimmte, das durch die Form seine Gestalt erhält. Damit steht die Form über der Materie, denn das Verwirklichte ist immer über dem Möglichen. Durch die Materie kommt das Beständige in den Wechsel der vielen Formen, an ihr haben alle Dinge Anteil. Das Körperliche ist das Allgemeine, die Form schafft die qualitative Vielheit der Dinge. Analog zur Welt der Körper baut sich die geistige Welt auf. Auch die geistigen Substanzen lassen sich auf eine universelle und intelligible Materie und eine universelle und intelligible Form zurückführen.

Geistige und körperliche Substanzen bestehen beide aus Materie und aus Form. Sie haben in einer universellen Materie den Grund ihrer Gemeinsamkeit. Alle Formen der Dinge gehen auf eine universelle Form zurück. Diese Materie ist der Form nicht länger untergeordnet, denn die reine Materie ist immer potentielles Sein. Aber auch die reine Form ist nur ein mögliches Sein, denn erst durch die Verbindung mit der Materie entsteht ein aktuelles Sein. Doch die (platonische) Welt der Ideen hat prinzipiell andere Qualitäten als die Welt der irdischen Körper.

Die intelligible Materie der Geistwesen und die intelligible Materie der irdischen Körper haben nur den Namen gemeinsam. Denn die Materie bildet eine Einheit und fasst alles Mögliche zusammen. Sie ist der einheitliche Urgrund, der alle Erscheinungen trägt. Der Welt, die aus Materie und Form besteht, steht der außerweltliche Schöpfergott als absolutes Sein gegenüber. Die Form aber ist das einheitliche Prinzip des Werdens, das auf die passive Materie einwirkt.

Damit wird die Form die bestimmende Kraft über die Materie. Doch Gabirol muss in seinem Werk einige Widersprüche hinnehmen. In der Gesamtheit der Welt ist die Materie der Form untergeordnet, denn in den einzelnen Dingen und in den Körpern gibt die Form das Maß. Die Bewegung in der Welt kommt zustande, weil die höheren Kräfte Substanzen ausstrahlen, aus denen dann die niederen Substanzen hervorgehen. Die Vollkommenheit des Seins nimmt bei den niederen Wesen und Körpern deutlich ab.

Gott wird als personaler Weltschöpfer verstanden, der sowohl der Materie als auch der Form gegenübersteht. Denn er hat die gesamte Wirklichkeit aus dem Nichts erschaffen. Das Sein ist aus dem Nichts entstanden, Gott hat durch seinen Willen die Welt auf bewusste Weise erschaffen. Folglich ist im göttlichen Willen alles enthalten, er durchdringt alles und umfasst alle Formen. Er ist die »Quelle des Lebens« (Fons vitae), wie der Titel des Buches besagt. Der göttliche Wille erschafft die Form und die Materie und verbindet sie miteinander.

Gott ist die höchste Einheit, ihm können keine Attribute zugeschrieben werden. Die Materie geht aus dem ruhenden Wesen der Gottheit hervor, die Form aber aus dem aktiven göttlichen Willen. Die Gottheit und die universelle Materie sind für uns Menschen unerkennbar. Denn das Wesen der Gottheit ist unendlich, unbegrenzt und ohne Form. Nur aus den Wirkungen können wir Gott erahnen. Auch die erste Materie ist für uns unerkennbar, weil sie noch nicht geformt ist. Am Ende wird die Materie wieder mit der göttlichen Wesenheit vereinigt.

Das zweite Werk »Königskrone« drückt tiefe jüdische Frömmigkeit aus und lobt die Größe des göttlichen Schöpfers.

Er wird als Weltherrscher gepriesen, weil aus seinem Willen der wunderbare Kosmos hervorgeht. Die Welt ist wunderbar geordnet, doch vor dem göttlichen Schöpfer ist sie nur gering. Die göttliche Weisheit ist die Quelle alles Lebens, aus ihr fließt jeder menschliche Wille. Dieser hat Anteil am göttlichen Schöpferwillen. Das Vergängliche verbindet sich mit dem Absoluten, das Zeitliche mit dem Ewigen, die Philosophie mit der Mystik.

Somit verbindet dieser Philosoph neuplatonische und aristotelische Denkmodelle mit dem jüdischen Gottesglauben. Damit hat er viele Denker der christlichen Scholastik angeregt, die seine Ansätze weiterentwickelten.

Werke: *Die Krone des Königtums; Verbesserung der Seeleneigenschaften; Lebensquelle; Kether Malkuth; Meqor chajim.*

3. Moses ben Maimon (1135–1204)

Moses ben Maimon lebte zwischen 1135 und 1204, er wird auch Maimuni oder Rambam genannt. Auch er hatte starken Einfluss auf die christliche Scholastik, vor allem auf Albertus Magnus und Thomas von Aquin, denn er wollte die aristotelische Philosophie mit der jüdischen Offenbarungsreligion verbinden. Dabei zieht er eine deutliche Grenze zwischen dem wissenschaftlich Erweisbaren und der göttlichen Offenbarung. Er stammte aus Cordoba in Spanien, lebte aber später als Leibarzt des Kalifen in Ägypten.

In seinem Werk über den »Glaubenszwang« riet er den Juden, das Prophetentum des Muhammad anzuerkennen, um ungestört leben zu können. Die Juden sollten gemäß ihren göttlichen Geboten leben, aber nicht für sie sterben. Er verfasste medizinische, philosophische und talmudische Schriften. Das Übel in der Welt (Krankheit) stört die von Gott gewollte Harmonie. Deswegen hat der Arzt die Aufgabe, die Krankheit zu bekämpfen und an der Verwirklichung der göttlichen Absichten mitzuwirken.

In seinem Werk »Mischne Tora«, das hebräisch verfasst wurde, müht sich ben Maimon, die Lehren der jüdischen Religion mit den Erkenntnissen der Wissenschaft zu verbinden. Er fasst alle Vorschriften für das religiöse und das profane Leben systematisch zusammen, aber lässt alles das weg, was vom Standpunkt der Wissenschaft aus nicht mehr zu vertreten ist. So akzeptiert er keine astrologischen Lehren und keinen Dämonenglauben.

Moses ben Maimon legt die naturwissenschaftlichen und die medizinischen Lehren seiner Zeit dar. Er befasst sich mit den Grundfragen der Physik und der Metaphysik und verbindet diese mit den Problemen der Ethik. Nur wenn wir das Weltall voll Staunen betrachten, können wir zur Liebe zum göttlichen Schöpfer gelangen, denn nur aus der Erkenntnis der göttlichen Weltordnung wird uns die Größe der göttlichen Weisheit bewusst. Wenn unser kleines Ich dem großen Weltall gegenübersteht, wächst in uns das Gefühl tiefer Ehrfurcht. Aus der Erkenntnis der höchsten Gottheit folgt für uns Menschen die tiefe Gottesliebe. Wie Aristoteles teilt ben Maimon die Tugenden in ethische und in diainoetische (verstandesmäßige) ein. Sein Buch »Führer der Unschlüssigen« verfasste er in arabischer Sprache, es wurde später ins Hebräische übersetzt. Eine lateinische Übersetzung wurde den Denkern der Scholastik zugänglich. In diesem Werk geht es um das Verhältnis zwischen dem fortschreitenden Wissen und den Lehren der Religion. Der Autor will beweisen, dass die Lehren der jüdischen Religion richtig sind.

Er versucht, mit den Methoden der aristotelischen Philosophie zu zeigen, dass die Lehren der Bibel weise sind und ihre volle Gültigkeit haben. Es ist die Aufgabe der Philosophie, die Lehren der Religion deutlicher darzulegen. Dafür eignet sich Aristoteles am besten, während die Lehren Platons »dunkel« seien. Zu den Geheimnissen der Bibel gehört die Lehre von der göttlichen Schöpfung und vom göttlichen Thronwagen. Das Dasein Gottes lässt sich durch die Erkenntnisse der Wissenschaften beweisen, auch seine Eigenschaften lassen sich umfassend darlegen. In der Bibel liegt ein tieferer Sinn verborgen, der nur den Gelehrten zugänglich ist.

Der Gottesbegriff ist für uns nur durch negative Bestimmungen zu erfassen, er soll von anthropomorphen Bildern gereinigt werden. Wenn wir sagen, dass Gott existiert, dann sprechen wir ihm seine Nichtexistenz ab. Doch das Wesen der Gottheit können wir nicht mit wissenschaftlichen Begriffen definieren, auch Teildefinitionen sind unmöglich. Im Grund lassen sich von der Gottheit auch keine Relationen aussagen, denn sie kann nicht mit Raum und Zeit verbunden werden.

So können wir von Gott nur sagen, was er nicht ist (negative Theologie), denn zwischen dem absoluten Einen und der Vielheit der Geschöpfe gibt es keine logische Verbindung. Doch wir Menschen können als vernünftige Wesen zu Gott eine persönliche Beziehung entfalten (Ich-Du). Der Endzweck der Menschenwelt liegt in ihrer ethischen Vervollkommnung und ihrer Annäherung an den Schöpfergott. Da dieser außerhalb der Welt existiert, ist es uns Menschen erlaubt, die Welt mit allen Mitteln der Wissenschaft zu erforschen.

Was wir von Gott aussagen können, ist seine Wirkungsmacht, denn er ist die höchste und letzte Ursache des Seins. Aber er hat auch eine ethische Wirkung auf uns Menschen, denn nur durch die Gotteserkenntnis gelangen wir zur höchsten sittlichen Vervollkommnung. Aus dem großen Weltplan des Schöpfers ist für uns Menschen das Sittengesetz ablesbar. In der Religion erkennen wir die göttlichen Einwirkungen auf unser Leben. Das göttliche Denken stellen wir uns analog zum menschlichen Denken vor. Der göttliche Schöpfer wirkt mit freiem Willen. Doch ob die Welt ewig sei oder von Gott in der Zeit aus dem Nichts geschaffen worden ist, das können wir mit den Mitteln der Philosophie nicht entscheiden.

Maimonides versteht das Judentum als rationales System, in dem sich der religiöse Glaube und das Wissen ergänzen. Ein unreflektierter Glaube ist immer nur eine Vorstufe zur wahren Erkenntnis. Daher ist es die Aufgabe jedes Gläubigen, sich um philosophische Einsicht zu bemühen. Damit werden die Mystik und die Lehren der Kabbala abgewertet, denn in ihr flüchten die Menschen vor dem rationalen Denken. Maimonides öffnet die jüdische Religion für die Erkenntnisse der Philosophie und der Naturwissenschaft. Darin sind ihm christliche Denker bald gefolgt.

Werke: *Mishneh Torah (Wiederholung der Tora); Sefer Ha Mada (Buch der Erkenntnis); Moreh Nevukhim (Führer der Verwirrten).*

4. LEWI BEN GERSON (1288–1344)

Lewi ben Gerson lebte zwischen 1288 und 1344 in Südfrankreich. Die lateinischen Schriftsteller nennen ihn Leo Hebraeus. Er war ausgebildeter Mathematiker, Astronom und Philosoph. Ob er auch Arzt war, ist fraglich. Er hat mehrere Werke über Arithmetik und Geometrie verfasst sowie Kommentare zu den Büchern Euklids in hebräischer Sprache. Die Philosophie des Aristoteles lernte er durch den arabischen Denker Averroes kennen, zu dessen Schriften er Kommentare verfasste. Das Hauptwerk des ben Gerson trägt den Titel »Gotteskämpfe« (1329), darin will er das wahre jüdische Gottesbild verteidigen. Er will untersuchen, ob die Welt ewig oder geschaffen sei, ob die Menschenseele unsterblich ist und ob wir aus unseren Träumen etwas lernen können. Er schrieb über das göttliche Wissen und die göttliche Vorsehung in unserem Leben, über die Astronomie und die Schöpfungslehre.

Es ist die Aufgabe jedes Menschen, mit Hilfe des Verstandes zur besseren Erkenntnis der Welt zu gelangen. Denn im Grunde ist jeder Mensch dazu fähig. Sowohl die göttliche Offenbarung in den Schriften der Bibel als auch unsere Erkenntnisse der Vernunft stammen vom göttlichen Schöpfer. Deswegen kann es keinen Widerspruch zwischen der Wissenschaft und der Religion geben. Es kann nicht zwei Wahrheiten geben, deswegen widerspricht die Bibel nicht den Erkenntnissen der Wissenschaft.

Gott ist reines Denken, er ist das geistige Formungsprinzip des Kosmos, das Ordnungsgesetz der Welt. So hatte es auch Aristoteles gelehrt. Von den vielen Zwecken und Zielen in der Welt können wir auf eine letzte göttliche Zweckursache schließen. Da Gott nur Einer ist, gibt es keinen Unterschied zwischen seinem Wesen und seinem Denken. Wir können von ihm eine Reihe positiver Eigenschaften und Attribute aussagen. Das göttliche und das menschliche Wissen unterscheiden sich nicht in ihrem Wesen, sondern nur in ihrer Intensität.

Gottes Wissen ist ursprünglich, unser menschliches Wissen ist daraus abgeleitet. Da Gottes Wirken durch sein Denken geschieht, ist er die Ursache aller Formen. Alle menschlichen Eigenschaften werden durch die göttlichen Eigenschaften bewirkt. Die Welt ist ein wunderbar geordnetes System, das auf ein letztes Ziel hin gerichtet ist. Deswegen ist sie nicht ewig, sondern wurde in der Zeit geschaffen. Da alle Teile des Universums zusammenhängen, müssen alle von Gott erschaffen sein.

Eine unendliche Zeit kann es nicht geben, denn sie ist immer begrenzt. Bestünde die Welt von Ewigkeit her, dann hätte sich die menschliche Kultur gar nicht entwickeln können, und es gäbe keinen Fortschritt in der wissenschaftlichen Erkenntnis. Gott hat die Welt in der Zeit geschaffen, doch die Schöpfung erfolgte als Formung der schon vorhandenen Materie. Eine Schöpfung aus dem Nichts lässt sich durch wissenschaftliche Erkenntnis nicht vertreten. Dass es ein zeitloses Substrat in der Welt geben muss, lässt sich mit den Mitteln der Logik beweisen, denn am Anfang der Welt stehen die Materie und die Form. Es ist der göttliche Schöpfer, der nach freiem Willen die ewige Materie formte. Die göttlichen Gesetze bestimmen die Entwicklungen der Menschheit, doch der einzelne Mensch bleibt in seinen Entscheidungen frei.

Die Menschen sind freie Wesen, weil sie mit Vernunft begabt sind. Doch als Gattungswesen werden sie durch die Naturzusammenhänge und den Gang der Gestirne bestimmt. Die Gestirne verbürgen die irdische Ordnung und den Erhalt der Arten. Die einzelnen Menschen sind in ihren Entscheidungen frei, weil der göttliche Weltplan diese Freiheit gewährt. Mit der wachsenden Erkenntnis nähern sich die Menschen dem höchsten und allgemeinen Geist, dem aktiven Intellekt, der im Kosmos wirkt. Folglich wissen sie um das Gute und das Böse und sind fähig, zwischen beiden zu wählen.

Die intellektuelle Erkenntnis führt die Menschen zur moralischen Vollkommenheit, zum höchsten Glück und zur Unsterblichkeit der Seele. Durch die fortschreitende Erkenntnis nähern sie sich dem aktiven Intellekt (intellectus activus) im Kosmos. Jeder Fortschritt der Erkenntnis setzt intellektuelle

Anstrengung und Askese voraus. Der Lohn für diese Anstrengung ist die individuelle Unsterblichkeit des menschlichen Intellekts. Die Gesamtheit der Begriffe, die ein Mensch während seines Lebens erwirbt, überdauert den Tod des Körpers.

Der Körper und die Seele gehen im Tod zugrunde, doch der individuelle Intellekt eines Menschen bleibt erhalten. Je nach den theoretischen Einsichten gibt es eine stärkere oder eine schwächere intellektuelle Unsterblichkeit. Der Beitrag jedes Einzelnen zur allgemeinen Erkenntnis wird verewigt, dies ist der Lohn für die vielen Entbehrungen des Lebens. Der Prophet übertrifft den Philosophen noch an Erkenntnis des Wahren, damit ist auch die Prophetie ein natürliches Phänomen.

Wunder in der Natur sind möglich, denn sie werden vom aktiven Intellekt bewirkt. Doch sie geschehen nur in der Welt unterhalb der Mondbahn, in der Welt der Himmelskörper gibt es sie nicht. Die jüdische Religion erreicht den Höchststand an Wissen, der uns Menschen möglich ist. Je mehr wir im Wissen voranschreiten, umso freier wird unser Leben, denn Gott hat das Wissen und die Freiheit in unsere Hände gelegt. Die Würde des Menschen kommt aus seiner geistigen Person.

Leider wurden die Schriften dieses Denkers nicht ins Lateinische übersetzt, deswegen blieben sie im Mittelalter ohne große Wirkung. Erst im 20. Jh. wurde der originäre Wert dieses Philosophen erkannt.

Werke: *Milchamot Adonaj (Kämpfe Gottes).*

5. Moses Mendelssohn (1729–1783)

Mendelssohn, ein Denker der Aufklärung, wurde 1729 in Dessau geboren, seine Ausbildung erhielt er in Berlin. Er studierte den Talmud, aber auch Mathematik; er war Hauslehrer und zuletzt Teilhaber einer Textilfirma. Durch die Bekanntschaft mit Lessing wurde er in den Kreis der Berliner Aufklärung aufgenommen. Der Dichter hat ihm mit seinem Drama »Nathan der Weise« ein Denkmal gesetzt.

Wie Lessing suchte auch Mendelssohn nach einer vernünftigen Form der Religion, die ihre Anhänger zu mehr Toleranz gegen Andersdenkende erzieht. In seinen Schriften »Phädon oder die Unsterblichkeit der Seele« und »Morgenstunden oder Vorlesungen über das Dasein Gottes« knüpfte er an die Lehren des Moses ben Maimon an. Auch die jüdische Religion ist mit den Prinzipien der europäischen Aufklärung voll vereinbar. Ein naiver Glaube an göttliche Wunder in der Welt soll abgelegt werden.

Die Vorstellung vom Wirken eines persönlichen Gottes, aber auch der Glaube an die Unsterblichkeit der Seele und an ein jenseitiges Gericht nach dem Tod sind mit dem kritischen Denken voll verträglich. Mit seiner »Abhandlung über die Evidenz in den metaphysischen Wissenschaften« gewann er 1763 den Preis der Berliner Akademie der Wissenschaften gegen Immanuel Kant. Er lebte in der jüdischen Glaubensüberzeugung und trat für Milde, Geduld, Sanftmut und Toleranz in der Ethik ein.

Vor allem wollte er die Ideen der deutschen Aufklärung dem Judentum nahebringen. Er übersetzte die fünf Bücher Moses ins Deutsche, veröffentlichte sie aber mit hebräischen Schriftzeichen. Dies sahen die Rabbiner als Affront gegen die heilige Sprache der Bibel an. Der evangelische Theologe J. K. Lavater setzte sich hart mit ihm auseinander. In seinem Werk »Jerusalem oder über religiöse Macht und Judentum« (1783) verteidigte Mendelssohn seine Position. Für ihn war die jüdische Religion mit den Ergebnissen des kritischen Denkens voll verträglich. Die am Berg Sinai offenbarten Gesetze und die damit verbundenen Glaubenswahrheiten sind durchweg vernünftig, sie können von allen Menschen akzeptiert werden.

Als ewige Wahrheiten können nur solche gelten, die der menschlichen Vernunft verständlich sind. Dem Volk Israel sind allgemeine Gebote, Gesetze und Lebensregeln offenbart worden. Aber diese Einsichten offenbart der göttliche Schöpfer allen Menschen durch die Sprache der Natur. Den Juden wurden sie durch das Wort und die Schriftzeichen kundgetan, deswegen müssen nur sie im praktischen Leben am so genannten »Zeremonialgesetz« festhalten. Das Wesen des jüdischen Glaubens besteht in einer praktischen Lebensform, die nicht theoretisch begründet werden kann.

Die Vernunftreligion liefert die Theorie für die Befolgung der jüdischen Zeremonialreligion. Sie ist noch längst nicht Allgemeingut der Religionen und Kulturen, aber sie kann es werden. Damit weicht der Philosoph keineswegs von den Lehren der Väter ab, denn das jüdische Gesetz vermag den menschlichen Verstand zu den göttlichen Wahrheiten hinzuführen. Das Gesetz verbindet die Lehre mit dem Leben, die Betrachtung mit der Handlung.

Später muss Mendelssohn seinen durch die Vernunft begründeten Optimismus etwas relativieren. Kant hatte gesehen, dass auch die christliche Religion einen ähnlichen Weg einschlagen wird und den Gläubigen volle Gewissensfreiheit geben muss. Mendelssohn reflektiert über das Wesen des Judentums in der Neuzeit und gibt ihm eine vernünftige Basis. Damit steht das Bekenntnis zum Judentum der Integration in die bürgerliche Gesellschaft nicht im Weg, sofern es sich an der kritischen Vernunft orientiert. Diesem Ansatz ist die so genannte »Neoorthodoxie« in Mitteleuropa gefolgt, doch die »Altorthodoxie« lehnt diesen Weg bis heute strikt ab.

So wurde Mendelssohn zum Vordenker des aufgeklärten Judentums. Er wollte zur Bildung des Volkes beitragen, deswegen sollten veraltete Lebensformen schrittweise verändert werden. Jeder sollte seinen Beruf frei wählen können, die Kleidung und die äußeren Umgangsformen sollten der jeweiligen Kultur angepasst werden. Das Judentum ist auf besondere Weise vom göttlichen Schöpfer geschützt, deswegen überdauert es jeden Verfall und Niedergang einer Kultur. Aufgeklärte Juden sollten sich von unvernünftigen Traditionen befreien; die Frauen müssen mehr Rechte bekommen.

Damit wird eine neue Symbiose zwischen der jüdischen und der christlichen Kultur möglich, denn beide werden durch die Einsichten der rationalen Aufklärung gereinigt. Dann müssen sie nicht mehr gegeneinander kämpfen, die alten Streitigkeiten um die Person Jesu und den göttlichen Messias können beendet werden. Damit beginnen aufgeklärte Juden, am europäischen Geistesleben aktiv teilzunehmen. Ihren Glauben sehen sie als spezifische Form der Religion neben vielen anderen.

Die neoorthodoxen Juden passten sich der europäischen Kultur an, ohne die eigene Tradition aufzugeben. Sie verstanden sich dabei als rechtgläubig (orthodox). Sie lernten die europäischen Sprachen, studierten die Naturwissenschaften und die kritische Philosophie. Gleichzeitig wollten sie nicht die jüdische Bildung vernachlässigen. Auch sie akzeptieren die Grundgedanken der Französischen Revolution, dass alle Menschen vor dem Gesetz gleich sein müssen.

Mit der Zeit erhielten auch die Juden in West- und Mitteleuropa schrittweise die volle Gleichberechtigung vor dem bürgerlichen Gesetz, die Schranken der Kulturen wurden niedriger. Auch die Juden durften nun alle bürgerlichen Pflichten für den Staat und das Gemeinwesen annehmen, behielten dabei aber das Recht auf ihre eigene Religionsform und besondere Riten. Die Werte des jüdischen Glaubens mussten verstärkt verinnerlicht werden, weil äußere Zeichen wegfielen. Damit aber spaltete sich das Judentum in einen aufgeklärten Zweig und in eine konservative Richtung.

Diese Trennung ist im Judentum bis heute erhalten geblieben. Mendelssohn war der Erste, der diese Grundideen in die jüdische Kultur brachte und damit einen starken Schub der Erneuerung auslöste. Im Grunde ist es für alle Religionen und Kulturen die kritische Philosophie, die zu kognitiven Lernprozessen zwingt. Mendelssohn hat diesen Lernprozess auf mutige Weise vorangebracht.

Werke: *Briefe über Empfindungen; Phaidon; Morgenstunden; Jerusalem oder über die religiöse Macht und das Judentum.*

6. Martin Buber (1878–1965)

Der Dialogphilosophie hat neben Ferdinand Ebner und Franz Rosenzweig besonders Martin Buber zum Durchbruch verholfen. Mit seiner Schrift »Ich und Du«, die von 1916 bis 1923 entstanden ist und 1923 publiziert wurde, hat Buber ein Werk vorgelegt, das nicht nur für seine eigene Dialogphilosophie zum Programm geworden ist. Darin unterscheidet er zwei Grundworte, die eine jeweils andere Relation zwischen dem

Ich und seinem Gegenüber markieren. Das Grundwort »Ich-Es (bzw. Er-Sie)« bezeichnet den intentionalen Bezug des Ichs auf einen Gegenstand. Anders meint das Grundwort »Ich-Du« nicht das objektivierende Zugehen auf den anderen Menschen, sondern die unmittelbare Begegnung. Dabei wird nicht über einen Anderen oder eine Andere gesprochen. Vielmehr wird das Ich vom Du angesprochen bzw. spricht das Ich seinerseits direkt zu seinem Gegenüber. So hat es keinen Gegenstand, sondern steht in Beziehung.

Für Buber ist der fundamentale Bezug zur Welt ein sprachlicher. Das zeigen beide Grundworte auf, die ihrerseits in einer sachlichen Ordnung zueinander stehen. Das wirkliche Leben ist für Buber die Begegnung zwischen Ich und Du, nicht aber die Erfahrung, in der ich mir ein Wissen über jemand anderen verschaffe. Zwar ist es für das Ich nicht möglich, sich des Grundwortes Ich-Es zu entledigen, die Grundlage für den Menschen ist jedoch das Grundwort Ich-Du: »Ohne Es kann der Mensch nicht selbstständig leben, aber ohne Du-Beziehung ist er kein Mensch.« Das bedeutet, dass in jenem Grundwort bloß ein Subjekt einem Objekt gegenübersteht, während in diesem sich zwei Personen begegnen. Es eröffnet sich ein »Zwischen«, gleichsam ein Raum personaler Begegnung, ohne dass dieser Raum aufgelöst wird durch den objektivierenden Übergriff von einer der beiden Personen. Vielmehr betont Buber die personale Vergegenwärtigung beider Menschen und deren Unmittelbarkeit zueinander, die durch die Relation Ich-Es nie erreicht werden kann.

Im Prinzip ist der Ich-Du-Bezug reziprok gedacht. Das Ich ist zugleich das Du für eine andere Person, und das Du kann umgekehrt zum Ich werden. Die Symmetrie zwischen Ich und Du, die besonders von Emmanuel Levinas in seinem ethischen Ansatz kritisiert wurde, ebnet den Unterschied zwischen dem Ich und dem Du nicht ein. Denn das Ich hat in beiden Grundworten seinen Platz. Doch bedarf es zur wahren Ich-Werdung eines Du: »Der Mensch wird am Du zum Ich.« Ganz Ich ist der Mensch erst, wenn es ihm möglich ist, den oder die Andere als Du anzusprechen.

Buber lässt es freilich nicht bei der rein zwischenmenschlichen Beziehung bewenden. Er geht davon aus, dass in jeder

Begegnung zwischen Menschen das »ewige Du« mitbegegnet. Wenn jemand eine andere Person mit »Du« anredet, so ist damit zugleich Gott angesprochen. Buber sieht für Gott keinen eigenen Begegnungsraum jenseits der Zwischenmenschlichkeit vor. Gott ist überall da, wo Menschen zueinander in Beziehung stehen. So ist er skeptisch gegenüber einer Theologie, die Gott zum Objekt macht und damit die Gottesbegegnung so unterläuft, wie die Objektivierung des anderen Menschen die Unmittelbarkeit des zwischenmenschlichen Bezugs hintergeht.

Buber hat sich nicht nur philosophisch mit religiösen Fragen beschäftigt, sondern auch historisch. Im Zentrum seines Interesses stand der Chassidismus. Buber hat vor allem Dokumente gesammelt und Texte dieser jüdischen Frömmigkeitsbewegung herausgegeben und interpretiert, die im 18. Jh. im osteuropäischen Judentum eine große Rolle gespielt hatte. Er war in Lemberg aufgewachsen und hat dort späte Formen des Chassidismus selbst kennengelernt. Durch die Schriften des Rabbi Israel ben Elieser, der als der Begründer des Chassidismus gilt, war er zum Verfechter eines religiös fundierten Judentums geworden. Dies führte dazu, dass Bubers Beschäftigung mit dem Chassidismus im Grunde keine rein historisch-wissenschaftliche war, was zu Einseitigkeiten führte, die ihm vor allem Gerschom G. Scholem vorhielt. Buber wollte aus dem Chassidismus eine auf den Menschen zentrierte Religiosität gewinnen und verkünden. Er engagierte sich auch politisch und arbeitete in jüdischen Studentengruppen und vor allem in der zionistischen Bewegung Theodor Herzls mit. Im Unterschied zu diesem vertritt er keinen nationalistischen Zionismus, sondern bemüht sich darum, auch die geistigen und religiösen Seiten des Judentums zur Geltung zu bringen. 1933 legt Buber seine Honorarprofessur für Religionswissenschaft und jüdische Ethik an der Universität Frankfurt am Main noch vor dem Entzug der Lehrbefugnis nieder und widmet sich besonders außeruniversitärer Unterweisung. Er errichtet beispielsweise eine »Mittelstelle für jüdische Erwachsenenbildung«, die er bis zu seiner Emigration nach Jerusalem 1938 leitet.

Schon ab ca. 1917 beschäftigt sich Buber mit der Idee, die hebräische Bibel zu übersetzen. Zusammen mit Franz Rosenzweig, mit dem er am Jüdischen Lehrhaus in Frankfurt zusammengearbeitet hat, setzt er sein Vorhaben in die Tat um. Buber geht davon aus, dass durch die großen Übersetzungen der Bibel die ursprüngliche Begrifflichkeit und damit das biblische Denken sowie der Duktus der biblischen Sprache immer mehr abgeschwächt worden seien. Das hat zur Folge, dass er keine Übersetzung im eigentlichen Sinn anstrebt, sondern eine »Verdeutschung« der Schrift, die auch den lautlichen Vorgaben des Originals nachspürt und vor der Fremdheit der biblischen Sprache nicht zurückscheut. Er möchte der Gesprochenheit des biblischen Wortes zu neuer Geltung verhelfen. Nach dem Tod Franz Rosenzweigs 1929 setzt Buber die Übertragung allein fort, die er 1961 abschließen kann.

Buber hat keine philosophische Schule gegründet. Vielmehr ging es ihm um die sich jeweils neu ereignende Begegnung zwischen Menschen, die einer Lehre, die verobjektiviert, entgegensteht. Dennoch haben seine Gedanken über das »dialogische Prinzip« besonders die Philosophie, die Theologie und die Sozialwissenschaften auf verschiedene Weise beeinflusst.

Werke: *Ich und Du; Drei Reden über das Judentum; Die Bauleute; Zwei Glaubensweisen.*

7. ERNST BLOCH (1885–1975)

Bloch, ein neomarxistischer Denker, wurde 1885 in Ludwigshafen geboren, er studierte Philosophie und lehrte in Leipzig. Während der NS-Diktatur musste er in die USA und nach England emigrieren. Nach dem Krieg kehrte er nach Leipzig zurück; nach dem Bau der Berliner Mauer lehrte er in Tübingen, wo er 1975 starb. Sein Engagement galt einem humanistischen Marxismus und der Beerbung der christlichen Religion. Er glaubte an eine langsame Veränderung der Gesellschaft zu mehr sozialer Gerechtigkeit.

Viele zogen aus, um das Fürchten zu lernen. Heute aber geht es darum, das Hoffen zu lehren, denn wer auf das Lebensprinzip

Hoffnung setzt, ist in das Gelingen verliebt. Er flieht nicht die Mühe und fürchtet nicht das Scheitern. Die Hoffnung macht die Menschen weit, statt sie zu verengen. Sie können gar nicht genug wissen und werfen sich in das Werdende hinein, zu dem sie selber gehören. Die Hoffnung erträgt kein Hundeleben, denn sie weiß sich nicht bloß in das »Seiende« geworfen, wird gegen Heidegger gesagt.

Die Hoffnung arbeitet gegen die Lebensangst und die Umtriebe der Furcht, sie sucht in der Welt das, was ihr hilft. Die Menschen träumen vom besseren Leben, das ihnen möglich ist. So ist unser Alltag von Tagträumen durchzogen, aber die Hoffnung ist lehrbar und lernbar. Denken heißt immer Überschreiten von Grenzen und das Vorhandene nicht unterschlagen. Primär lebt jeder Mensch, indem er nach vorne strebt. Die Zukunft fasziniert uns, denn sie enthält das Erhoffte oder das Gefürchtete.

Die alte bürgerliche Gesellschaft befindet sich im Niedergang, eine neue und humanere Lebenswelt ist im Werden. Das »bürgerliche« Sein ist ohne Ausweg, es hat keine Zukunft vor sich. Doch wir Menschen sind im Werden, der eine am anderen. Wir haben uns noch nicht, denn wir haben unsere Möglichkeiten noch lange nicht eingeholt. Das bürgerliche Sein ist leer und ohne Hoffnung, es führt ein Scheinleben. Aber das Neue kündigt sich an, es ist das Ursprüngliche und Authentische.

Die Hoffnung sucht nicht die Vertröstung in das Jenseits, wie es die Prediger taten. Sie will die Welt verändern. Wir Menschen werden wesenhaft von der Zukunft bestimmt. Mögen die Toten die Toten begraben, ein neuer Tag der Menschlichkeit beginnt. Solange die Menschheit im Argen liegt, träumen wir vom besseren Leben. Doch die Hoffnung lässt sich nicht vom nihilistischen Grabgeläute bürgerlicher Existenzdenker beeindrucken. Denken heißt, das Bisherige überschreiten, darin sah schon Karl Marx die große Wende.

Die Hoffenden strecken sich nach dem Noch-Nicht-Bewussten, nach dem Noch-Nicht-Gewordenen aus. Sie ahnen, was im Werden ist, können es aber nicht ins Wort heben. Die bürgerliche Philosophie hat die Zukunft vergessen, sie denkt statisch und bewahrend. Damit lebt die Welt in der ständigen Wiederholung, im Immer-Wieder des Gewesenen. Das metaphysische Bedürfnis hat sich den Appetit verdorben.

Die Hoffnung dagegen schaut in die noch unabgeschlossene Bestimmtheit des Daseins. Unsere Zukunft, der siebte Tag der Schöpfungswoche, werden wir selber sein. Die Hoffnung ist die bewohnteste Weltstelle, aber unerforscht wie die Antarktis. Die Sehnsucht und die Erwartung brauchen ihre Hermeneutik, der Geist der Utopie treibt uns voran. Die Dämmerung des Vor-uns ringt um Sprache, die Kategorie des »Neuen« wird zu einem Kampfbegriff. Eine gelehrte Hoffnung (docta spes) zeigt uns den Weg in das faszinierende Reich des Möglichen. Seit Marx können wir die Wahrheit nicht mehr erforschen, ohne die Dimension der Zukunft mitzubedenken.

Die Philosophie wird zum Gewissen des Morgen, sie ergreift die Partei für die Zukunft, denn sie verbindet das Wissen mit der leidenschaftlichen Hoffnung. Die Philosophie des Neuen führt unser Bewusstsein ins Offene und Noch-Nicht-Gewordene. Das gute Neue wirkt über alle Tagträume hinaus, von denen das Leben durchzogen ist. Utopisches leitet alle Freiheitsbewegungen, auch die der Christen. Es ist der platonische Eros, der uns in die Zukunft hineintreibt.

In der Religion wurden viele verändernde und revolutionäre Begriffe bewahrt, sie sollen von der neuen Philosophie beerbt werden. Zu allen Zeiten waren es die Ketzer und die Utopisten, die gegen das Bestehende kämpften. Es bedarf des Atheismus, um die verändernde Kraft des Göttlichen freizulegen. Das erwartete Reich Gottes lässt sich als ein Reich der Menschen verstehen. Es ist die Kraft der Eschatologie, welche die Menschen in ihre offene Zukunft hineinführt.

Der Auszug aus Ägypten (Exodus), von dem die Juden berichten, wird zu einem fortschreitenden Auszug aus ungerechten Strukturen und aus festen Gewohnheiten. Denn es müssen neue Modelle des Zusammenlebens gewagt werden, um alte Mauern einzureißen. Jesus Christus lässt sich verstehen als das aufgedeckte Angesicht des Menschen, der seine Möglichkeiten eingeholt hat. Er zeigt, was der Mensch sein könnte, wenn er zu sich gekommen ist.

Die christlichen Sozialutopien versprechen ein Reich der Nächstenliebe, die Rede von Gott lässt sich als revolutionäres

Prinzip verstehen. Denn sie ruft die Menschen heraus aus ungerechten Unterdrückungssituationen. Die Religion lässt sich im Sinn von Feuerbach beerben, denn in ihr finden sich viele humane Zielwerte. Im Grunde muss es möglich sein, alle Begriffe der Religion auf profane Weise zu interpretieren.

Es ist denkbar, die Faszination der Religion für revolutionäre Veränderungen zu nutzen. Die Lehre von der Auferstehung besagt, dass der Tod nicht das Letzte sein wird. In den Hoffnungen und Utopien der Menschheit zeigen sich Anliegen des Lebens. Ein Dialog zwischen Christen und Marxisten ist möglich, er wird das Angesicht der Erde verändern. Es sind die Bilder der Hoffnung, des Neuen und der Utopien, die unser Handeln verändern. Wir selber haben es in der Hand, eine neue und humane Welt ohne Herrschaft und Unterdrückung zu schaffen.

Werke: *Spuren; Geist der Utopie; Thomas Müntzer als Theologe der Revolution; Das Prinzip Hoffnung I-II; Naturrecht und menschliche Würde; Verfremdungen; Tübinger Einleitung in die Philosophie; Widerstand und Friede.*

8. Franz Rosenzweig (1886–1929)

Rosenzweig, ein Denker des existentiellen jüdischen Glaubens, wurde in Kassel geboren, er studierte Philosophie und promovierte über Hegels Staatsphilosophie. In seiner Jugendzeit wollte er, ähnlich wie seine Cousins Eugen Rosenstock-Huessy und Hans und Rudolf Ehrenberg zum protestantischen Glauben übertreten, da er im Elternhaus im Geist des Kulturprotestantismus geprägt worden war. Doch ein letzter Besuch in der Synagoge in Berlin ließ in ihm die Überzeugung reifen, dass er in der jüdischen Religion verbleiben sollte. So verzichtete er auf eine Konversion, befasste sich aber zeit seines Lebens intensiv mit dem christlichen Glauben und dessen Verhältnis zum Judentum.

Als Soldat im 1. Weltkrieg verfasste er die Grundideen seines Werkes »Stern der Erlösung«, das 1921 als Buch erschien.

Darin entfaltete er eine metaphysische Theorie des Judentums, das sich in der fortwährenden Liturgie der jüdischen Feste und im Fortbestand des jüdischen Volkes manifestierte. Die jüdische Religion sei bereits dort angekommen, wohin das Christentum erst strebe. Denn der christliche Glaube enthalte noch viele heidnische (griechische) Elemente, die im Glauben an Jahwe bereits überwunden seien. Wenn das Johannesevangelium sage, niemand komme zum göttlichen Vater außer durch Jesus, so seien die Juden schon zu diesem Vatergott gelangt. Sie brauchen nicht mehr die christlichen und die heidnischen Erwartungen.

Daher habe das Christentum als weltumspannende Religion die Aufgabe, die ganze Menschheit dorthin zu bringen, wo die Juden in ihrem Glauben schon seien. Von Hegel und von Schelling her denkt Rosenzweig das Verhältnis von Judentum und Christentum als eine kommensurable Beziehung. Die Heiden brauchen den christlichen Glauben, um sich dem jüdischen Gottesbild nähern zu können. Doch bleibe im Christentum unauslöschlich ein Stück Heidentum, das von der Vorstellung ausgehe, dass Gott ein Mensch werden könne; diese Vorstellung ist für die jüdische Religion völlig unakzeptabel. In diesem anthropomorphen Gottesbild schauen die Christen nur ihr eigenes menschliches Gesicht. Sie haben allerdings mit ihrem Glauben ein neues Verständnis von Zeit und Zeitlichkeit entwickelt.

Die Juden vergegenwärtigen sich in ihren liturgischen Feiern des Jahres ihre geschichtlichen Erfahrungen seit der Zerstörung des zweiten Tempels durch die Römer. Die Christen aber sehen im Tod Jesu eine Zeitenwende, lineare Zeit geht in erfahrene Zeitlichkeit über. Darin zeigt sich die Geschichte als überschaubare Wegstrecke der Menschheit, an der jeder Einzelne seinen Anteil hat. Auf diesem Weg werde jeder Abschnitt zur erfahrenen Weltzeit und zur erfüllten Gegenwart. Die Christen müssen für ihren Glauben werben und missionieren, weil sie noch nicht am Ziel angekommen sind. Die Juden hingegen brauchen keine Mission, denn sie sind bereits zur Erfüllung ihres Glaubens gelangt.

Deswegen seien die Juden das ewige Volk, das sich vor der Beimischung fremden Blutes schützen müsse. Die Christen hingegen gehen unter die fremden Völker und vermischen sich mit ihnen, durch ihr Zeugnis heben sie die eigene Zeitlichkeit auf. Damit werde das Christentum zu einem großen Gefäß, das alle kulturellen Unterschiede in der Gleichzeitigkeit aufhebe. Der Glaube an einen trinitarischen Gott von Vater, Sohn und Geist forme diese Gleichzeitigkeit. Doch diese drei göttlichen Personen seien nichts anderes als die metaphysische Personalisierung von göttlichen Eigenschaften. Die Christen trennen die Eigenschaften und Funktionen der einen Gottheit in drei hypostatische Personen. Sie schreiten dann an der Hand des Mensch gewordenen Gottes voll Vertrauen durch das Leben, aber sie müssen dabei ständig neue Völker erobern. Das urtümliche Streben von Fleisch und Blut befähige die Christen dazu, die Heiden für den Gottesglauben zu bekehren.

Insgesamt sei das Christentum eine Vorstufe zum jüdischen Glauben, denn er führe die vielen Heidenvölker zum einen Weltgott der Juden. Die Kirche des Petrus sei durch die Reformation Luthers in eine Kirche des Paulus transformiert worden, seit dem deutschen Idealismus in der Philosophie sei eine Kirche des Johannes im Entstehen. In ihr werden die philosophischen Spekulationen und das gläubige Bekenntnis ineinander übergeführt, der jüdische und der christliche Glaube nähern sich einander. Im christlichen Glauben werde vor allem das Streben nach Erlösung erfahren, während im jüdischen Glauben bereits die volle Erlösung gegenwärtig sei. Daher sei das Judentum seinen Weg durch die Geschichte ganz ohne Krieg und Gewalt gegangen, es habe aber keine territoriale Heimat gefunden. Die Sprache der Religion sei noch deutlich von der Sprache des Alltags getrennt.

Aus diesen Gründen kreise der jüdische Glaube um das liturgische Jahr und die reine Fortpflanzung des von Gott erwählten Volkes. Am Ende seines Lebens glaubte Rosenzweig aber, dass der Zionismus das Judentum verändern und die prophetischen Verhältnisse der Frühzeit wiederherstellen werde. Dieser Denker hat im Anschluss an die Philosophie Schellings das Verhältnis zwischen Judentum und Christentum neu zu bestimmen versucht, indem er ihre absoluten Geltungsansprüche sub specie aeternitatis betrachtete. In der Kirche des Johannes reden die Juden und die Christen auf gleicher Augenhöhe miteinander, beide gewinnen in ihrer Religion ein tiefes existentielles Vertrauen.

Nach dem 1. Weltkrieg ließ sich Rosenzweig in Frankfurt nieder, wo er mit Freunden das Freie Jüdische Lehrhaus organisierte. Das war eine neue Form der Erwachsenenbildung, an der sich Gelehrte wie Anton Nobel, Martin Buber, Erich Fromm, Gerhard Scholem, Nathan Glatzer u. a. beteiligten. Eine progressive Muskellähmung behinderte die Arbeit Rosenzweigs, der ab 1924 mit Martin Buber an der Verdeutschung der Hebräischen Bibel arbeitete.

In seinem Denken näherte er sich einer existentiellen Philosophie im Sinne von Ferdinand Ebner und Martin Heidegger. Das Nachdenken über den Menschen als intersubjektives Wesen sollte die bisherige Philosophie des Bewusstseins ersetzen. Der Relativismus der naturwissenschaftlichen Weltbetrachtung sollte durch die leidenschaftliche Evidenz der mitmenschlichen Erfahrung überwunden werden. In der Sichtweise des Religiösen bewegte sich Rosenzweig deutlich in den Spuren von Sören Kierkegaard.

Werke: *Stern der Erlösung; Gedanken über das jüdische Bildungsprogramm des Augenblicks; Die Schrift; Zweistromland.*

9. WALTER BENJAMIN (1892–1940)

Benjamin wurde in Berlin geboren, wo er in einer großbürgerlichen Familie aufwuchs; seine Kindheit war durch Literatur und Kunst geprägt. Mit 13 Jahren wurde er in ein Landerziehungsheim geschickt, das von der jüdischen Reformpädagogik geprägt war. Während seiner Studienzeit in Freiburg schloss er sich dem linken Flügel der deutschen Jugendbewegung, der »Freideutschen Jugend« an. In dieser Zeit wurde er mit den Ideen des Zionismus konfrontiert, die ihm zunächst fremd blieben. Er setzte sein Studium in Bern fort und verfasste eine sprachphilosophische Arbeit »Über die Sprache überhaupt und über die Sprache des Menschen«. Darin vertrat er die an kabbalistische Gedanken erinnernde Auffassung, dass wir Menschen an der Sprache Gottes Anteil haben, denn Gott habe die Welt durch sein Wort und durch magische Schriftzeichen erschaffen.

Benjamin promovierte 1919 mit einer Arbeit über den Kunstbegriff in der deutschen Romantik. Von der Schweiz kehrte er nach Deutschland zurück und setzte sich in engagierten Schriften mit der gescheiterten Revolution und der Münchener Räterepublik auseinander. Auch wenn er die Anwendung der Gewalt kritisierte, so folgte er der konservativen Kritik am Parlamentarismus, wie sie von Carl Schmitt vorgetragen wurde. In seinem Werk »Theologisch-politisches Fragment« verband er das profane Streben nach Glück mit der religiösen Sehnsucht nach der Erlösung vom Bösen durch einen erwarteten Messias. In dieser Zeit las er die Schriften des frühen Faschisten Georges Sorel, für den der Klassenkampf, die Revolution und der Generalstreik zu den dauerhaften Mythen gehörten.

Diese Ideen verband Benjamin nun mit messianischen Hoffnungen, denn nur durch einen Bruch mit der Vergangenheit könnten die alten Verletzungen der Unterdrückten geheilt werden. 1925 wollte er sich in Frankfurt mit einer Arbeit über die Barockdichtung habilitieren, doch die Arbeit wurde abgelehnt, weil sie zu viele Textkollagen enthielt. Drei Jahre später erschien sie als Buch mit dem Titel »Der Ursprung des deutschen Trauerspiels«. Durch eine Liebesbeziehung zur litauischen Regisseurin Asja Lacis kam er nach Moskau und bekam die dortige bedrückende politische Situation nach der Revolution deutlich zu spüren. Dennoch näherte er sich immer mehr der kommunistischen und marxistischen Weltanschauung an.

In der letzten Jahren der Weimarer Republik hatte er enge, aber konflikreiche Beziehungen zum Frankfurter Institut für Sozialforschung geknüpft. Im März 1933 floh er vor den Nationalsozialisten, in dieser Zeit verfasste er sein Werk »Berliner Kindheit um Neunzehnhundert«. Jetzt bewegten ihn auch Fragen der Psychoanalyse im Kontext der Tragödie. Und 1940 verfasste er sein Werk »Über den Begriff der Geschichte«, in dem er theologische Lehren mit marxistischer Ideologie verbinden wollte. So beklagte er den Niedergang der bürgerlichen Kultur in der nationalsozialistischen Zeit. Als Ausweg sah er nur eine messianische Revolution, um die Schmach der Unterdrückten zu tilgen. Doch diese Revolution könnte zugleich das Ende der Geschichte sein.

Im Kontext dieser pessimistischen und apokalytischen Perspektive befasste er sich mit dem Verhältnis der Generationen in einer bedrückenden Zeitlage. Er glaubte an die schrittweise Ausweitung der moralischen Prinzipien in der ganzen Welt und einen möglichen langsamen Fortschritt in eine gerechtere Zukunft. Die gegenwärtige Situation wird stark abgewertet, um den Hoffnungslosen den Blick in die Zukunft zu zeigen, denn um der Hoffnung der Hoffnungslosen willen müssen wir um ein Stück Zukunft ringen und sie mit der ungerechten Vergangenheit in Beziehung setzen. Allein der Geschichtsschreiber hat die Gabe, im Vergangenen noch einen Funken der Hoffnung zu sehen.

Freilich können auch die Toten vor dem absoluten Feind nicht sicher sein, denn ihre Namen werden ausgelöscht. Nur durch eine anamnetische Solidarität mit den Opfern der Geschichte können wir das Unrecht der Vergangenheit überhaupt erkennen. Die Einfühlung in den Sieger kommt nur den Starken in der Geschichte zugute, doch die Einfühlung in die Opfer vergisst nicht den Schmerz der Gequälten. Sie zeitigt eine messianische Hoffnung. In seinem Werk »Einbahnstraße« äußerte sich Benjamin zu Fragen der Erziehung von Kindern und Jugendlichen. Er war überzeugt, dass in der Pädagogik vor allem das Verhältnis der Generationen zueinander geordnet wird. Auch in seinen »Geschichtsphilosophischen Thesen« verband er die Hoffnung auf eine bessere Zukunft mit religiösen Lehren einer messianischen Zeit.

Im Prozess der menschlichen Zivilisation habe das Potential an Gewalt ständig abgenommen, die Sensibilität für körperliche und seelische Verletzung sei gewachsen. Trotzdem gelinge es zur Gewalt bereiten Gruppen, das Zusammenleben der Menschen zu stören. Die Juden warten auf eine Zeit des Messias, sie blicken auf die kleine Pforte, durch die ein Erlöser in die Welt kommen könnte. Denn sie glauben an eine sich erfüllende Zeit und überwinden damit die bedrohliche Leere und Sinnlosigkeit der Geschichte. Zeit wird durch das existentielle Erleben von Zusammengehörigkeit und gegenseitiger Hilfe erfüllt.

Benjamin hatte schon früh die Schriften von Rosenzweig und Kafka gelesen. In Bezug auf ein Diktum von Goethe wollte er sich daran beteiligen, den Hoffnungslosen einen Funken der Hoffnung zu geben. Mit dem Blick auf den Bundesgott Jahwe konnten die Juden die schwierigsten Situationen bestehen. Ähnlich wie in Kafkas »Prozess« sei die Lage der Juden in Europa hoffnungslos, dennoch bleibe ihnen ein Funke Hoffnung auf einen göttlichen Freispruch. Für Kafka war die Welt eine schlechte Laune des göttlichen Schöpfers, die Hoffnung blieb immer nur den anderen. So rang Benjamin zeit seines Lebens um eine Verbindung von religiösen Ideen mit der gegenwärtigen Zeitsituation.

Für ihn barg auch das säkularisierte Judentum noch viel an Hoffnungspotential für Juden und für Nichtjuden. Selbst eine nihilistische Weltdeutung schien ihm mit den Ideen der kabbalistischen Mystik verträglich. Dieses engagierte Leben ist zu früh zu Ende gegangen; auf der Flucht vor den Nationalsozialisten starb der Verfolgte an der Grenze zwischen Frankreich und Spanien an einer Überdosis Schlaftabletten. Seine Ideen haben die Nachkriegszeit nachhaltig beschäftigt.

Werke: *Über die Sprache überhaupt und über die Sprache der Menschen; Kritik der Gewalt; Theologisch-politisches Fragment; Der Ursprung des deutschen Trauerspiels; Über den Begriff der Geschichte; Einbahnstraße; Geschichtsphilosophische Thesen; Gesammelte Schriften in 7 Bänden.*

10. Max Horkheimer (1895–1973)

Horkheimer, ein neomarxistischer Denker, lebte zwischen 1895 und 1973, er studierte Ökonomie, Psychologie und Philosophie. Das Elend vieler Menschen nach dem Ersten Weltkrieg berührte ihn tief. Deswegen war er an der Gründung des Frankfurter Instituts für Sozialforschung beteiligt (1922). Seine Dissertation schrieb er über Kant, dann begann er, Philosophie zu unterrichten. In dieser Zeit befasste er sich mit den Anfängen der »bürgerlichen« Geschichtsphilosophie. Ab 1930 wurde er der Leiter des Frankfurter Instituts. Da er jüdischer Herkunft war, musste er 1933 vor der Nazi-Diktatur in die USA fliehen. Während dieser Zeit arbeitete er in New York an der Columbia University, er betreute eine Zeitschrift für Philosophie und Sozialwissenschaft, arbeitete an den »Studien über Autorität und Familie«, an einer »Kritik der instrumentellen Vernunft« und an Studien über die Natur unserer Vorurteile. Nach dem Krieg kehrte er nach Frankfurt zurück und lehrte dort bis 1959. In der Zusammenarbeit mit Erich Fromm, Theodor Adorno und Herbert Marcuse wurde eine »Kritische Theorie« der bürgerlichen Gesellschaft entwickelt. Darin wird der Faschismus mit seiner Diktatur als Zusammenbruch der bürgerlichen Kultur gedeutet. Aber nun sei eine neue Gesellschaft im Entstehen und alle Hoffnung richte sich auf die Arbeiterklasse. Es soll um eine zeitgemäße Variante eines humanen Marxismus gerungen werden. Die Methode der ökonomischen Geschichtsforschung wird weiterentwickelt, gesucht wird eine humane Nüchternheit. Hegel wird als Stütze einer autoritären und bürgerlichen Religion kritisiert.

Gesucht wird dagegen nach einer »nachbürgerlichen« Religion, welche die Freiheit und die Gleichheit aller Menschen akzeptiert. Das existentialistische Denken Martin Heideggers »vernebelt« die harte Lebenswirklichkeit und verklärt sie metaphysisch. Die rein wissenschaftliche (szientistische) Weltanschauung reduziert das Leben auf die instrumentelle Vernunft. Es müssen dagegen heute die Zielwerte der europäischen Aufklärung wieder in Erinnerung gerufen werden, das Ziel der Entwicklung ist der vernünftige und autonome Mensch.

Wenn wir nach intellektueller Redlichkeit suchen, dann wird es uns möglich sein, das soziale Elend der Armen zu verringern. Wenn wir ein neues Verhältnis zur Natur finden, werden wir unsere Umwelt unzerstört bewahren. Die humanistischen Ideen der Freiheit, der Gleichheit und der Brüderlichkeit lassen sich verwirklichen. Es kommt die Zeit, in der die Arbeiterklasse und der Sozialismus die bürgerliche Kultur ablösen und beerben werden. Denn alle Menschen haben das Verlangen nach dem kleinen Glück des Lebens.

Von Erich Fromm wurden einige Sichtweisen der Psychoanalyse übernommen. Danach müsse die bürgerliche Herrschaft über die menschlichen Triebe und die Gesetze gegen die Natur unter uns zu Ende kommen. In uns allen ist die tiefe Sehnsucht nach Glück und nach der Befriedigung unserer authentischen Bedürfnisse. Die Herrschaft der Herrschenden muss demaskiert werden, die Ausbeutung der Armen soll zu Ende kommen. Es muss die Gleichwertigkeit aller sozialen Schichten und aller Menschen in der Politik verwirklicht werden.

Es ist die Psychoanalyse, die zwischen den Strebungen des Einzelnen und der Gesellschaft zu vermitteln vermag. Wir müssen unsere unbewussten Impulse und die Faktoren unserer emotionalen Sozialisation aufdecken, dann erkennen wir unsere wahre menschliche Natur. Die Religion enthält viel Potential zur gesellschaftlichen Veränderung, doch eine bürgerliche Religion wird absterben. So will die »Kritische Theorie« der Gesellschaft dazu beitragen, ungerechte Situationen aufzudecken und zu verändern. Die Träume vom humanen Leben bewegen den Marxismus wie Teile der Religion.

Es ist die Aufgabe der Philosophie, sich über die Situation der Banalität und der Ausweglosigkeit zu erheben. Das Bürgertum ist zum Faschismus übergelaufen, um die Unterdrückung der Armen auf einer höheren Stufe legitimieren zu können. Unter dem Titel der Nation und der Volksgemeinschaft wurden die Reste von Standesvorrechten, von religiöser Erziehung und von Kindlichkeit abgeschafft. Die Massen wurden durch materielle Vorteile moralisch korrumpiert, die ökonomische Ungleichheit hat sich dabei verschärft. Das Volk wurde für die Zwecke der herrschenden Gruppen militärisch organisiert.

Das Bündnis zwischen dem Bürgertum und dem Faschismus entspringt der Urangst vor dem Proletariat. Die Diktatur manipulierte die unterdrückten Wünsche des Volkes, die Individualität zerbrach unter der Entwicklung dieses Systems. Der Faschismus hat den Menschen die Gesichter genommen und ihnen Fratzen aufgesetzt. Sind die Menschen seither noch zur Freiheit fähig? Wir gehen in eine Welt hinein, in der nur die Protokollsätze verifiziert werden sollen. Die technische Welt zerstört die Natur und schafft sie ab. Doch eines Tages wird die Aufklärung wieder in eine neue Mythologie umschlagen. Mit der Versachlichung des Geistes wurden alle menschlichen

Beziehungen verhext. Was uns bleibt, sind die Automaten der instrumentalisierten Vernunft. Anstelle der Verantwortung für sich selbst und für Mitmenschen tritt die Leistung für den Apparat. Im Fortschritt der Industriegesellschaft geht der Mensch als Person verloren. Die kritische Vernunft gefährdet sich selbst in ihrer Tendenz zum Neopositivismus und in der Instrumentalisierung des Denkens. Die Formalisierung der Vernunft führt uns in die Beliebigkeit der Denkinhalte. Sie hat den Gedanken der Autonomie aufgegeben und ist zum bloßen Instrument geworden. Ihr operativer Wert wird zur Beherrschung der Natur und der Individuen benutzt.

Für die formale Vernunft sind Despotie, Grausamkeit und Unterdrückung nicht an sich schlecht, denn die instrumentalisierte Vernunft enthält sich jeder Bewertung. Das Ideal des Fortschritts macht die Entwicklung der Technik blind. Der objektive Geist betet die Technik und die Nation an, ohne ihnen einen Sinn zu verleihen. Ohne die Reste von Religion, Kunst und Metaphysik geraten wir in eine total verwaltete Welt hinein. Die automatisierte Wirklichkeit führt uns in einen ausweglosen Pessimismus des Daseins.

Am Ende seines Lebens suchte Horkheimer verstärkt das Gespräch mit der Religion, da sie allein Werte und Lebensdeutungen tradiert, weist sie auf einen letzten Sinn und auf bleibende Wahrheit hin.

Werke: *Autorität und Familie; Dialektik der Aufklärung (mit Th. Adorno); Um die Freiheit; Studies in prejudice; Zur Kritik der instrumentellen Vernunft; Anfänge der bürgerlichen Gesellschaftsphilosophie.*

11. THEODOR W. ADORNO (1903–1969)

Adorno wurde als Sohn eines Weinhändlers und einer Sängerin in Frankfurt geboren und nahm den Mädchennamen seiner Mutter an. Sein väterlicher Name war Wiesengrund. Er studierte Musikwissenschaft, Philosophie, Psychologie und Soziologie und verfasste eine Dissertation über Edmund Husserl. Danach studierte er bei Alban Berg in Wien Komposition und redigierte eine musiktheoretische Zeitschrift. 1930 habilitierte er sich bei Paul Tillich mit einer Arbeit über Sören Kierkegaard, danach arbeitete er am Franfurter Institut für Sozialforschung. 1934 musste er Deutschland verlassen, er emigrierte nach Oxford und vier Jahre später in die USA. Dort arbeitete er in New York an der Zweigstelle des Instituts für Sozialforschung, ab 1941 lebte er in Los Angeles und verfasste zusammen mit Max Horkheimer das Werk »Dialektik der Aufklärung«. Dieses Werk erschien 1947 in Amsterdam, und vier Jahre später veröffentlichte Adorno seine Schrift »Minima Moralia«.

Im Jahr 1953 konnte er nach Frankfurt zurückkehren; nun erhielt er an der Universität eine Lehrstelle für Philosophie. Dort engagierte er sich in der theoretischen Auseinandersetzung mit den Denkern des Kritischen Rationalimus (Popper), die später als der sog. Positivismusstreit in Erinnerung geblieben ist. Seine nächsten Publikationen waren »Negative Dialektik« (1961) und »Ästhetische Theorie« (1969). Einige seiner Grundideen sind eng mit der jüdischen Kultur verbunden, etwa die Vorstellung von einem erlösenden Licht, das Bilderverbot der Bibel oder die Hoffnung gegen alle Hoffnungslosigkeit.

In seiner Jugendzeit lehnte er Fragen der jüdischen Religionsphilosophie entschieden ab. Er hatte die Ideen von Franz Rosenzweig, Martin Buber und Erich Fromm kennengelernt, sie blieben ihm jedoch fremd. Erst durch Paul Tillich waren ihm theologische Lehren vertraut geworden, das Motiv der Hoffnung für die Hoffnungslosen beschäftigte ihn fortan. Das Leiden der Armen und der ganzen Kreatur berührte ihn, er suchte nach einem Wozu und einer Kraftquelle, die auch den Tod bestehen konnte. Selbst atheistische Denkmodelle können diese Kraftquelle nicht auslöschen, die aus den alten Lehren der Religion strahlen und Mauern durchdringen können.

Adorno sah nach dem Zerfall des Vertrauens auf das Ewige allein in der Geschichtsschreibung die Möglichkeit, den Anklagen der Leidenden und dem Schmerz der vergangenen Menschheit noch Gehör zu verschaffen. Auch in der Bildersprache der kabbalistischen Mystik wirke eine sich verhüllende

Wahrheit, die nicht aufgehalten werden könne. Das Motiv vom zerbrochenen Gefäß, dessen Funken in einer unerlösten Welt weiterwirken, wird mit dem Motiv des Bilderverbots der priesterlichen Bibel verbunden. Beide Motive werden im Buch »Dialektik der Aufklärung« entfaltet. Denn die Philosophie der Geschichte und der Ästhetik, aber auch die gegensätzlichen Kräfte der rationalen Aufklärung leben vom inneren Spannungsverhältnis. Es sei dies die Spannung zwischen dem utopischen Bild des kommenden Messias und der Kritik an den bestehenden Verhältnissen der Gesellschaft.

Darin verbirgt sich der Glaube an eine rettende Wahrheit, die sich der Taktik der Verhüllung und des Bilderverbots bedienen muss, um den geschichtlichen Prozess des moralischen Verfalls in der Gesellschaft aufhalten zu können. Horkheimer und Adorno verteidigten den Verzicht auf Bilder in der jüdischen Gottesvorstellung gegenüber den anthropomorphen Gotteslehren im Christentum. Die Juden werden als Anhänger der Vaterreligion von den Christen, den Anhängern der Sohnesreligion (Freud) gehasst, weil sie der ursprünglichen Wahrheit näher seien als diese. Es sei die Feindschaft eines verhärteten menschlichen Geistes gegen den göttlichen Geist. Doch die ewige Wahrheit hält dem Unheil stand, ohne dieses zu rationalisieren. Im Gedanken einer versöhnenden Erinnerung geschehe der Einbruch des Ewigen in das Zeitliche.

Dieses Ewige sei das Wesentliche des jüdischen Glaubens, deswegen sei den Juden die Entmächtigung der Magie gelungen. Ihre Priester hätten die Angleichung der Menschen an die Natur ausgerottet und in die Pflichten des Rituals hinein aufgehoben. Durch das versöhnende Gedenken sei die gesamte Mythologie überwunden worden. Das Bilderverbot verzichtet darauf, sich die Erlösung vom Leiden konkret vorzustellen oder sie an eine konkrete Gegenwart oder Zukunft zu binden. Daraus ergibt sich die Möglichkeit des rettenden Gedenkens an die vielen Opfer der Geschichte. Das Bilderverbot verhindert, dass die Lüge als die Wahrheit gepriesen werden kann. Die Kritik an allen Ideologien sei die Vorbedingung einer möglichen Erlösung vom Bösen.

Allein der Verzicht auf voreilige Tröstungen dränge uns zu der Kritik an den bestehenden Verhältnissen in der Gesellschaft, die ungerecht sei (Kritische Theorie), und zur Flucht in das mögliche Bessere. Adorno vertritt fortan einen konjunktiven Messianismus, der die Dinge der Welt so betrachtet, als ob es die Erlösung vom Bösen geben könnte. Neue Perspektiven für die Gesellschaft lassen sich im messianischen Licht entwickeln; sie kommen dabei ganz ohne Willkür und Gewalt aus. Erst die vollendete Negativität bzw. Kritik zeige die Möglichkeit des Guten an, und erst durch die Vorstellung einer besseren Welt können wir zwischen dem moralisch Guten und Bösen unterscheiden. Die Kraft zu dieser Unterscheidung bezieht sich auf eine Form der Transzendenz, die bei der trostlosen Immanenz der gesellschaftlichen Realitäten nicht einfach stehenbleibt. Nur um der Hoffnungslosigkeit willen sei uns die Hoffnung gegeben.

Adorno verbindet hier eine hedonistische mit einer materialistischen Weltdeutung, das Leiden der Menschen wird somatisch und psychisch gedeutet. Nur mittels einer negativen Theologie könne der vergiftete Götzendienst des Christentums überwunden werden. Der göttliche Name soll in seiner Bildlosigkeit selbst unter atheistischen Vorzeichen noch festgehalten werden. Nach dem Schock des Holocaust sei auch der jüdische Gott von einer letzten Wirklichkeit zu einer letzten Möglichkeit herabgestuft worden. Vor dem Hintergrund der Verzweiflung bleibe uns immer der kreatürliche Wunsch nach der Erlösung vom Leiden. Das Denken des Negativen sei mit der Metaphysik im Augenblick ihres Sturzes identisch. Die vermutete Wahrheit der Erlösung erlaube es den Erniedrigten und Geknechteten, stets weiter nach vorne zu denken und zu hoffen. Die Frage nach dem Göttlichen und dem Metaphysischen müsse trotz des Bilderverbots offenbleiben.

Werke: *Minima Moralia; Negative Dialektik; Ästhetische Theorie; Dialektik der Aufklärung (zus. mit M. Horkheimer).*

12. Hannah Arendt (1906–1975)

Arendt artikulierte als politisch engagierte Denkerin den Schock über die Massenvernichtung von jüdischen Mitbürgern im Dritten Reich Hitlers. Sie hatte in Marburg, in Freiburg und in Heidelberg Philosophie und Theologie studiert, ihre Lehrer waren dort Heidegger, Jaspers, Husserl und Bultmann. Im Jahr 1928 promovierte sie über den Begriff der Liebe bei Aurelius Augustinus, 1933 emigrierte sie zuerst nach Frankreich, später in die USA. Dort wirkte sie als Mitarbeiterin der deutschsprachigen Emigrantenzeitung »Aufbau« mit, dann war sie in einem Verlag und in der Jewish Cultural Reconstruction tätig. Zuletzt lehrte sie Philosophie an den Universitäten in Princeton, Harvard, Chicago und New York.

Im Jahr 1951 erschien ihr Hauptwerk »Elemente und Ursprünge totalitärer Herrschaft«, in dem sie die Erfahrungen des Zweiten Weltkriegs, der geplanten Massenvernichtungen und des stalinistischen Kommunismus philosophisch verarbeitete. Sie sah den Anfang des modernen Antisemitismus schon mit dem Beginn der Nationalstaaten und mit der Expansion des kapitalistischen Wirtschaftssystems gegeben. Die Abneigung gegen die Juden verstärkte sich durch die zunehmende Undurchsichtigkeit des politischen Handelns und durch die unklaren Beziehungen zwischen der Regierung, dem Parlament und dem freien Kapital. Durch ihren zunehmenden politischen Einfluss und wirtschaftlichen Reichtum wurden die Juden verstärkt zu Zielscheiben des politischen Ressentiments.

Viele Juden assimilierten innerhalb der bürgerlichen Kultur, sie gaben ihre bisherige Abgrenzung gegenüber der europäischen und christlichen Lebensform weitgehend auf. Durch ihre vermeintliche Distanz zur politischen Macht waren sie aber nicht fähig, das Phänomen des Antisemitismus zu verstehen und darauf zu antworten. Als politische Anomalie wurden sie in eine gesellschaftliche Rolle gedrängt, ohne aber eine geeignete Repräsentanz zu haben. So lebten sie als Fremde und erkannten die Spannungen zwischen dem Staat und der Gesellschaft zu spät. Im imperialistischen Zeitalter (Kaiserreich) seien die Juden kaum an der politischen Macht in Europa beteiligt gewesen. Viele jüdische Bildungsbürger seien zu dieser Zeit in die allgemeine Humanität geflüchtet.

Erst im westeuropäischen Zionismus sei die Realität der sog. Judenfrage nicht länger geleugnet worden, diese Bewegung habe mildernd auf den Antisemitismus gewirkt. Doch der Verlust der nationalen Rechte sei für die meisten Juden gleichbedeutend mit dem Verlust der Menschenrechte gewesen. Erst durch die Gründung des Staates Israel seien die nationalen Rechte des jüdischen Volkes wiederhergestellt worden. Freilich mussten die Juden dabei mit dem angelsächsischen Imperialismus paktieren, um ihren Staat überhaupt gründen zu können. Sie besiedelten ein erobertes und kolonialisiertes Territorium, aus dem bis zu 800.000 arabische Menschen vertrieben werden mussten. Nun wurden diese Vertriebenen zu Recht- und Staatenlosen.

Zunächst kritisierte Arendt mit anderen jüdischen Denkern (Buber, Scholem, Kohn) die jüdische Staatsgründung von 1948, denn sie dachte universalistisch. Sie war überzeugt, Juden sollten in vielen Staaten zu Hause sein und geschützt werden. Doch später erkannte sie, dass der Staat Israel vielen verfolgten Juden aus aller Welt Heimat und Schutz gewähren konnte. Im letzten Teil ihres Werkes über den Totalitarismus analysierte sie das stalinistische System des Marxismus-Leninismus. Sie wollte mit ihren historischen Analysen zeigen, wie der politische Aufstieg der Bolschiwiki in Russland gelang und warum die Kulaken verfolgt wurden. Sie stellte Vergleiche mit der Verbreitung des Nationalsozialismus in Deutschland an.

So gerieten die kulturell assimilierten Juden unter der totalitären Herrschaft sehr schnell in die Rolle der Opfer, sie hatten diese Rolle zu spät bemerkt. Doch mit der Gründung des Staates Israel sei eine Selbstüberschätzung des Judentums verbunden. In der Verfolgung der Opfer sah sie generell die Ohnmacht der Individuen gegenüber der totalen politischen Macht. In ihrem Werk »Vita activa« entwickelte sie eine Philosophie der Existenz des politisch handelnden Menschen. Auch der Philosoph, der sensibel über die Grundbedingungen des Lebens nachdenkt, müsse sich in das öffentliche Leben einbringen. Er dürfe niemals das Feld der Politik den autoritär und totalitär denkenden Mitbürgern überlassen.

In ihrer philosophischen Konzeption wollte sich Arendt klar vom marxistischen Determinismus abgrenzen, der dem Einzelnen keinen Spielraum der Freiheit und der Selbstentfaltung lasse. Doch sie wollte auch nicht den tragischen Lehren Heideggers von der Todesverfallenheit der Menschen folgen, in denen sie unzulässige Generalisierungen sah. Sie war überzeugt, dass die meisten Zeitgenossen ihr Leben sinnvoll entfalten wollten, statt über den Krieg, den Kampf und die Todesmythologie zu spekulieren. Damit entschied sie sich für einen dem Leben nahen Existentialismus, die Lehren von Jaspers waren ihr näher als die Spekulationen des Nationalsozialisten Heidegger.

Arendt war sich bewusst, dass sie mit ihrem Denken dem schweren Schicksal der jüdischen Kultur nie werde entkommen können. Jaspers hatte dazu angemerkt, dass ein zu starker Bezug zu diesem Schicksal die Autonomie des selbstbestimmten Menschen stark einschränke. Arendt spürte die bedrohende Bodenlosigkeit ihres Daseins, wenn sie sich von der Schwere der jüdischen Geschichte zurückziehen würde. Sie wollte als Überlebende des Holocaust und des Krieges mit vielen Juden die Ausgesetztheit und Heimatlosigkeit zum Ausdruck bringen und nicht vorschnellen Trost in der Religion suchen.

In ihrer Schrift »Eichmann in Jerusalem« behauptete sie, die Judenräte hätten an der Massenvernichtung des Holocaust aktiv mitgewirkt, was zu starken Protesten führte. Da sie von der neuplatonischen Lehre des Aurelius Augustinus her dachte, wollte sie dem Bösen in der Welt kein eigenes Wesen zusprechen. Deswegen sprach sie von der »Banalität des Bösen«, was ihr den Vorwurf der nicht akzeptablen Verniedlichung des Holocaust einbrachte. Sie sah im guten Willen und Handeln die Stimme der zum Leben willigen Menschheit, im bösen Willen und Handeln sah sie die Zerbrechlichkeit menschlicher Gemeinschaft. Mit dem neuplatonischen Denkmodell konnte der Kulturschock der Shoah nicht begriffen werden, so ist Arendt eine widersprüchliche Denkerin geblieben.

Werke: *Vita activa oder Vom tätigen Leben; Die verborgene Tradition; Rahel Varnhagen; Elemente und Ursprünge totalitärer Herrschaft;*

Eichmann in Jerusalem – Ein Bericht von der Banalität des Bösen;
Israel, Palästina und der Antisemitismus.

13. EMMANUEL LEVINAS (1906–1995)

Die Philosophie von Emmanuel Levinas ist wesentlich geprägt von einem Denken, das den Anderen oder die Andere in
den Mittelpunkt der Überlegungen stellt. Dabei ist der andere
Mensch derjenige, der das Ich und dessen Versuche, jenen in
sein Ordnungsgefüge zu integrieren, unterläuft. Die Totalität,
die das Ich aufbaut, indem es sich in das Zentrum der Welt setzt,
versagt vor dem gegenüberliegenden Antlitz. Wie der Titel des
ersten Hauptwerkes »Totalité et Infini. Essai sur l'extériorité«
(1961; dt.: »Totalität und Unendlichkeit. Versuch über die Ex-
teriorität«, 1987) sagt, bricht mit dem Antlitz des anderen Menschen die Unendlichkeit bzw. die Transzendenz über das Ich
herein und macht den uneingeschränkten Zugriff auf den Anderen bzw. die Andere unmöglich. Nach Levinas versetzt das
Antlitz, das dem Ich begegnet, dieses in eine Verantwortung
dem anderen Menschen gegenüber, ohne dass das Ich diese Verantwortung von sich aus frei übernommen hätte. Das Ich hat für
den Nächsten einzustehen, ob es will oder nicht. Nach Levinas
macht diese Verpflichtung, in der sich das Ich wiederfindet, erst
das Fundament dafür aus, dass das Ich sich frei für oder gegen
etwas entscheiden kann.

Mit diesem Ansatz wendet er sich gegen die vom griechischen Denken bestimmte Philosophie des Abendlandes,
die er wesentlich vom Gedanken der Einheit des Seins geprägt sieht. Demgegenüber möchte er jüdisches Denken für
die Philosophie fruchtbar machen, das seiner Meinung nach
nicht die Metaphysik und die Ontologie als die erste Philosophie anerkennt, sondern die Ethik. Sein Denken ist deshalb ein
fundamental ethisches, dem es nicht so sehr darum zu tun ist,
Normen zu finden, sondern das danach fragt, wodurch der Sol-
lensanspruch überhaupt seine Geltung erhält.

Biographisch hat seine von der Ethik bestimmte Philosophie

ihr Fundament in der Shoa, durch die seine jüdische Familie und er selbst Unmenschliches ertragen mussten. Er setzt einem totalisierenden Denken, das sich sehr leicht zu einem totalitären wandelt, das Antlitz des anderen Menschen gegenüber, das solche Totalitäten stört, indem es dem Ich den Imperativ des »Du wirst mich nicht töten!« vor Augen stellt und so den zentralen Selbstbezug des Ichs aufbricht.

Zugleich wendet sich Levinas gegen die seiner Meinung nach auf das Ich fixierte Philosophie Edmund Husserls und Martin Heideggers, bei denen er studiert hatte. In deren philosophischen Ansätzen sieht er die Andersheit des anderen Menschen übersprungen, während er in Franz Rosenzweigs Philosophie, von dem er sich ebenso beeinflusst weiß, den zentralen Begriff der Intentionalität überwunden sieht. Im Unterschied zu Martin Buber arbeitet er jedoch keine Dialogphilosophie aus, weil er meint, dass in der Umkehrbarkeit des Verhältnisses von Ich und Du die fundamentale ethische Gegebenheit zwischen dem Ich und dem anderen Menschen bereits verlassen sei. Demgegenüber geht er davon aus, dass das Ich sich nicht der Verantwortung für die andere Person entziehen kann, indem es sich selbst zum Du des oder der Anderen macht. Solches gelingt nach Levinas nicht. Vielmehr sei das Ich gleichsam »Leibbürge« bzw. »Geisel« für den anderen Menschen, für den es unendliche Verantwortung zu übernehmen habe.

Diese ethische Grundvorgabe, die das Ich eigentlich ständig überfordert, wird nur dadurch entschärft, dass nie nur ein anderer Mensch dem Ich gegenübertritt, sondern eine Vielzahl. Wenn das Ich seine Verantwortung leben soll, die es für viele Menschen übertragen bekommen hat, muss es die Ansprüche beschränken und dem eigenen Handeln eine Ordnung geben. Nichtsdestotrotz bleibt das Ich unter einem Überanspruch, so dass es de facto immer zu wenig getan hat.

In seiner späteren Philosophie, von der vor allem sein zweites Hauptwerk »Autrement qu'être ou au-delà de l'essence« (1974; dt.: »Jenseits des Seins oder anders als Sein geschieht«, 1992) Zeugnis gibt, hat Levinas seinen Grundgedanken weitergeführt und vertieft. Er bemüht sich, mit seiner eigenen Sprache, die er rückschauend auf »Totalité et Infini« noch als zu sehr von der Metaphysik geprägt sieht, seinem Anliegen besser zu entsprechen. Das führt dazu, dass er die ontologische Terminologie herkömmlicher Philosophie auf die Spitze treibt und teilweise in Aporien führt. Darüber hinaus wird die Sprache auch zum zentralen Inhalt seines Denkens. L. unterscheidet zwischen dem Gesagten und dem Sagen. Während das Gesagte die Sprache meint, insofern man über sie verfügen kann, ist das Sagen das Moment des Ruhelosen, das die Dynamik der Sprache ausmacht und so für die Sprechenden stete Herausforderung ist. Levinas bleibt dem jüdischen Denken nicht nur dadurch verbunden, dass er versucht, es philosophisch zur Darstellung zu bringen. Vielmehr hat er sich auch mit der Bibel und mit dem Talmud auseinandergesetzt. Beispielsweise hat er zahlreiche Sammlungen mit Talmudinterpretationen publiziert. Die Gottesfrage hat er allerdings nicht auf seine theologischen Reflexionen beschränkt, sondern sie auch in seiner Philosophie ins Zentrum gerückt. Der Einbruch der Transzendenz angesichts des anderen Menschen ist für ihn auch diesbezüglich wesentlich. Er spricht von der »Spur« Gottes, die beinahe zur Unkenntlichkeit verwischt ist, aber dennoch anzeigt, dass im ethischen Anspruch des anderen Menschen Gott ins Denken eingefallen ist. Gott begegnet nach Levinas einzig anlässlich der Konfrontation mit dem Antlitz eines Menschen, eine Gottesbegegnung ohne den Menschen ist nicht möglich. Levinas und sein Denken sind vor allem wegen der Betonung der Differenz zwischen Ich und anderen Menschen und deren ethischen Charakters für die phänomenologische Philosophie wichtig geworden. Damit sind die Fundamente sowohl für eine Begründung der Frage nach dem Sollen, für eine Sozialphilosophie sowie für eine Religionsphilosophie gelegt. Mitunter auch deshalb wird er heute von christlicher Theologie rezipiert. In Frankreich hat Levinas besonders auf Jean-François Lyotard und auf Jacques Derrida gewirkt.

Werke: *Totalität und Unendlichkeit; Jenseits des Seins; Vier Talmud Lesungen; Schwierige Freiheit; Wenn Gott ins Denken einfällt; Ethik und Unendliches.*

14. Jean-François Lyotard (1924–1998)

Mit seinem Buch »La condition postmoderne« (1979; dt.: »Das postmoderne Wissen«, 1986) hat Jean-François Lyotard die Postmoderne-Diskussion ausgelöst und sich so in den Mittelpunkt wichtiger philosophischer Debatten gestellt, die sich um das rechte Verstehen der geistigen Gegebenheiten der letzten 20 Jahre des vorigen Jahrhunderts bemühten. Eigentlich handelt es sich bei dieser Schrift bloß um eine Auftragsarbeit des Universitätsrates von Quebec. Lyotard zeigte in seinen Analysen die Geisteslandschaft hoch entwickelter Gesellschaften auf, wie sie bis dahin noch nicht ins allgemeine Bewusstsein gelangt war. Es ging ihm nicht vornehmlich darum, eine neue Epoche nach der Moderne anzukündigen, sondern darum, die grundsätzlichen Bedingungen zu klären, die modernem Aufklärungsdenken zugrunde liegen. Er konstatiert, dass es in pluralistischen Gesellschaften keine integrierenden Systeme mehr gebe, die in der Lage wären, einheitliche Sinnstrukturen für die Gesellschaften als ganze zu liefern. Vielmehr ist seiner Meinung nach die Zeit solcher – wie er sie nennt – »Metaerzählungen« vorbei. An deren Stelle treten kleine, mehr oder weniger in sich geschlossene Sinnstrukturen, die nur mehr für Teilbereiche integrative Funktion haben. Festzustellen sind Diskontinuitäten und Brüche, die nicht mehr in einen Konsens übergeführt werden können, in dem die unterschiedlichen Bereiche aufgehoben sind. Anstelle der Einheit und Ganzheit tritt eine Vielheit von selbst autonomen Gebieten, die teilweise zueinander in Dissens stehen und sich widersprechen.

Postmoderne ist damit bestimmt als das Akzeptieren von Pluralität, das sich gegen eine Einheitsideologie wendet, die versucht, Heterogenes zu uniformieren. Lyotard sah sich mit dem Vorwurf konfrontiert, dass er mit der Proklamation des Endes der Metaerzählungen ein Plädoyer für die bloße Beliebigkeit abgegeben habe. Indem er sich gegen verfälschende Vereinheitlichung wendet, geht es ihm jedoch darum, was nicht unter eine Einheit zu bringen ist, zu seinem Eigenrecht zu verhelfen.

Weiter ausgearbeitet hat Lyotard seine Konzeption der Postmoderne in seinem Hauptwerk »Le différend« (1983; dt.: »Der Widerstreit«, 1987). Dort fasst er die Frage nach Einheit und Vielheit sprachphilosophisch. Er geht von unterschiedlichen Sprachspielen bzw. Diskursarten aus, die er als autonome Regelsysteme versteht. Sein Anliegen ist es, die unterschiedlichen Diskursarten, die in sich geordnet sind, nicht einer übergeordneten Regel zu unterwerfen. Das heißt, dass es nicht die Vorherrschaft eines einzigen Regelsystems gibt, dem gegenüber andere Subsysteme existierten. So ist das Verhältnis der unterschiedlichen Sprachspiele zueinander regellos. Diskurssysteme können nach Lyotard nicht zu einem homogenen Ganzen vereint werden, da sonst die Offenheit der Sprache, die immer wieder Unvorhergesehenes hervorbringt, unterdrückt würde. Die unterschiedlichen Diskursarten bleiben miteinander im »Widerstreit«, da es weder Unterordnungen noch Verknüpfungen gibt. Will man von einer Diskursart in eine andere wechseln, stehen keine Regeln für den Übergang zur Verfügung. Auch die Philosophie darf sich nach ihm nicht einem System unterwerfen und so totalisierend wirken. Vielmehr ist es ihre Aufgabe, verborgene Regeln aufzuspüren und so den »Widerstreit« zu fördern.

Lyotard, nach dessen Verständnis es zum oder zur Philosophierenden dazugehört, sich politisch einzuschalten, ist der »Widerstreit« auch ein Gesellschaftsproblem und ein solches der Gerechtigkeit. Er gehörte selbst längere Zeit der marxistischen Gruppe »Socialisme ou Barbarie« an. Ihm ist es nicht um Intellektuelle zu tun, die sich für eine universale Idee engagieren, sondern um eine »philosophische Politik«, die gegen Hegemonie-Bestrebungen die Differenz und die Unterschiede zwischen heterogenen Denkkategorien aufrechterhält. Aus Gründen der Gerechtigkeit sollte also Politik den »Widerstreit« begünstigen und nicht in die Vorherrschaft einer Partei münden. Nach 1989 geht er davon aus, dass der Kapitalismus nunmehr das global bestimmende Wirtschaftssystem sei. Sein Anliegen ist es, innerhalb dieses Rahmens differierende Strukturen nicht zu nivellieren, sondern für deren Weiterbestand zu sorgen.

Lyotards philosophische Methode besteht darin, dass er über weite Strecken seiner Schriften versucht, bedeutende Texte der

Philosophie-Geschichte wieder zu lesen und ihnen einen neuen Sinn abzugewinnen. So erwachsen seine Gedanken oft solcher Relektüre, durch die er teilweise auch zu heftiger Kritik an der philosophischen Tradition gelangt. Beispielsweise macht er gegen Martin Heidegger geltend, dass dieser als Kritiker der Seinsvergessenheit nicht in der Lage war, gegen den national-sozialistischen Versuch Einspruch zu erheben, jüdisches Denken auszumerzen, zu dessen Charakteristikum es gehört, stets die Gefahr des Vergessens in Erinnerung zu rufen.

Mit Rückgriff auf Edmund Husserl und Maurice Merleau-Ponty sowie auf Immanuel Kant entwickelt Lyotard sein eigenes ästhetisches Denken, das sowohl als allgemeine Wahrnehmungstheorie als auch als Kunsttheorie ausgearbeitet wird. Dabei steht das Problem des Erhabenen im Mittelpunkt seiner Überlegungen. Darüber hinaus beschäftigte er sich immer wieder mit dem Schaffen einzelner Künstlerinnen und Künstler sowie mit deren theoretischen Grundlagen. Beispielsweise veranstaltete er 1985 im Pariser Centre Pompidou die große Kunstausstellung »Les immateriaux«, mit der es ihm nicht nur darum zu tun war, zeitgenössische Kunst von ihren geistigen Bedingungen her zu verstehen, sondern auch darum, die Auswirkungen der neuen Technologien auf Kunst und Gesellschaft zu untersuchen. Getragen waren auch diese Aktivitäten von der Überzeugung, dass nur der »Widerstreit« in der Lage sei, Gerechtigkeit zu fördern.

Werke: *Discours figure; Economie libidinale; La condition postmoderne; Le différend; Heidegger et les Juifs; Das postmoderne Wissen; Der Widerstreit; Ein Bindestrich; Vorstellung, Darstellung, Undarstellbarkeit.*

15. Jacques Derrida (1930–2004)

Der jüdische Denker und Philosoph Derrida wurde 1930 in El Biar in Algerien geboren, dort besuchte er das französische Gymnasium. Als Jude erlebte er Ausgegrenztheit, obzwar er in der Familie nur oberflächlich die hebräische Sprache und jüdische Riten lernte. Seine Bildungssprache war französisch, die er spielerisch erlernte. So war er in zwei Kulturen zu Hause. Doch 1942 wurde er als Jude von der französischen Schule verwiesen, weil das Vichy-Regime mit den Nationalsozialisten kooperierte. Dieser Ausschluss war für ihn ein Schlüsselerlebnis, 1949 übersiedelte er mit seiner Familie nach Frankreich.

Er begann in Paris Philosophie zu studieren, danach unterrichtete er dieses Fach an mehreren Gymnasien, bis er 1960 eine Lehrstelle an der Sorbonne bekam, wo er bis 1964 lehrte. In dieser Zeit war er mit Althusser, Bourdieu, Sorres, Blanchot und Nancy befreundet, die nun sein Denken prägten. Durch einen Vortrag am Collège de France wurde er einer größeren Öffentlichkeit bekannt. Ab 1964 lehrte er Philosophie in den Vereinigten Staaten, nämlich in Baltimore und in Yale, wo er 2004 verstarb.

Derrida sah seine eigene jüdische Familienbiographie später als blinden Fleck und als Leerstelle für jede Form der Bildung. Diese holte er sich aus der französischen Kultur und Sprache, in der er viele gelehrte und tänzerische Bewegungen ausführen wollte. Es war ihm aber bewusst, dass er dabei immer um seine eigene unbewusste Grammatik kreiste. Seine frühe Ausgegrenztheit als Jude weckte in ihm tiefe Skepsis gegen alle philosophischen Spekulationen über das Eigentum und die Identität einer Person. Mit einer sensiblen Wachsamkeit wollte er allen Spuren der Abgrenzung und der Ausgrenzung nachgehen. Dabei rang er sein ganzes Lebens lang mit dem tiefen Grundgefühl der Nichtzugehörigkeit.

Aufgrund dieser Erfahrungen entwickelte er seine Theorie der nichtidentischen Subjektivität. Die Unfähigkeit zur vollen Zugehörigkeit zu einer Gruppe kann nämlich auch als Unmöglichkeit des Sprechens im Namen einer religiösen oder nationalen Identität verstanden werden. Diese ausgesetzte Identität erfährt ständig die Spannung zwischen dem Exil und der Beheimatung, zwischen der Begrenztheit und der Unendlichkeit, zwischen der Herrschaft und der Knechtschaft. Der dialektisch gedeutete Zusammenfall der Gegensätze kann für ihn auch als geschickte Zudeckung einer ursprünglichen Paradoxie verstanden werden.

So können wir unsere Sprache als ein Ursprungsgeschehen verstehen, das immer eine uranfängliche Differenz (différance, ein Wort, das Derrida erfindet) zum Ausdruck bringt. Dieses ursprüngliche Geschehen des Sprechens findet später seinen Ausdruck in der Schrift als einem Zeichensystem. In unserer Daseinsorientierung kommt der späteren Schrift sogar ein gewisser Vorrang zu. Auch im Gebrauch der Sprache drücken wir immer die Differenz und die Nichtzugehörigkeit aus. Für Juden markiert das alte Ritual der Beschneidung der Penisvorhaut einen deutlichen Unterschied zum Fremden und zieht eine schmerzvolle Grenze. Dieses Ritual konstituiert eine Identität, das mit einem religiösem Gesetz und einem Bilderverbot verbunden wird.

Vor allem in der Sprache der Lyrik begegnet uns das »beschnittene Wort«, das ebenfalls Nichtzugehörigkeit anzeigt. Für die Juden ersetzt eine heilige Schrift die verloren gegangene territoriale Identität und das eigene Land. Der Primat der Schrift bestimmt fortan deren Weltdeutung, die vor allem in den Texten des Talmud zum Ausdruck kommt. Die Heiligkeit der Schrift soll darauf hindeuten, dass ein Ursprungsgeschehen der Sprache bereits verloren gegangen ist. Die ersten Tafeln der heiligen Gesetze sind zerbrochen, so lässt sich das Geschehen der menschlichen Existenz nie mehr vollständig in der Sprache darstellen und fassen. In der Folge kommt es im Umgang mit den schriftlichen Texten immer zu einem Prozess der notwendigen »Dekonstruktion« und der »Transformation« der bisherigen Inhalte. Ein Modell dieser Umformung liefert die jüdische Kabbala, die ständig alte Texte neu interpretiert.

Als Äußerungen menschlicher Existenz sind die Sprache und die Schrift keine abschließbaren Größen, denn jede unserer Aussagen kann sich nur auf andere Aussagen beziehen, aber nie auf das Erleben selbst. Daher haben wir es in den Texten der Schrift immer mit einer Vielstimmigkeit (Polysemie) zu tun, bzw. mit einer Vielheit von »Sprachspielen« und Diskursarten (genres des discours). Die ursprüngliche Intention eines Textes ist für den späteren Leser nie ganz fassbar, weil dieser immer in einer sprachlichen Rezeptionsgeschichte lebt. Nun gibt uns die Polysemie der Texte die Möglichkeit, diese in veränderten

Lebenssituationen ständig neu zu interpretieren. Dabei wird die Bibelhermeneutik der jüdischen Rabbiner als eine Form der »Dekonstruktion« der alten Texte verstanden.

Erst die Auflösung alter Inhalte ermöglicht uns neue Deutungen von sprachlichen Texten. Dabei verabschieden sich die späteren Leser auf vielfältige Weise von den anfänglichen Sprachintentionen. In der postmodernen Kultur leben wir heute mit einer Vielfalt von verschiedenen »Sprachspielen« (Wittgenstein) und Deutungsmustern unserer Lebenswelt. Im alten Bild des Turmbaus von Babel stoßen die vielen Formen des Diskurses und der Weltdeutung aufeinander. Nun hat es keinen Sinn mehr, die verlorene Einheit der Daseinsdeutung zu beklagen. Sinnvoller ist es, die Vielfalt der Sprachspiele anzunehmen, sich in ihnen zu bewegen und sie füreinander durchlässig zu machen bzw. zu halten.

Wenn die Juden von einer göttlichen Erwählung sprechen, dann müssen wir diese grundsätzliche Erwählung auf alle Völker und Kulturen übertragen. Denn es ist unsinnig, von nicht erwählten Menschen zu sprechen. So lässt sich der strukturelle Messianismus der Juden heute global verstehen und deuten. Denn alle Völker drücken in ihren Sprachmodellen die tiefe Sehnsucht nach dem gelingenden Leben und nach Frieden aus. Im Prozess der Dekonstruktion von verfestigten Sprachinhalten, der prinzipiell unabschließbar ist, stoßen wir auf die Wirklichkeit eines Anderen, Größeren und Umfassenden. Vor diesem Größeren bleibt uns aber nur das Schweigen, denn jenes entzieht sich unserem sprachlichem Zugriff. Dies drücken die Juden mit dem Bilderverbot in der Gottesrede aus.

Nun scheint es möglich, dieses Bilderverbot für das Größere auch unter den Bedingungen des Atheismus durchzuhalten. Dann könnte auch das Sprachspiel der Religion unter den Lebensbedingungen der späten Moderne diskursfähig bleiben. Aber die Texte der Religion müssen sich dem Prozess der Dekonstruktion und der Transformation aussetzen.

Werke: *Grammatologie; Glas; Die Schrift und die Differenz; Die Stimme und das Phänomen; Circonfession; Dissemination; Politik der Freundschaft.*

Zu den Autoren

Esterbauer, Reinhold:	Professor für Philosophie, Universität Graz.
Grabner-Haider, Anton:	Professor für Religionsphilosophie, Universität Graz.
Heimerl, Theresia:	Professor für Religionswissenschaft, Universität Graz.
Von der Hellen, Roswitha:	Philosophin, Universität Graz.
Ruckenbauer, Walter:	Professor für Philosophie, Universität Graz.
Salamun, Kurt:	Professor für Philosophie, Universität Graz.
Weinke, Kurt:	Professor für Philosophie, Universität Graz.

EMPFOHLENE LITERATUR

1. EUROPA

W. Röd: Die Philosophie der Antike 1: Von Thales bis Demokrit. München 1976.

A. Graeser: Die Philosophie der Antike 2: Sophistik und Sokratik, Plato und Aristoteles. München 1983.

M. Hossenfelder: Die Philosophie der Antike 3: Stoa, Epikureismus und Skepsis. München 1985.

W. L. Gombocz: Die Philosophie der ausgehenden Antike und des frühen Mittelalters. München 1997.

W. Röd: Die Philosophie der Neuzeit 1: Von Francis Bacon bis Spinoza. München 1978.

W. Röd: Die Philosophie der Neuzeit 2: Von Newton bis Rousseau. München 1984.

O. Höffe (Hg.): Klassiker der Philosophie I-II. München 1981, 1986.

W. Röd: Der Weg der Philosophie 1: Altertum – Mittelalter – Renaissance. München 1994.

K. Flasch: Einführung in die Philosophie des Mittelalters. Darmstadt 1987.

C. F. Geyer: Einführung in die Philosophie der Antike. Darmstadt 1978.

A. Grabner-Haider (Hg.): Ethos der Weltkulturen. Göttingen 2006.

A. Grabner-Haider (Hg.): Philosopie der Weltkulturen. Wiesbaden 2006.

W. Röd: Der Weg der Philosophie. II. München 1996.

2. JUDENTUM

H. Simon und M. Simon: Geschichte der jüdischen Philosophie. München 1984.

J. Guttmann: Die Philosophie des Judentums. München 1933.

J. Maier: Das Judentum. München 1988.

G. Mayer (Hg.): Das Judentum. Stuttgart 1994.

D. H. Frank (Hg.): History of Jewish Philosophy. London 1996.

L. Jacobs: The Jewish Philosophy. Oxford 1995.

A. Grabner-Haider (Hg.): Philosopie der Weltkulturen. Wiesbaden 2006.

A. Kilcher/O. Fraisse: Lexikon jüdischer Philosophen. Stuttgart 2003.

M. Tilly: Das Judentum. Wiesbaden 2012.

Bibliografische Information der Deutschen Nationalbibliothek
Die Deutsche Nationalbibliothek verzeichnet diese Publikation in der Deutschen
Nationalbibliografie; detaillierte bibliografische Daten sind im Internet über
http://dnb.d-nb.de abrufbar.

7. Auflage 2018

© by marixverlag in der Verlagshaus Römerweg GmbH, Wiesbaden
Verlagsagentur Mag. Michael Hlatky, A-8071 Vasoldsberg
Covergestaltung: nach der Gestaltung von Thomas Jarzina, Köln
Bildnachweis: Fotografie von Hannah Arendt,
zur Verfügung gestellt von Frau Käthe Fuerst, Ramat Ha-Sharon, Israel
mit freundlicher Genehmigung der Stadt Hannover
Satz und Bearbeitung: C & H Typo-Grafik, Miesbach
Der Titel wurde in der Palatino gesetzt.
Gesamtherstellung: CPI books GmbH, Leck – Germany

ISBN: 978-3-86539-904-5

Mehr über Ideen, Autoren und Programm des Verlags finden Sie auf
www.verlagshausroemerweg.de und in Ihrer Buchhandlung.